U0035289

佛藏經講義

——第十一輯

平實導師 述著

ISBN 978-986-99558-5-0

佛法是具體可證的，三乘菩提也都是可以親證的義學，並非不可證的思想、玄學或哲學。而三乘菩提的實證，都要依第八識如來藏的實存及常住不壞性，才能成立；否則二乘無學聖者所證的無餘涅槃即不免成爲斷滅空，而大乘菩薩所證的佛菩提道即成爲不可實證之戲論。如來藏心常住於一切有情五蘊之中，光明顯耀而不曾有絲毫遮隱；但因無明遮障的緣故，所以無法證得；只要親隨眞善知識建立正知正見，並且習得參禪功夫以及努力修集福德以後，親證如來藏而發起實相般若勝妙智慧，是指日可待的事。古來中國禪宗祖師的勝妙智慧，全都藉由參禪證得第八識如來藏而發起；佛世迴心大乘的阿羅漢們能成爲實義菩薩，也都是緣於實證如來藏才能發起實相般若勝妙智慧。如今這種勝妙智慧的實證法門，已經重現於臺灣寶地，有大心的學佛人，當思自身是否願意空來人間一世而學無所成？或應奮起求證而成爲實義菩薩，頓超二乘無學及大乘凡夫之位？然後行所當爲，亦不行於所不當爲，則不唐生一世也。

——平實導師

如聖教所言，成佛之道以親證阿賴耶識心體（如來藏）爲因，《華嚴經》亦說**證得阿賴耶識者獲得本覺智**，則可證實：證得阿賴耶識者方是大乘宗門之開悟者，方是大乘佛菩提之眞見道者。經中、論中又說：證得阿賴耶識而轉依**識上所顯眞實性**、**如如性**，能安忍而不退失者即是**證眞如**，即是大乘賢聖，在二乘法解脫道中至少爲初果聖人。由此聖教，當知親證阿賴耶識而確認不疑時即是開悟眞見道也；除此以外，別無大乘宗門之眞見道。若別以他法作爲大乘見道者，或堅執**離念靈知**亦是實相心者（堅持意識覺知心離念時亦可作爲明心見道者），則成爲實相般若之見道內涵有多種，則成爲實相有多種，則違**實相絕待**之聖教也！故知宗門之悟唯有一種：親證第八識如來藏而轉依如來藏所顯眞如性，除此別無悟處。此理正眞，放諸往世、後世亦皆準，無人能否定之，則堅持離念靈知意識心是眞心者，其言誠屬妄語也。

——平實導師

目次

自序

《佛藏經》之所以名爲「佛藏」者，所說主旨即以諸佛之寶藏爲要義。諸佛之寶藏即是萬法之本源——如來藏，《楞嚴經》中說之爲「如來藏妙眞如心」，《入楞伽經》卷七〈佛性品〉則說：「大慧！阿梨耶識者名如來藏，而與無明七識共俱，如大海波常不斷絕，身俱生故；離無常過，離於我過，自性清淨。餘七識者心，意、意識等念念不住，是生滅法。」大略解釋其義如下：

【所謂阿梨耶識（通譯阿賴耶識）又名如來藏，含藏著無明種子與七轉識種子，並與所生之無明及七轉識同時同處，和合相共運行而成爲一個五陰有情。七轉識與無明相應而從如來藏中出生，每日運行不斷；意根每天一早促使意識等六心生起之後相續運作，與意識等六心和合似一，看似常住而不斷之心，其實是從如來藏中種子流注才出現的心，就是一般凡夫大師說的「清清楚楚明明白白」的心，早上睡醒再次出生以後，就與處處作主的意根和合運作看似一心。這七識心的種子及其相應的無明種子，每天同時從如來藏中流注出來，猶如大海波一般「常不斷絕」，因爲是與色身共俱而出生的緣故。如來藏離於無常的過失，是常住法，不曾剎那間斷過；無始而有，盡未來際永無中斷或壞滅之時。如來藏亦離三界我等無常過失，迥無我見我執或我所執；其自性是本來清淨而無染汙，無始以來恆自清淨，不與貪等六根本煩惱及其餘隨煩惱相應。其餘七轉識都是心，即是意根、意識與眼等五識，即是面對六塵境界時清楚明白的前六識，以及處處作主的意根；這七識心與無明種子都是念念不住的，因爲是從如來藏中流注這七識心等種子於身中才有的，當色身出生以後，意根同時和合運作，意識等六識也就跟著現行而與色身同在一起，所以是與色身同時出生而存在的。而種子是剎那剎那生滅的，以此緣故說意根與意識等七個心是生滅法。若是證阿羅漢果而入無餘涅槃時，由於我見、我執、我所執的煩惱已經斷除的緣故，這七識心的種子便不再從如來藏流注出來，死時就不會有中陰身，不會再受生，便永遠消滅了，亦因此故是生滅法。】

在三種譯本的《楞伽經》中，都不說此如來藏心是第八識（第八識是通俗的說法），而是將此心與七轉識區分成二類，說如來藏一心是常住的，是出生「意」與「意識等」六識者，也說是出生色身者，不同於七識等心。所援引的上開經文，亦已明說如來藏「離無常過，離於我過，自性清淨」；從如來藏中出生的「餘七識者心，意、意識等」，都是「念念不住，是生滅法」。這已經很明確將如來藏的主要體性與七轉識的主要體性區分開來：一是能生，一是所生，能生與所生之間互相繫屬；能生者是常住的如來藏心，沒有三界我的無常過失，沒有我見我執等過失，自性是清淨的；所生的七識心，是念念生滅的，也是可滅的，有無常的過失，也有三界我的我見與我執等過失，是不清淨的，也是生滅法。

今此《佛藏經》中所說主旨即是說明此心如來藏的自性，名之爲「無名相法」或「無分別法」，仍不說之爲第八識，而是從各方面來說明此心；並且希望後世仍有業障而無法實證佛法的四眾弟子們，未來世中都能滅除業障而證得解脫及實相智慧。以此緣故，先從「諸法實相」的本質來說明如來藏，兼及實證此心者於實證前必須留意避免的過失，才能有實證的因緣；若墮邪見或誤導眾生，並有犯戒不淨等事者，將成就業障；於其業障未滅之前，縱使未來歷經無量無邊不可思議阿僧祇劫，奉侍供養隨學九十九億諸佛以後，仍無實證之可能。以此緣故，釋迦如來大發悲心，首先於〈諸法實相品〉廣釋實相心如來藏之各種自性，隨即教導學人如何了知惡知識與善知識之區別。善於選擇善知識者，於解脫及諸法實相之求證方有可能，是故以〈念佛品〉、〈念法品〉、〈念僧品〉中的法義教導，令學人以此爲據，得以判知何人爲善知識、何人爲惡知識，從而得以修學正確的佛法，然後得證解脫果及證入諸法實相，發起本來自性清淨涅槃智，久修之後亦得兼及二乘涅槃之實證，再發十無盡願而起惑潤生乃得以入地。

若未慎擇善知識，誤隨惡知識者（惡知識表相上都很像善知識），不免追隨惡知識於無心之中所犯過失，則未來歷經無數阿僧祇劫奉侍九十九億佛之後，於解脫道及實相了義正法仍無順忍之可能，欲求佛法之見道即不可得，遑論入地。以此緣故，世尊隨後又說〈淨戒品〉、〈淨法品〉等法，教導四眾弟子們如何清淨所受戒與所修法。又爲杜絕心疑不信者，隨即演說〈往古品〉，舉出過往無量無邊不可思議阿僧祇劫前 大莊嚴佛座下，苦岸比丘等四人爲惡知識，執著邪見而誤導眾生，成爲不淨說法者；以此緣故與諸眾生相率流轉生死，於人間及三惡道中往復流轉至今，反復經歷阿鼻地獄等尤重純苦及餓鬼、畜生、人間諸苦，終而復始、受苦無量之後，終於來到 釋迦如來座下精進修行，然而竟連順忍亦不可得，求證初果仍遙遙無期；至於求證諸法實相而入大乘見道，則無論矣！思之令人悲憐，設欲助其見道終無可能，對彼諸人助益無門，只能待其未來甚多阿僧祇劫受業滅罪之後始能助之。

如是警覺邪見者之後，世尊繼以〈淨見品〉、〈了戒品〉而作補救，期望以此二品能轉變諸人的邪見，勸勉諸人清淨往昔熏習所得的邪見，並了知清淨戒之所以施設的緣由而能清淨持戒，未來方有實證解脫果與佛菩提果的可能。如是教導之後，於〈囑累品〉中囑累阿難尊者等諸大弟子，當來之世以善方便攝受諸多弟子，得能清淨知見與戒行，滅除往昔所造謗法破戒所成之業障，而後方有實證之世到來。由此可見 世尊大慈大悲之心，藉著舍利弗尊者之因緣，在與舍利弗對答之時演說此實相法等，期望後世遺法弟子得能滅除業障而得證法。普察如今末法時代眾多遺法弟子，精進修行仍難遠離邪見與邪戒，求證解脫果及佛菩提果仍將難能可得，令人不覺悲切不已，是故將此經之講述錄音整理成書，流通天下，欲以利益佛門四眾。

佛子 **平實** 謹誌

於公元二〇一九年 夏初

第十一輯：

《佛藏經》卷上

〈念僧品〉第四

菩薩更是如此，因為菩薩轉依於「無名相法」的境界，在「無名相法」中無一法可得，但是又無妨菩薩的五陰繼續在人間擁有一切萬法，所以有一句話講得很好：萬象森羅許崢嶸。意謂著如來藏處在空無一法之境界中，卻無妨繼續出生萬法而不斷地生住異滅不停。因此，菩薩心中可以有無量無邊佛法猶如泉湧而為眾生宣說，可是他自心中依舊無所得，因為實際理地這個「無名相法」的境界中迥無一法可見。既然如此，「佛聲見、法聲見、僧聲見」，當然也跟著不存在了。所以有時弟子悟了以後轉依不很成功，常常落在五陰裡面，老和尚看見了就會開示：「佛之一字，吾不喜聞。」跟徒弟這樣講，明明他非常恭敬　如來，竟然說：「佛這一個字，我不喜歡聽。」為什麼？因為如來藏的境界中沒有佛這個字，沒有佛這個聲音，沒有佛存在。他是在提點弟子說：「你落在相上了。」

有時候在家居士來供養後，談起法來，老禪師竟然說：「我每次聽到人家講了『佛』這個字，就得去河邊洗耳。」他是不好意思告訴那個居士說：「你一直落在事相上面，不是眞正的證悟。」於是就從自己方面來講，因爲人家大把銀子供養了來，總不能罵人家吧。連指桑罵槐都不可以呀！所以就講自己：「我每次聽到人家講了『佛』這個字，就要去河邊把耳朵洗一洗。」那居士如果夠聰明，就懂得閉嘴，好好再參禪。所以「佛聲」是覺知心的事情、五陰的事情，依於聽見了人家在說某某佛這一些「佛」的聲音，而起了見解，說他講的是某某佛。但這個「佛聲見」依舊是屬於現象界的五陰所有，在「無名相法」如來藏的境界中，沒有「佛聲」也沒有「佛聲見」。「佛聲見」如是，「法聲見、僧聲見」亦復如是。

所以，以前那些所謂開悟的大師們，他們求悟的心同時是開悟之標的——被悟的心跟求悟的心是同一個，因此他們「悟了」以後，是被悟的心要來修行；「悟後」的「見」是：能悟的是離念靈知心也是被悟的心，悟後修行的也是離念靈知心。所以他們修行的心跟被悟的心是同一個——求悟的心跟被悟的心是同一個，可是正法中不是如此。正法中求悟的心跟修行的心是同一個，但是被悟的心不是求悟的心；被悟的心在悟前與悟後都不用修行，被悟的心是要被你悟的，是要讓你悟後作依靠的；悟後你依靠祂修行時，修行的依舊是你，別妄想讓祂來幫你修行。所以我們提出這個說法來，諸方大師都不能接受；因爲不能接受，所以對我的書再怎麼讀也讀不懂。問題很大呵！問題大，都是因爲他們落入六識論中。

有一個天下很有名的喇嘛，竟然找上我們正覺來，說要研究我們的法。我心裡覺得好笑：「**你們不早在研究了？**」他們派這位來說要全套，好！我就送給他們兩套。現在他們也很苦惱，分成兩派，兩派互相討論各執一詞。這一派說：「**正覺講的法是正確的，我們的法錯了。**」另一派說：「**不！我們的法是對的，要堅持下去。**」當然諸位想也知道他爲什麼要堅持。因爲他如果不堅持，就得把雙身法砍掉，砍掉以後還叫密宗假藏傳佛教？那不是要大翻轉了嗎？

我正希望他們大翻轉，有朝一日他們要是眞的大翻轉了，我一定公開大加讚歎。如果他們要摒棄外道法、回歸正統佛教三乘菩提來，正愁著沒有親教師，我也可以派親教師給他們。我不計較過去，只看現在。只要現在是錯的，我就不斷地要辨正他們的錯誤。只要他們現在走回正道，我就讚歎他們，並且還要幫助他們。他們現在也很苦惱，兩派各有看法，該怎麼辦？就像以前我們說臺灣有一個大山頭刊了篇文章出來，我就說那是他們「茶壺裡的風暴」，一定也是兩派在那邊爭執，認同八識論的這一派暫時獲勝了，所以寫了篇文章請大師具名登了出來。可是後來又沒下文了，表示那一派又被打壓了，這叫「茶壺裡的風暴」，局外人是看不見的。

這意思是說，你所見的佛法僧三寶，那是你五陰的事，不干如來藏的事。將來要在一生之中具足佛法僧三寶而得圓滿，所以你悟後還要努力修行，那也是你五陰的事，不干如來藏的事。就是這樣子修行，一世又一世的五陰延續下去；世世不同的五陰在修行，卻有一個世世相同的根本心如來藏加上一個意根，這樣悟後修行直到成佛。所以佛聲、佛聲見，法聲、法聲見，僧聲、僧聲見，都是你五陰的事，當然修行也是你五陰的事，不干如來藏的事。

同樣的，證悟以後想要入地，總得要證阿羅漢果，否則無法入地；要證阿羅漢果就一定要學四聖諦，四聖諦裡面苦集滅道，那個滅諦指的是什麼？

是諸法永滅。諸法講的是五陰、六入、十二處、十八界永滅，這才是滅諦的眞實義；由於諸法永滅所以永遠無苦，無苦就是一切法永滅。當你聽到這個滅的聲音，你知道這是正見，這才是眞正的滅諦。因此，你有了滅諦這個聲音的如實「見」出現，這就是「滅聲見」，而這個如實「見」依舊是你五蘊裡的事情。

把滅諦完成了，表示你藉著八正道完成了想要實證的滅諦。滅聖諦完成之後，你知道：「原來我這五蘊、六入、十二處、十八界滅盡之後，只剩下涅槃中的本際常住不滅。但是無餘涅槃之中沒有六根、六塵、六識，一切諸法永滅無餘，所以盡此世生，不受後有，這樣就是涅槃。」你有這個實證以後，又聽到別人也這樣講涅槃：「他講的涅槃跟我講的涅槃一樣，所以他的涅槃聲與我的涅槃聲相同。」這樣你就有「涅槃聲見」。但這個涅槃聲見依舊是你五蘊的事，而你將來捨壽入了無餘涅槃以後，只剩「無名相法」如來藏獨存，祂不會返觀自己，又滅盡一切法了，這時沒有「涅槃聲」，也沒有「涅槃」，也沒有「涅槃聲見」，因爲諸法永滅。而涅槃本際就是「無名相法」如來藏，在祂的境界中獨住時就是無餘涅槃，這個無餘涅槃的境界中沒有涅槃、沒有涅槃聲、沒有「涅槃聲見」，一切都無所了別。

講了這麼多「見」，我見、眾生見、乃至滅聲見、涅槃聲見，這一切見都包括在「凡所有見」之中，而 如來說：「凡所有見，於聖眾中皆不可得。」可問題來了：「既然『所有見』都不可得，你蕭平實講那麼多幹嘛？」是啊！我剛開始弘法大約七、八年，那時同修會成立大約有二、三年了，就有人這麼質疑過。這表示他是個門外漢，還沒有入門才會這樣問。豈不聞 如來說有四種悉檀（對治悉檀、第一義悉檀、為人悉檀，還有一個當然要講世界相，名為世界悉檀）？如果不講世界相，怎麼樣定義出三界？但是你講世界悉檀、第一義悉檀，還講對治悉檀，其實都可以函蓋在為人悉檀裡面，不都是為了別人而講的嗎？都是為有緣人而說。但是同樣的道理，其他三個悉檀又何嘗不可以含攝在第一義悉檀中？道理都一樣的，所以四悉檀是互相含攝的。

既然有為人悉檀，你就必須要講什麼是「常見」、什麼是「斷見」、什麼是「我見」、什麼是「眾生見」，乃至於如何是「涅槃聲見」，你都得要講，不然眾生如何能夠瞭解？又如何能夠實修？否則就不可能實證了。如果說那個人對我的質疑，道理可以講得通，同樣的道理，也可以質疑：「世尊！您都說一切法空，什麼都沒有了，又何必講這麼多？」同樣的道理，我們也可以拿來質疑他：「你既然認爲自己證悟了，證悟後是無所有，那你爲徒眾們講那麼多幹什麼？你可以關門了，不用跟正覺爲敵。」一樣的道理！這就是他們不懂爲人悉檀。

但是要施設爲人悉檀之前，如果你是教導大乘佛法，就得先要瞭解其他三個悉檀。如果沒有第一義悉檀，如何教導人家實修大乘法？如果沒有對治悉檀，又如何能夠幫助你的信眾對治各種煩惱，而在實證上有所進展？如果沒有世界悉檀，你如何證明你所說的這個境界是實相境界、還是現象境界？你又如何證明你所說的解脫是三界內還是出三界的境界？所以一樣要有世界悉檀。因此，這四個悉檀缺一不可，既然缺一不可，你得要有爲人悉檀來爲大眾施設，當然要講很多的法。看看禪宗，中國佛教最大的宗派，所有淨土宗大德遇見了禪師都不敢吭聲的；禪宗號稱不立文字直指人心，偏偏禪宗留下來的文字最多，八大宗派就是禪宗的文字最多，你不能質疑他們說：「你們不是不立文字嗎？爲什麼留下這麼多文字？」不可質疑，因爲禪宗有許多的爲人悉檀。

同樣的道理，有這麼多的「見」，雖然「凡所有見，於聖眾中皆不可得」，可是也由於「爲人悉檀」攝受眾生的緣故，必須要有許多的「見」施設出來說明，也就是把世間的俗人以及修行人之中的各種見，都要臚列出來爲大眾說明，說這叫作什麼「見」、那又是什麼「見」。當大家都理解以後，再指導他們去證實 如來說的「凡所有見，於聖眾中皆不可得」的境界，這樣才是眞正的善知識。

接下來，如來舉出了這麼多的「見」以後，還特地呼喚了舍利弗，說：「舍利弗啊！這一些都叫作虛妄音聲等見。」無知的人才會說這些無義語：「既然如來您都稱爲虛妄音聲等見，您就不必講那麼多見，我們聽那麼多虛妄音聲等見要幹嘛？」可是 如來卻必須要講，因爲如果不講，眾生無法了知這一些都是虛妄音聲等見，萬一哪一天他聽見了這虛妄音聲等見中的某一種見，被誤導了便救不回來。所以我弘法早期，看見有些人會被那些大師們誤導，然後心中動搖懷疑，只好把大師們誤導他的那些說法拿出來評論；我們不要叫作評判，叫作評點好了。但是有的人聽了就起煩惱，來抗議說：「老師！我們說法就說法，何必要講別人的錯誤？」我就說：「我要是不說出別人的錯誤，你們知道那是錯誤的嗎？能遠離嗎？」於是他們默不作聲。

那可不是佛的默然，佛的默然是說你來請求明天中午去受供，佛默然時就是接受了。但他們那個默然，心中可沒有接受，因爲他聽得心中猶如刀割。眞不知道我所評判的月溪法師是他老爸還是祖父，我也不知道他到底何時見過了月溪老和尚？根本就沒有啊！那爲什麼聽到要心如刀割？因爲他覺得我是在破斥他，顯然我見沒斷。所以我說：「我幫你證悟之後，你還會被那個凡夫法師所誤導，那我不多講一些月溪法師的錯誤，你哪天又被另一個大師誤導了，不又退轉了嗎？」所以我問他們：「你們想退轉嗎？」大家又搖頭了。不想退轉又不許我講，那怎麼辦？沒辦法了，所以我還是繼續講，講久了以後大家漸漸習慣了。因爲法義的辨正是一種強烈的對比，可是聽慣了以後會覺得這樣聽來才過癮。

臺灣有一句話說：「重鹹吃慣了以後，清淡的就吃不下肚了。」下不了嘴了，道理是一樣的。所以我如果只是這樣平鋪直敘講下去，大家聽了一定說：「今天蕭老師怎麼搞的，怎麼就這樣平鋪直敘？」覺得沒味道。你們聽慣了我講經，到外面去，不論哪個大師講經，你們一定聽不下去。這有兩個原因：第一、他們講的沒什麼味道，第二、你一聽就知道是胡說八道。於是聽不下去。因此，我還是得要像一個懂得怎麼做滷肉飯給你吃的人一樣：他賣你滷肉飯，絕對不會先攪拌好然後裝給你。他一定怎麼樣？白飯盛了來，舀起滷肉往飯上一淋就端給你。你吃時，飯跟那個滷肉分明，對不對？一定要有個很分明的感覺，你才會說好吃。如果他事先幫你攪拌好了，你吃了一會兒便覺得沒什麼味道，明明很鹹很香你也說沒味道，因爲沒有層次感。

也就是說，你一定要有一個正確的法在那邊，然後把那錯誤的講法同時講了出來，讓大家可以作比對，這時就覺得正邪分明，你才會拍膝說：「**唉呀！這法太棒了。**」因爲兩者的層次分明。如果你聽起來感覺都是一樣，我告訴你，不是人家講的如入鮑魚之肆、久而不聞其臭，而是如入芝蘭之室、久而不聞其香。你感覺不到那是香了，因爲習慣而使你沒有覺得香。可是如果有臭的來作比較，你立刻會說：「**唉唷！那個好臭，這個才是香。**」因此，虛妄音聲等見的內涵，咱們還是得要提出來並列，同時把它作個對比。

這就好像說，一個孩子好好的，偏要給他打疫苗，讓他去發燒幹嘛呢？是爲了讓他有抗體。所以打了白喉、百日咳或是五合一的疫苗，打在身上孩子不痛嗎？當然痛啊！孩子痛，妳心裡不痛嗎？妳心裡也痛。母子皆痛，爲什麼還要去打那一針？是爲了孩子好。同樣的道理，我們就跟大家打預防針，打了預防針以後，你一聽到亂說法者的音聲，就知道那叫作「虛妄音聲」，因爲你心中已經有「虛妄音聲」等「見」，一聽馬上知道，就不會被誤導了。所以，打從第一批人退轉以後，我破斥邪見時就不再有任何忌諱了。以前借人家的場所上課，場所主人都會跟我勸，三個地方都一樣，都告訴我說：「**老師啊！上課就上課，不要講別人的錯誤。**」而今看來，我說：「**怪不得他們三個道場主人都會退轉，因爲他們不想聽。**」就好像一個孩子，我把他生下來，得要幫他打預防針；他不肯讓我打，硬是拒絕，後來養到十八、九歲，更有力氣抗拒我，我再也打不了他的針了，最後他自己死掉了也不能怪我，道理是一樣的。

這一些全部都屬於爲人悉檀，一定要講；如果不講的話，眾生如何能夠知道這一些見解是「虛妄音聲」？眾生心中就沒有「虛妄音聲」等見，就沒有預防的能力了。遇到了大師，那一些大師們以何爲大？以徒眾多爲大、山頭大爲大、名氣大爲大，以此世俗法爲大時就很容易籠罩人；佛弟子眾被籠罣了，很難救得轉。因此，從爲人悉檀來說，雖然這一些見「於聖眾中皆不可得」，但是凡夫還沒有進入「聖眾」中，得要告訴他們有這一些見，讓他們去了別，了別之後再幫他們證得「無名相法」。這就是如來爲什麼要施設很多機鋒來幫舍利弗、迦旃延、須菩提他們證悟的原因所在，由於這樣的緣故，他們遠離如是見，證得「無名相法」而可以現觀、可以印證如來所說眞實：「凡所有見，於聖眾中皆不可得。」

那麼從負面講過了，如來反過來從正面來說：「賢聖眾者，於第一義不得是見，通達種種音聲一相，所謂無相；無違無諍，成就不顚倒法忍故，名爲聖眾。」爲什麼這時不單說聖眾而要說「賢聖眾」？因爲證得「無相」法的人，不單單是諸地菩薩，三賢位中的菩薩們也有很多實證者，所以就合稱「賢聖眾」。大乘法中的「賢聖眾」如何區分爲賢爲聖？也就是說，在第七住位——十住位中的第七住位（三賢位分成三個階段：十住、十行、十迴向），十住位的第七住位是已經證眞如的賢人。

但如何叫作證眞如，這裡先跟諸位打個預防針，可不要聽外面有些大師們胡說八道：「當你靜坐到後來，你看見了一個圓圓的、透明的，那個就叫作眞如，因爲祂無形無相是透明的，所以就是眞如。」問題來了，爲什麼會形容祂圓圓的？無形無相怎麼會是圓圓的？可是有的大師就是完全沒有邏輯觀。那麼也許有的告訴你說：「當你修練到有一天，放眼望去一切都是黃的，那就是眞如，永遠都不再改變了，一切都是黃的。」原來他修黃一切處！問題來了，黃一切處只是十一切處的修法，這是對治法。縱使他從此以後所見一切都是黃的，請問他所謂一切黃這個眞如，是否本無今有呢？正是本無今有，那就是有生之法，如何可能是眞如？

眞如是本來就眞實、如如，你悟之前祂就是眞如，你悟了以後祂一樣是眞如，那才叫作眞如。不能說悟前沒有眞如，悟後才有眞如，那眞如就成爲生滅法了，生滅法如何可以名爲眞如？如果有人告訴你說：「我看見空中有一片透明的，好像水一樣從上往下一直流下來，那就是眞如。」你就說：「原來你老花了。」他也許抗議：「我才三十歲，你怎麼說我老花眼！」你說：「喔！原來你不是老花，而是眼花。」對啊！一定是眼花才這樣。換句話說，眞如是第一義，第一義是亙古亙今永遠不變，所以第一義才能夠名爲眞如，眞如就是眞實而如如。請問：他看見那個圓圓的、透明的，當他睡著了時還在不在？不在了。當他有時候事情一忙沒看見時，又不在了。可以常常或有時不在，還能叫作眞？眞，一定是永遠存在的，才叫作眞。而且是他悟前就存在，他修定前就存在，他進入幻境前就存在的，才能稱之爲眞。假使它有時會滅掉，只要一分心就滅了，滅了還能叫如嗎？所以那不是眞如。因此，假使你悟了以後再有人告訴你說什麼叫作眞如時，跟你所觀察到的「無名相法」如來藏的眞實如如法性不同，那時就要觀察他，就要反問他：「你說的這個是『眞』嗎？是常住的嗎？它眞的『如如』不動嗎？」你要問他了。如果它會中斷，那就不能叫眞如。

我們把話題拉回來，第七住位就證眞如了，可是證眞如以後畢竟還沒有入地；證眞如以後想要入地，後面還有十住位中的三個階位—八、九、十住—等著他。這十住位都滿心了，眼見佛性分明而不會退失了，還有十行位、還有十迴向位等著他修行。十迴向位滿心了也還無法入地，還得要再修加行：大乘安立諦的十六品心以及九品心得修成，得取證阿羅漢果。有了阿羅漢果就能夠入地嗎？也不行，還得要發起十無盡願。十無盡願發了就能入地嗎？還不行，還得要更努力發願；今天發了明天發，明天發了後天發，一直發願；這十無盡願發到變成增上意樂，一絲一毫的懷疑、一絲一毫的退轉之心都沒有了，就說這個增上意樂清淨了，清淨時便是成就增上意樂，就說他這時入地了。這是《華嚴經》中所說菩薩入地應發的十種大願。

所以你看，證眞如成爲第七住位菩薩想要入地還那麼長，所以 如來施設說這叫作賢位，因爲畢竟跟凡夫不同了，至少擁有初果聖人的解脫智慧了，依世間人的境界就說他是聖人，但依大乘法修證來看，還只是賢位而未入地，就不是聖人，聖人是入地後的人。但他這時跟初果人又不一樣，因爲初果人沒有證眞如，沒有實相的智慧，而這菩薩有了；但因爲大乘法中以入地才稱爲聖，而他又跟凡夫不同，所以就立名爲賢。

因此，如來說法時講得很清楚：「賢聖衆者，於第一義不得是見。」不信的話，你們去問問增上班的同修們，問他們說：「當你住在第一義時，有沒有佛見、法見、僧見？」他們一定告訴你：「沒有！」因爲第一義的境界中無任何一法。所以 如來很清楚的說：「凡屬於賢聖衆的人，他們如果站在第一義的境界來看時就不得是見。」「於第一義不得是見」的反面詞是什麼？「於事相法中有種種見」，反義詞就是這樣。這其實已經告訴我們：賢聖衆證悟之後仍然有五陰或者五蘊留在人間而繼續有種種見，但是他們轉依的第一義中沒有這一些見。於是才說：「賢聖眾者，於第一義不得是見。」

那麼「於第一義不得是見」一定有原因，所以接著開示說：「通達種種音聲一相，所謂無相；」剛才不是說有「貝聲見鼓聲見」，乃至「須陀洹果」「得果聲見」，乃至「解脫聲見」以至於最後的「涅槃聲見」，都是依聲聽聞之後而有這一些「見」。可是這一些聲音中，「賢聖眾」都能通達種種的聲音只有一相，叫作「無相」。那「無相」是什麼？（大眾回答：如來藏。）對了，就是如來藏。諸位永遠都可以三句不離本行，一定對的。因爲一切聲只有一聲，名爲如來藏聲。所有增上班的同修們都看得很清楚：一切聲都來自如來藏。不但一切聲，一切色、一切香、一切觸、一切法全都來自如來藏，所以無量無邊法就是如來藏法。

因此，可不能像很早期有一些同修說：「老師啊！您一天到晚講來講去都講如來藏。」我當時說：「不講如來藏，那我講什麼？」大家可以去檢討、可以去印證：如來從阿含講到方廣唯識，乃至於最後圓教的經典《法華經》，依舊講如來藏。不講如來藏要講什麼？可是如來藏有無量無邊法，講不完！

既然每一個人修行成佛，最快的歷程是三大阿僧祇劫，當師父的人、當老師的人當然要講三大阿僧祇劫；這三大阿僧祇劫所講都不能離開如來藏，離開如來藏就變成外道法；而且師父不把如來藏的所有法都全部教導，弟子們如何能成佛？當然要把如來藏的所有法全都教給弟子們。所以只有愚癡人才會怪老師說：「您都講如來藏！」如果以後再有人這麼問，我身邊正好有棍子，就一棒從他頭上敲下去，告訴他說：「不講如來藏，我講什麼？將來你的弟子問你，你也要這樣打，也要這樣講。」如來的意思也很分明：「賢聖眾者，於第一義不得是見。」反過來意思是說：賢聖眾，於事相法中可以有種種正見。否則「賢聖眾」們豈不是變成一個又聾又啞又盲的愚癡人了嗎？他們學智慧是學到哪裡去了？

但是這「於第一義不得是見」的這個「見」，以及事相法中可有許多正見的「見」，都是從音聲聽聞而來，所以《不退轉法輪經》中 如來曾說一切菩薩也是聲聞。爲什麼是聲聞？因聲而聞，所以叫作菩薩聲聞。如果有人不必聽從善知識說法的音聲就能夠實證成佛，那叫作外道。但是歸結起來，種種音聲，當你通達了以後，會發覺其實都是從如來藏而生；但如來藏「無相」，所以一切聲也是「無相」。如果不懂的人，學了二乘菩提之後再來閱讀《般若經》，心中疑惑：明明在二乘菩提裡面說一切法有生有滅，來到《般若經》中才一讀到，怎麼轉而說「一切諸法無生無滅」？有時又說一切法本來不生不滅，和《阿含經》不同，豈有此理！

他覺得矛盾，那問題在他自己，不在經典本身，因爲這是從第一義來說的，而二乘菩提是從現象界諸法來講的，所講的是世俗諦而不是第一義。他完全不懂，把世俗諦與第一義混合不分，然後依著見取見的運作，就把第一義給踢掉，說世俗諦就是第一義。這時就是住於邪見中，於是他越讀覺得越矛盾，這個人就叫作釋印順；所以他在書中講：只有根本佛法才是眞正的佛法，其他的原始佛法、後起大乘佛教，都不是眞正的佛法。他又認爲：《阿含經》是弟子們結集的，不是 佛親口講的，不是眞正的佛法；只有你親聞 佛陀所說的那些法，叫作根本佛法，那才是眞佛法。

但問題來了：他釋印順有親耳聽聞佛陀所說嗎？他沒有。那他有什麼資格談根本佛法、原始佛法？所以他捨壽前遇到我出來弘法，算他倒楣，因爲我有根本佛法（往世親聞佛陀所說），原始佛法四阿含我也懂，但他不懂。

當他遇上了我，只好把嘴巴掛到壁上，沒辦法回應我，原因就在這裡。所以，他弄不懂現象界跟實相界這兩個法界的異與同；而我們腳踏兩條船，這右腳在現象界，左腳在實相界，這時我要從實相界講去現象界也行，要從現象界講到實相界也行，他都無可奈何。正因為我們「**通達種種音聲**」只有「**一相**」，叫作「**無相**」，「**無相**」就是如來藏的法相，名之為眞如，又名「**無名相法**」，又名「**無分別法**」。今天只能講到這裡，時間到了。

這兩年來秋老虎新增一位兄弟叫作冬老虎，這兩天終於走了。所以十一月還很熱，那不是秋老虎肆虐，而是冬老虎肆虐，所以我說現在秋老虎多了一個兄弟。但臺灣這個位置再怎麼冷，平地一般是不下雪的，所以交通都沒什麼問題，還眞是個寶島。

言歸正傳，《佛藏經》上回講到十八頁第一段的倒數第四行第一個字，前面都是在說明「**賢聖眾**」所住的智慧境界，今天要從下一句開始：「**無違無諍，成就不顚倒法忍故，名為聖眾。**」也就是說，前面說的所有「見」都不存在，那是「**無名相法**」如來藏自己的境界，證悟者現觀這樣的境界，住在有這個智慧的狀態中，他的智慧境界總名為「**無相**」，這樣的實證者就是這段經文說的「賢聖眾」。大乘的「賢聖眾」住在這樣實證的境界中，轉依如是實證的境界，因此於世間境界中「無違無諍」。雖然在世間法中，仍然要如世間法一樣生存，和世間人相同而有食衣住行等運爲，然而畢竟是「無違無諍」的心境，因爲他所住的智慧境界是「無相」的境界，由於住「無相」境界的緣故而不諍、不強求。這就是由於他成就了「不顛倒法忍」的緣故才能夠如此，不爲一己之私而有任何索求，凡有所作不爲自身、只爲眾生，而且是爲眾生的究竟解脫而作；能夠如此「成就不顛倒法忍」的緣故，所以他們被世尊稱爲「聖眾」。換句話說，「聖眾」之中的一切人都是如此。

那麼在前面有時說「賢聖眾」，但是在這裡不稱「賢聖眾」而稱爲「聖眾」，換句話說，這「無違無諍」四字指的是「聖眾」。「聖眾」的位階是從哪個地方開始的？是初地。所以，如果尚未入地而只是「賢聖眾」中的賢位菩薩，能不能要求他完全「無違無諍」？爲什麼有的人沒有搖頭？所以，你們看世尊說法非常嚴謹，就像我們書中一字一句都要再三再四校對；也就是不能夠有所矛盾，不能前後有所相違。自語相違是凡夫的事，到了「賢聖」位，越往上修學，自語相違就會次第減少，乃至到達佛地完全無違。前面常常說到賢聖法中的「賢聖眾」，可現在作結論時指的卻只是「聖眾」，因為只有「聖眾」才能眞的「無違無諍」；因此證悟後還沒有入地之前，都還沒有具足慧解脫果、俱解脫或三明六通大解脫，不能要求賢位的菩薩在一切事中全部「無違無諍」，這就是我的看法。

有時會有人向我抱怨：「某某人事情作錯了，老師您為什麼都不罵他？」但我的看法是：眞的認為他作錯了，可以請他來說明一下，然後為他指出來什麼地方錯了，應當改正。改正以後則無過失，不需要斥責。這就是我的看法，也是我的作為，因為我很清楚知道他還沒有入地。對一個沒有入地的人，用入地的境界來要求他，那是你不對。就好像要求一個小學生要像一個大學生那樣，或者只是要求他像中學生那樣，就已經不對了。所以，賢位菩薩悟後有時會有過失，在他的身口意行中顯示出來也是正常的，因為處身於世間法中全然「無違無諍」，那是「聖眾」之事，不是賢眾之事。

如來解釋說：「無違無諍，是因為成就不顚倒法忍的緣故，所以名之為聖眾。」這表示「無違無諍」是「聖眾」的事，不能拿來要求證悟的賢位菩薩永遠都「無違無諍」，但大家都要想辦法去達成這個心境。我今天把 如來這個意旨解說了，其實有一點不懷好意，就是要求諸位，假使與賢位的菩薩，不論同修或是共事，萬一他們有什麼不如法、不如理之處，你們應當要諒解，就好像同樣是賢位的證悟菩薩也應該諒解你們一樣。因此凡事皆可溝通而不必一味斥責，這是我們所有同修們悟前或悟後都應該要有的心境以及心行。

但爲什麼對賢位菩薩不可以用聖位的標準來要求呢？因爲賢位菩薩於「不顚倒法忍」尚未完成。換句話說，「不顚倒法忍」在賢位菩薩來講，是只有少分或是多分，尚未通達，當然就不可以用聖位菩薩的標準來要求他們。這就是說，「不顚倒法忍」能通達具足時才可說他「成就」了。已經通達的人必須要具備一定的定力，也就是超越了欲界的境界，他的心境已在初禪天乃至以上，而他的解脫果至少得要是慧解脫的果報，並且他有自己的可愛異熟果報，福德已經足夠入地，這樣的人才有可能「成就不顚倒法忍」。「不顚倒法忍」的成就，是無生法忍的初分，就是初地的無生法之忍，所以他才能夠「無違無諍」；也因爲如此不再稱之爲賢人，而稱之爲大乘法中的聖人。

所以聖之與否，在大乘法另有定義。比如《阿含經》中有說到，從初果到四果的聖人，其實是從三果開始才被認定爲眞正的聖者，二果以下都只是預先稱為聖者，所以初果人名為預流；二果人名為薄地，只是薄貪瞋癡而已，尚不足以稱之為聖。但相較於世間凡夫，就把這二種人預先稱為聖人，以作區別。在大乘法中亦復如是，要稱之為聖，就必須具備了入地的功德；但是相對於凡夫而言，賢位菩薩從第七住位不退開始就被稱為聖人，而在大乘法中則只稱為賢人，因為聖人還有其他必須具備的部分。所以「**不顚倒法忍**」有在智慧上的部分，也有福德的部分，還有實際上超越欲界的部分——梵行已立，才可能稱為聖，否則聖又何在呢？

假使有人自稱是幾地菩薩了，印證弟子們是初地菩薩，結果他自己的心境始終都住在欲界法中，何聖之有？更何況他的弟子遠遜於他。因此，這個「**成就不顚倒法忍**」有這樣的定義存在，但是很難了知。以後不管誰自稱是入地的聖者了，我們都必須要先檢查他有沒有「**成就不顚倒法忍**」；而且福德不具備，無生法忍還沒有通達，解脫果也還沒有實證，當知此人只是凡夫，不是聖眾，因為證悟的賢位菩薩就已經不會大妄語了，而他可以大妄語，顯然連賢位都不是，這是有智慧的人可以用來簡擇天下所有善知識的方法。

接下來：「**舍利弗！是不顚倒法忍即是無相，無相故無取無捨、無逆無**

順、無生無滅；是中自然歸滅，無修無壞無起無得；不分別此彼故，心常捨離。」世尊又特地向舍利弗吩咐：這個不顚倒法忍就是無相。也就是說，把「不顚倒法忍」作了一個綜歸——歸納於「無相」。如果已「成就不顚倒法忍」，但他所轉依的境界是有相境界，那就是顚倒。

「無相」的定義，凡聖之間眾說紛紜，在這個末法時代正是如此，一直到咱們正覺出來弘法二十來年，現在終於歸於一統。以前總是有人開示：「只要你心中沒有語言文字，進入離念靈知的境界就是無相。」很多的大師都說：「只要心中無念無分別，就是無相。所以要每天打坐，坐到了然分明澄澄湛湛一念不生，這就是無相。」然而，他們這個無相的定義，不管是其中的哪一種，全都錯了，因爲「了然」就表示對他所接觸的事或物已經很清楚分明地了知了，何況是「了然」之後又加個分明，分明就是全部分別都完成了。既然已經了然分明，顯然他對所了知的事或物或者任何一法已經分別完成。既然他所悟的是可以分別、有分別的境界，當然那就不是「無相」。

因此有的人說：「我看見你來了，而我心中一念不生，對你都不分別，這就是無分別的無相境界。」請問，你如果遇到這樣的大師，該不該給他五爪金龍？是該啊！因爲他都說「我看見你」，就是你、我兩個人的分別了；「來了」已是三個分別，顯然「我與你、來」都分別完成了，然後他說心中沒有語言文字妄想而不分別你來了；都分別完成了還說不分別你，只能說他是睜眼說瞎話。既然有我有你，也分別完成說對方已經來了，那就是有相法，不然他是說什麼東西來了？有來有去一定是有相法，這個有相法是他所悟的境界，就不是無相。

又比如說，有一位教禪很聞名的大法師，他往生前書中或者禪坐會開示時都說：「打坐，坐到澄澄湛湛，那個境界就是沒有分別。那時好歡喜，心花朵朵開，這樣就是見性。」對不對？怎麼不對？應該說「對」，因爲他看見了識陰之性，怎麼不叫見性？對吧？對囉！他看見了識陰的自性，所以也是見性，但不是看見 如來所說的佛性，也不是看見 如來說的如來藏具有能使人成佛的自性。那澄澄湛湛的境界究竟是有相抑或「無相」？有相！一定是坐到那個定境出現了，所以猶如澄水、湛水絕頂純清；但是這個所謂「開悟」的內容仍然是境界，既然是境界當然就是有相之法。

我們常常引述說「法不可見聞覺知」，這一句聖教出於《維摩詰經》。也就是說，菩薩所證悟的法，是沒有辦法運行見聞覺知的第八識，於六塵是不可以有見聞覺知的。意謂所證悟的法是離見聞覺知的——不了知六塵，既然不了知六塵，表示他所悟的那個法不住在六塵中，既不在六塵中當然就是「無相」。能夠這樣親見，而且一切時中都可以如是檢點、如是抉擇毫無錯謬，這才能說他所悟的境界是「無相」的境界。

換句話說，一切菩薩證悟般若之所實證的對象，必須要能現觀祂是無相的，因爲菩薩要現觀所悟的法是離六塵境界的。雖然這個「無名相法」、「無分別法」仍有許多的功能差別，或者說仍有許多的種子在流注運作著，但祂這一些運爲都不在六塵中，是超過六塵境界的，因此祂所住的境界是「無相」的。正因爲「無相」的緣故，所以沒有取也沒有捨。但這個取與捨也是一向都被誤會了，大法師們總是宣稱他的境界無取無捨；既然無取無捨，他們就不應該像古德那一句挖苦的話，當施主來時，對侍者說：「茶、泡茶、泡好茶，坐、請坐、請上座。」既然他無取無捨就不需如此。

爲什麼某居士來求見，這大法師推辭不見，使得那位居士跑去另一個山頭，手上拿了支票求見就見了？緣何如此？這分明是取捨。都因爲這位居士沒有自我介紹：「我是某某建設公司的老闆。」所以他不見。然後居士去到另一個山頭，有人為他介紹：「這是某某建設公司的老闆。」所以大和尚馬上見。這個居士還沒有悟得般若，這樣作是很正常的事；當大和尚接見了，他好歡喜，支票簿拿了出來，新臺幣三千萬元就供養了。顯然這兩位宣稱證悟的大法師都有取捨，對吧？

等而上之，假使有位法師不論大老闆或者小長工來求見，他都接見，同樣歡喜客氣，不論是供養兩百萬元、供養一百元，他都歡喜接見，算是「無分別」、無取捨了吧？（有人答：還是有取捨。）為什麼還是有取捨？你這樣說一定有道理，我幫你說了吧！當他接見時，不是已經了然說這是某甲、是大老闆，這是某乙、是小長工，對吧？對啊！這就是取捨完成了，他已經取相完畢。再等而上之，假使不論誰來，他都是一見了就離開了，剩下的都給侍者去處理，他也不想了知這是大老闆、那是小長工。請問諸位，他有沒有取捨？依舊有喔！諸位智慧可好了，因為他已經取六塵。見了來者，取了六塵；轉頭走開，捨了這個六塵又取別的六塵，依舊不離取捨。

既然他所悟的這個心有取有捨，顯然是有相法，因為他所悟的心自始至終都在六塵中，在六塵中的心就不能說是無取無捨。在六塵中的心必須不斷地取、不斷地捨又不斷地取、不斷地捨，一定是取了這個色塵，隨即捨這個色塵，再取另一個色塵。也就是說，他取這一剎那的六塵，隨即捨這一剎那的六塵，再取下一剎那的六塵，所以即使他都不離開，定定地盯著來者，依舊是取捨；因為是一剎那又一剎那，不斷地取、捨、取、捨……，沒有中斷過，那就表示他住在有相之中。

假使你當下指正他說：「您悟錯了。」他會質疑你。或者假使他有智慧，認為你敢說他悟錯了，一定是有來由，所以他恭敬請問你：「老朽為何悟錯了？」因為你比他年輕，他可以自稱老朽。你就說：「謂汝有相，故有取有捨。」他當然要問你，你就把這個道理告訴他，救他免墮地獄，這是一件大功德。俗語說「救人一命，勝造七級浮屠」，何況你救他不只一命，因為大妄語業下墮地獄以後，輾轉經歷餓鬼、畜生道再回來人間，那是幾劫後的事了，想想看那相當於幾世的命？所以你這個功德與福德可大了，大到無法想像。諸位將來要比現下所有佛教界的那些大師學人們早很多的時間成佛，原因就是你們共同來救護這一些即將下墮地獄的有情，只要救得一個有情不墮地獄，那是救他幾世的命呢？你想想看，你等於建造了多少莊嚴的佛塔？因爲一命就是一座七層的大佛塔，那你救他多少命呢？想想看，這福德、這功德眞是太大了。

如來說：「**是不顚倒法忍即是無相。**」只有證得本來就「**無相**」的心，才是「**不顚倒**」的人；悟得「**無相**」心後能夠安忍而轉依祂，才是眞的有「**不顚倒法忍**」。所以，你應當爲他指點：「**謂汝有相，故有取有捨。**」然後就爲他說明爲何是有相、爲何是有取有捨。他如果夠聰明，一聽就懂，那麼你度他就不是難事了。因此，所悟的心一定是要無取無捨的，而無取無捨的原因是因爲祂本來「**無相**」，祂永遠不落在有爲法的行相裡面，因爲那一切有爲法都是有漏性的；祂只有一種有爲法，叫作無漏有爲，而無漏有爲的境界中是沒有六塵的，所以是「**無相**」。假使有人今天第一次來正覺講堂聽經，聽到我這麼說，也許心裡面想：「**你在法座上說法，一面說著一面看著聽眾，一面說著一面在瞭解聽眾是否聽懂了，那你不也是有相有分別嗎？那就是取捨啊！**」是喔？可是我說了：我這時固然是有相、有分別、有取有捨，但我同時「**無相**」故「**無取無捨**」。

換句話說，佛法函蓋世間法與出世間法，所以名爲世出世間法；因爲世間法是三界境界，出世間法是二乘菩提境界，而大乘佛法函蓋世間與出世間法之後，還有一個世出世間法橫跨二界；是說這個世出世間法具足了實相法界，同時又含攝了現象法界。所以諸佛菩薩度化眾生時，無妨住於「無分別」、「無取無捨」的實相境界中，但同時繼續有分別、有取有捨，來分別眾生的根基，然後應機施教；這是兩個法界並行運作著，而現象界中的五蘊十八界等，依止於實相界的「無名相法」如來藏心，這樣來施設各種方便善巧，成就爲人悉檀而演說第一義諦。所以我坐在法座上儘管一一看著大家，瞭解大家有沒有聽懂，需不需要再作更深入的演繹，但所依是「無名相法」「無相」的境界，所以「無取無捨」。

假使有人開了一張銀行本票來，新臺幣一百億元，這算是創天價了，因爲臺灣佛教界還沒有看過誰一護持就是一百億的；這張銀行本票來了，當然是眞的，保證兌現。他開口說：「請您直接告訴我，到底開悟是悟個什麼？」如果不是轉依眞正的「無違無諍」法，可能就心動了：「一百億元，這不是小數目，是不是要考慮一下？」爲什麼不要？連考慮都不要？喔！令人敬佩！可是我說了，那是你們；大法師們一定要猶豫再三，不是考慮一下而已，因爲他們住於有相境界、有取有捨。

但是假使有一天誰開了一張大支票來，我也不跟他明講般若密意，一樣要他禪淨班學好了再來，否則準定害了他。諸位也許以爲：「**我們會裡也有人打一次禪三就過了，有許多同修打五次、八次不也過了？也沒看見他們退轉。**」我告訴諸位，在這個受學的過程之中，因爲有很多的次法配合著教授，也要求諸位去實踐那些次法，才能夠悟了不會退轉；否則萬一謗起法來，那果報可不得了。這一些次法，不但禪淨班的課程中教導諸位，還讓諸位平常要作功夫、要修除性障，要去接觸有情救護眾生，發各種口袋書、傳單等，救他們不墮惡道，要他們這一世不入歧途。

在救護眾生的過程中，有時或者遭遇對方白眼瞪你（白眼跟瞪你大概都有啦，一定有很多人遇過），有時嘴角一撇、頭一搖走了。這時你可能心想：「**他大概當作我是發一份賺五毛錢。**」他當然不知道你是董事長、是總經理，當作你是來賺這種微薄的報酬。第一次你覺得有點沮喪，第二次稍微有一點點習慣；時日漸漸過去，發久了白眼領受慣了，或者瞪眼領受慣了，最後都無所謂了；讚歎也好，白眼也好，反正你都覺得無所謂，已經無動於衷了，一心只是要救護他們，這就是你次法又有一大部分成就了。這一些次法累積起來，才是證悟的基礎。有時作義工被那位師兄責罵、被這個師姊嫌棄……等，你都習慣了，所以再遇這種事情時要你起瞋也不容易，這表示性障修伏了，這也是次法。當這一些條件一一具足了，定力也起來了，福德也修夠了，這才是證悟時。

如果他都沒修次法，開了張臺支、合支或者土銀的本行支票，面額一百億元要我幫他證悟，門兒都沒有！我說：「您老帶回去吧！只要來禪淨班好好共修，用不著一百億元，送來一億元我都還嫌太多。」也就是說，因為我們所證悟的法是「無相」的，所以這個「無相」的法「無取無捨」，我們悟後自然要轉依祂，因爲祂才是究竟法，其餘都不究竟。既然轉依了，不應該有取有捨，所以因緣適合了，比如說他的菩薩性具足發起了，就幫他證悟；因緣不適合就不幫他悟，不是阻撓而是保護他。

所以世尊特地告誡，如果擅自將般若的密意告訴外道，或者即使是佛門中眞正學法的人，如果他的因緣還沒有成熟，就不應該告訴他。如果沒有能力觀察，輕易就講了般若密意，假使對方聽了以後只是毀謗倒也還好（雖然他毀謗以後仍然要下墮地獄，然而眞要說起來，這業還算輕），假使他寫了下來印成書到處流通，或者到處去跟人家明講，那要害死多少人？而且也會使了義正法的弘傳被迫中止，那得要再等一二百年、三五百年以後才能重新弘傳，那會耽誤了多少人的道業？那麼這個爲他明講的人，罪業可就大了！所以爲保護眾生，就不許明說。

因此，對方開了一百億元、一千億元來不被接受；後來求之不得，乾脆說：「**我把整個國家送給你，你跟我明講。**」我還是不接受！聰明人都知道：就算整個地球都送給你，你能擁有多久？不會超過一百歲，因爲你也許五十歲了，就算再活五十年，不過在這五十年中能夠持有。但持有時你眞的持有全部嗎？地球上的每一分財物、每一個美好的境界都是你在受用嗎？並沒有啊！你受用的還是自己那一分六塵而已。所以這樣子受用人家供養了一整個地球，名義上是你所有的，也不過五十年光陰，過後要在地獄裡面待多久？至於後來依序來到餓鬼道、畜生道所受的果報，那可就是其次了。

因此，我還是要再提醒佛教界，一定得要是證得「無相」，轉依成功了才能夠「無取無捨」，才是眞悟的人；凡是私心運作而藉所悟的法謀取世間財利的人，縱使眞的知道證悟的內容了，依舊不是證悟者。眞正「無取無捨」的人，才算是眞正的「聖眾」，這是因爲他們所證悟之標的是「無名相法」的「無相」境界，於是他們轉依了「無名相法」的「無取無捨」境界，不用去貪著世間的五欲了。既然「無相故無取無捨」，當然就「無逆無順」。有逆有順是六塵中的境界，是五蘊十八界的境界，因爲不離十二處也不離六入；這些六塵境界接觸了以後，一定會有逆與順的差別反應。「逆」是因爲那個境界違背他的心，所以他厭惡那個境界，有逆心而不想隨順那個境界。「順」是因爲他喜歡那個境界，不論那境界是樂受的境界或者無苦無樂受的境界，因爲他的心覺得那境界是不錯的，是美好的，至少不違逆他的心，所以心就隨順這個境界。

但是有逆有順的原因，都是因爲有見聞覺知，而不能一剎那離開六塵的境界。如果不住在六塵境界中，就沒有違心與順心之可言，自然就沒有逆與順可說了。那麼所證悟之心，如果是在六塵境界中運作的，那一定不離境界，不離境界就會有違心、順心的覺受，當然也就有逆有順，這表示他所住的境界是有相的。悟得「**無逆無順**」的境界以後，當然就得轉依這個境界；轉依之後已經「**成就不顚倒法忍故**」，對三界境界也就不再有逆有順；即使從現象上看來，他是有逆有順的，但他的心境中其實「**無逆無順**」，因爲他無所求，不爲這一世的五蘊之身求任何利益，只是爲了救護眾生，爲了正法久住可以廣利人天，都不爲自己求。

當他不爲自己求時，在救護眾生的過程中，在廣利人天的過程中，有時順境、有時逆境，但他只是隨應而爲，該作什麼就去作什麼，該避開什麼就避開什麼，他心中卻不會有逆與順的覺受。所以正法即使遭遇到嚴重的打擊、不能弘傳了，對他而言雖然是絕大的逆境，但他的心境依舊是「**無逆無順**」的，因爲他只是努力去作，不爲一己之私。既然這樣，能夠作的就去作，不能作的就迴避，也沒有什麼可喜可憂。然而菩薩有時常常會講：「**我好憂心啊！正法將滅。**」他的憂心不是爲自己憂心，是爲眾生憂心，因此對他自己而言依舊「**無逆無順**」。換句話說，不論在事相上，不論在實相界上，全都是「**無逆無順**」；雖然在現象界中的示現是有逆有順，但對他而言其實無逆亦無順。

既然「無逆無順」又是「無取無捨」，那個境界一定是常住而不生滅的。於實相法界、現象法界中的一切法，只有一個第八識常住法才是「無生無滅」的，有生有滅就不是常住法。有生有滅的原因，是因爲那是現象界中的法，不是欲界境界就是色界境界，不是色界境界就是無色界境界，都是現象界中的法。以前許多大師都主張說：「我們只要靜坐，坐到完全離念了，一念不生澄澄湛湛，那就是常住法，這時的心就是眞實心，名爲眞如。」這是咱們正覺弘法的前期，時常聽到的大師開示。然而我說他們好像都不讀經典，好像十二分聖教都只是供在經櫥裡面擺飾用的。這些大師們其中還有一位是中華佛學研究所的所長，竟然不知道這個離念靈知是生滅法。可眞怪！都不知道他們大師是怎麼當的。

他們所謂的證悟，都沒有自我檢討過。三乘菩提經典，那麼大的寺院，好有名的佛學研究所，難道一套也無嗎？不可能啊！那麼三乘菩提中，譬如二乘菩提阿含部諸經早就講過了：識陰是根、塵、觸三法爲緣而生。那識陰藉著靜坐修定而止息妄想雜念時就是離念靈知，因爲對六塵見聞了了，就是離念靈知。這識陰六個識離念時靈明而知，所知都是六塵境界，若離六塵就不能存在。那麼在阿含諸經如來處處開示：眼根、色塵因緣生眼識，乃至意根、法塵因緣生意識。這六個識既然都是藉根、塵爲緣相觸而生的，有生則必有滅，怎麼會是常住的眞如呢？

即使二乘菩提阿含部諸經不讀，大乘般若諸經中以及第三轉法輪的大乘唯識諸經講得更明白了，他們都不讀嗎？對了！他們都不讀。假使讀過了，不應該還有那種荒腔走板的開示。甚至於臺灣後山那位比丘尼講了也就罷了，竟然還印在書中廣爲流通，說「意識卻是不滅的」。啊？意識不滅喔？她到底睡不睡覺？她是當仙喔？還是當菩薩？都不是，那她是當如來了，所以叫作宇宙大覺者。可是如來也一樣睡覺，差別只是無夢而已；阿羅漢還有無記性的夢，可是如來完全無夢。她主張意識不滅，實在令人納悶，她究竟睡不睡覺？睡不睡覺的事且罷，她們設了好幾家醫院，錢財廣進，可是我曾經看過新聞報導，她們慈濟醫院的醫生有時候說：「這個病人進我們醫院時已經沒有意識了。」醫生沒有成佛，還不是宇宙大覺者，都知道意識會滅，但她這位宇宙大覺者竟不知道意識會滅，還眞怪。

就好像有人被人家腦後一記悶棍之後悶絕了，然後人家潑灑了冷水，他醒過來說：「我還在呀！我沒有中斷啊！」然而末法時代的佛教界就有這麼多的愚癡大師，醒過來以後跟人家呼喊說：「你看，我沒有生滅啊！我的意識只是睡著了而已。」唉！天可憐見！清淨的佛教界被他們搞得烏煙瘴氣，我好心弄了一大包明礬撒進去，把它攪拌了開始沉澱下來了，他們卻反而說我把佛教界弄得烏煙瘴氣。這沒道理欸！

也就是說，什麼法是「無生無滅」的，他們弄不懂；這倒也罷了，偏偏眼前可以證明是生滅的，他們都還不知道是生滅的，而這些人都是名聞一方的大師，這就是末法時代學佛人的悲哀啊！可是善知識一出來弘法，害他們名聞利養逐漸減少，徒眾開始流失，於是個個心中恐慌，恐慌之後繼之以憤怒、抵制。這就是臺灣已經走過的狀況，現在內地也開始重新複製這個過程，所以隨著我們把這個法越傳越廣，知道這個法的人越來越多，大家正見越來越提升，於是他們的名聞利養間接受損了，現在內地就有許多法師開始寫文章罵正覺。所以不管誰送了這類文章來，我都說：「司空見慣，不足為奇。」為什麼呢？我們設身處地站在他的境界中來想想看，假使我是他，還在凡夫位中，我一樣捨不了名聞利養；如果看見座下的法眷屬漸漸流失了，大約也會像他那樣生氣起來，大概也會像他那樣寫文章來罵正覺。對吧？不對？那你是異類，表示你是眞菩薩。

我說的是設身處地站在他們的情境中來設想，所以覺得他們這樣很正常，因此我心中就「無逆無順」。從我剛出來弘法那個年代就常常跟同修們說：「讓你們去接引眾生，而眾生對你們這個法不能信受，當面否定或者背後毀謗時，你們不用起瞋，也不用爲他們覺得悲哀。」他們問：「爲什麼這樣？」我告訴他們說：「你們要記住：眾生本來如是。」就這麼六個字而已。我們親教師都有學進心裡面去，都記住「眾生本來如是」，所以學員們來小參時報告說：「氣死我了！我去度他，他還罵我。」親教師就會告訴他說：「眾生本來如是。」當他聽進去了，以後再遇到這個逆境，心中釋然，再也不生氣了，因爲眾生本來就是這樣。

那麼「本來這樣」是哪樣呢？（大眾笑…）就是無明啦！眾生本來就是無明的，所以你所說的法違背他的世俗境界、違背他的世俗認知時，他無法理解；無法理解的緣故，就不免要背後毀謗你。正因眾生本來就是無明的，才需要你去接引他；你剛接引他時，他不能接受，特別是假使他已經被大師印證開悟了，他認爲拿到金剛寶印了，可沒想到那個金剛寶印是用乾掉的糞便雕刻的；他還不曾警覺到這一點，遇到你這個法水一沾，融掉、臭掉了，他當然很生氣。所以在沒有智慧的狀態下，他心中的憤怒可想而知。

但他怒罵、羞辱你也就罵了，就只是羞辱而已；假使是一天到晚爲人家蓋章的那一些大師們，你能要求他們心中不起瞋嗎？不可能的。所以我在早期弘法時，有時睡前沒有入等持位去看往世的什麼事情，會想到一件事情：這些大法師現在心裡一定很痛苦，實在也夠可憐。但是有一個人，我不覺得可憐，他叫作釋印順。因爲大師們最多只是把佛法扭曲而已，可是那釋印順是把三乘菩提從根刨掉、從根砍斷。身爲菩薩的我，這時想起世間人說的一句話：「**是可忍，孰不可忍？**」所以我特地要評論他。他不曾講過我一句話，但我特地要講他。

他知道不可以評論我，因爲知道我一定會回應；雖然他沒有評論我，我倒要評論他，因爲他把三乘菩提的根砍了，我不能接受。所以我刻意要指出：他所謂的眞如是斷滅法，不是「**無生無滅**」。如果他所謂的眞如是「**無生無滅**」的，即使是依文解義，我都隨喜。問題是，他把諸法斷滅後的空無當作是眞如，這是把斷滅空來取代眞如的眞實義，不能接受！然後他又把意根說是腦神經，否定了第七識的存在，又把如來藏誹謗爲外道神我，那我當然得要講他了；不然他的四十一本書（後來是四十二本），一直久遠地流傳下去，會誤導未來世多少人，可想而知啊！如果不評論他，弄個不巧，也許一百年後，他的書又被人家收入大藏經裡面去；那可好了，佛教要滅得更快了！（編案：現在專講雙身法意識身識境界的《廣論》，也被收進 Cbeta 了，佛教正法將會滅得更快。）

假使咱們把它辨正了，未來編輯大藏經的人廣蒐資料以後說：「**你們看，人家正覺舉證說他處處錯誤，這個要汰除掉，不該收入大藏經中。**」假使以後有個什麼藏的續部就不會把它收入（編案：遺憾的是已經被六識論的團體，連同二部《廣論》等外道法及雙身法都收入電子佛典中了），所以這得要主動去講，因爲那是生滅法，而佛講的是「**無生無滅**」法。同樣的道理，密宗假藏傳佛教的法也是生滅法，但他們非常的僭越，把人間最低賤的法拿來套到諸天之上也就罷了，偏偏還要套到比阿羅漢、比菩薩更高的如來境界之上，說諸佛如來不如他們。

密宗假藏傳佛教是如何汙辱諸佛如來，你們看看郭老師寫的《金剛頂經》的評論，不就了然了嗎？他們隨隨便便施設出來的金剛手菩薩，本質還是個凡夫，連意識生滅都不懂，竟然可以勾招一切如來前來聽他訓話；你們說像這樣的密宗假藏傳佛教，我該不該破他？（大眾都回答：該！）對啊！所以諸位答得這麼直截了當、這麼大聲，吾心甚慰！確實如此，因爲密宗假藏傳佛教喇嘛教把佛教界搞得一片赤氛。你們要是有天眼，看見每一個喇嘛，他們身體周遭都是一大片的紅光，那紅光是暗沉的紅光，不能看的啦！爲什麼呢？因爲心中慾火焚燒！所以你們看密宗假藏傳佛教畫的赫魯嘎抱著女人全身是火，我說畫得好，慾火焚身當然全身是火。

喇嘛教這樣踐踏佛法，比入篡正統還要可恨！入篡正統頂多只是取代罷了，至少還承認依文解義的佛法。他們可不是，把你三乘菩提正統佛法壓在腳下，眞叫作視如糞土。這一世，我正好是要用這個在家身來評論他們，寫了《狂密與眞密》，把雙身法的內涵理路都披露出來。假使我這一世年輕時不是老爸急著幫我找了個老婆來，可能出家去了，就不好寫這書。那些東西，假使我是一個出家人，能寫嗎？可能臺灣人讀了都要罵：「不死鬼！」對不對？對啊！一個出家人怎麼講這些東西？但我這一世現在家相，可以寫，然後來世就不用管這件事情。

我相信我們從正面把法說出來，從負面再把他們的法加以辨正，顯示他們完全與佛法無關；從四個層面把「見、修、行、果」都加以辨正過了，未來一定會發酵起來的，因爲《狂密與眞密》正法種子那個發酵力是非常強的。二十年發酵若還沒有讓那個糞瓶子爆炸，三十年、五十年、兩百年總要把它爆開的，我有這個信心。但爲什麼喇嘛教會走到今天這個地步？因爲他們不懂什麼叫作「**無生無滅**」。你們可以去看密宗假藏傳佛教四大派（覺囊派不在四大派中），那密宗假藏傳佛教四大派不論紅黃花白，都是在生滅法中作文章。

從天竺的密宗假藏傳佛教一直輾轉來到今天，他們都不弘傳「**無生無滅**」法，連「**無生無滅**」名詞都不講，更不要說什麼不生不滅的實證。我們對治這一些入篡正統佛教的外道，以及對付從根砍掉三乘菩提的釋印順等人，眞的叫作游刃有餘，一刀劃下去就是一刀，他們都是無法回應的。因爲我們是具足三乘菩提而圓滿的整體佛教，這是緣於我們的所證是「**無生無滅**」法，只有「**無生無滅**」法可以函蓋世間、出世間一切法，也可以函蓋次法與三乘菩提。但是很多人不瞭解這個道理，所以出口否定、出口抵制久了以後，終究是要後悔。懂得後悔就有救，捨壽前一定會去佛前懺悔，至少可以保住人身。

保住人身好不好呢？好啊！問題是好在哪裡？好在未來世有機會當你們的徒弟。他們未來世想要直接跟我們親教師們受學還不太容易，得要藉你們的因緣；因爲有那個謗法抵制正法的惡業在，雖然懺悔了，但是懺悔謗法惡業之前，他們在這上面的根本罪、方便罪、成已罪都成立了。假使沒有方便罪，那就太好了，懂得懺悔就一定保住人身，但是將來一定會障道，所以未來世想要實證，不是那麼容易的事。

我們追根究柢，他們爲何會走到今天這個地步？不論釋印順那一派或者各大山頭曾經抵制正法的，或者是密宗假藏傳佛教四大派，走到今天這個地步，全然無法回應正覺的原因，都是因爲所悟或者所證錯誤，都落入生滅法中。然而，如來弘揚三乘菩提一定有一個根本所依就是「**無生無滅**」法，可是推究三界一切諸法沒有一法是「**無生無滅**」的，全都是有生之法，有生則必有滅。

在唯識增上慧學中說意根恆審思量，那只是方便說，因爲祂的恆是依於無始劫來的存在和貫通三世而可以盡未來際，但其實卻是可滅的。假使是一個聲聞種性的人，他證得阿羅漢果以後，意根一樣可滅。爲什麼可滅呢？因爲意根不能獨自存在，不是自在法，不能存在三界外；祂是由如來藏流注了意根的種子才能出現，就這樣世世延續下來，但意根也是可滅的——阿羅漢們入無餘涅槃時就滅掉了。可滅就表示祂是有生之法，雖然無量世以來就存在了，卻是從如來藏中持續流注祂的種子而出生而存在的。因此推究到最後，只有一個能生之法是常住法；能生之法就出生一切法，能生一切法的祂，就是諸法的本源——「**無名相法**」如來藏。既然是諸法的本源，就不可能有任何一個被祂所生的法可以回頭來滅祂，所以祂一定是常住法，永遠「**無生無滅**」。

譬如說，你拿到我印證開悟的金剛寶印以後，一定有能力可以證實一件事情：這如來藏出生了意根又出生了五色根，然後出生了六塵，再藉六根六塵而從如來藏出生了六識，接著輾轉出生了一切諸法；但這一切諸法從意根開始，無一法不從如來藏中生；既然是被如來藏所生的，顯然不可能回頭來滅壞如來藏。因為這一切法都要依如來藏才能存在，怎麼可能滅如來藏？所以如來藏是「**無生無滅**」的；祂之所以「**無生無滅**」，是因為祂是一切法的本源，既然是一切法的本源，一定是本然存在，法爾如是，所以祂本來存在、不從他生。

我們弘法最早期，有些同修好聰明；因為比我聰明，所以會創造新的佛法。我這個人笨，依循聖教，不會創造佛法，所以我認為眞實的解脫、眞正的實相是無所依的，就好像六祖惠能說的「**如日處虛空**」。太陽要不要有所依？不需要，它就那樣處於虛空。然後我們整個太陽系依著它而運轉，這是一個比喻。你如果依天文學來講，太陽還得要有所依，依於這個銀河系小世界四大部洲；而這個銀河系要不要有所依？要，要依如來藏，否則不能存在，就不可能有宇宙的生住異滅的過程延續不斷。

這意思是在說，一切諸法都從能生的一法所生，這一法叫作「**無名相法**」、「**無分別法**」，亦名如來藏、阿賴耶識。這個能生的法，祂就出生一切法，一切法既然被祂所生，就不可能回頭來生祂，也不可能回頭來滅祂，所以祂是「**無生無滅**」的。因此，如來宣演三乘菩提時是依「**無生無滅**」法來宣演的，這在《阿含正義》中我也已經舉示出來了。我所讀過的文獻中，就沒有人把《阿含正義》中依於「無生無滅」的根本識來建立、來宣演、來實證的事實寫出來或講出來。但是我相信，我在過去世一定有講過，只是沒有留下文字。我們現在特地用《阿含正義》的名目把它寫出來，這樣證實不但大乘般若唯識諸經都依「無生無滅」法的常住根本識來說，現在也證明二乘菩提亦復依於「無生無滅」的常住法來說，所以現在佛教界沒有人說我不懂阿含。

以前他們老是講「蕭平實不懂阿含」，現在哪個阿含專家敢出來說「蕭平實不懂阿含」？所以我們現在幾乎可以說面面俱到了，對吧？次法、人天善法、阿含、般若、唯識，現在還講了方廣部的經典，包括圓教的《法華經》都講完了。剩下個外道法密宗假藏傳佛教喇嘛教，我們更早把它寫在書中廣作辨正了，那還可以說什麼？看看誰創造了什麼，我就多一個名目再來寫一些東西，也不賴！有時眞的想感謝他們，否則我們這一世要把佛法的整個圓滿內容具足顯示出來，還眞不容易！其中特別要感謝的是《燈影》的緣起者，因爲他們把正法否定了，而他們裡面有一位法師對我太好了，刻意寫了那一封信，表面是在質疑我，其實是在告訴我，他們退轉者主張的全部內涵是什麼。我讀完就知道她的意思了，我們寫了《燈影》出來以後，又把《眞假開悟》講了，從此天下底定。就是從那一年開始，臺灣佛教界只要人家問說：「**師父！我想求開悟，您教教我吧！**」師父當下回答：「**去正覺！**」這不就是天下底定了嗎？所以我眞的要感謝他們。

但我們能夠底定天下佛法的唯一原因，就是因爲我們證得「**無生無滅**」法。有這個「**無生無滅**」法的實證，因此我們可以講禪宗，也可以將八個宗派全部加以定位，還可以拿來檢驗密宗假藏傳佛教、檢驗六識論的佛門諸師。我們也可以把阿含拿出來告訴大家，從一個凡夫位要如何修到慧解脫。般若也講了，唯識也講了，圓教經典講了，而這一些功德的依據都只有一個，就是「**無生無滅**」的「**無名相法**」如來藏，所以這個「**無生無滅**」法才是三乘菩提的根本。但不只如此，這個「**無生無滅**」法同時也是一切三世諸法的根本；假使沒有這個「**無生無滅**」法的眞實存在和運作，十方三世一切世間都不可能存在，何況能有眾生修學三乘菩提？所以「**無生無滅**」法才是一切諸法的根本。

那麼這個「無生無滅」法「是無相」的，一定要檢查自己的所證是否「無生無滅」，這是任何一個學佛人的首要之務；當他證悟時，次要的檢查則是自己所悟之標的，所謂的眞實心、所謂的眞如或者佛性是否「無相」？如果能夠作到這兩點，那麼他對於自己的所悟是否正確，就有了基本的抉擇能力，就不會落入大妄語業中。假使以前曾經有過大妄語的業，也可以及時懺悔滅除罪業保住人身，來世不失爲一個眞正學佛的人，一定可以世世安樂不墮惡道，其樂何如。今天只能講到這裡。

〈念僧品〉上週講到十八頁第一段倒數第三行「無生無滅」，今天要從下一句開始：「是中自然歸滅，無修無壞無起無得；不分別此彼故，心常捨離。」這一品名爲念僧，所說的僧可能諸位已經在經文中注意到了，因爲絕大多數都在講「聖衆」，很少說到凡夫僧；因爲佛法僧三寶是修行法門六念法中的三個，如果這六念讓人念佛、念法都沒問題，也是當念，但如果念僧所憶念的僧衆是啞羊僧或者粥飯僧，那麼這樣憶念對自己究竟有什麼幫助，這就要留意了。《阿含經》中說佛弟子應當修六念法，就是念佛、念法、念僧、念施、念戒、念天；既然要修這六念，三寶列在最前面，三寶之中的僧眾是大眾應當要憶念的，可是如果所憶念的僧眾於佛弟子眾並沒有助益——對於修六念法的人在道業與福德上沒什麼幫助，那麼 如來要大家念僧就顯得沒意義了。所以在《佛藏經》〈念僧品〉裡面所說的僧，處處都說是「聖眾」，非聖眾的部分非常之少，只在負面表列中才會說到。也就是說，〈念僧品〉中特地要讓大家瞭解的是，念僧時當念「聖眾」，而這些「聖眾」究竟有什麼樣的智慧境界乃至於解脫境界，這就是〈念僧品〉之中要告訴我們的。

我們上週說到「聖眾」之所以爲「聖眾」，是因爲有「不顚倒法忍」，也說這個「不顚倒法忍」是「無相」的，由於「無相」的緣故，所以「無取無捨、無逆無順、無生無滅」。那麼在這「無生無滅」的這三種境界裡面，如來說「是中自然」而然歸於滅度，也就是滅盡一切世間法而無所依。一定得要無所依才對，不能老是講要有所依。若說「有所依」是從五蘊的層面來說，應該要有一個所依——依於眞如「無名相法」而得存在、而得修道，乃至得以成佛。但是修道以後的證道，乃至於將來的成佛，心境是應當無所依的；因爲無所依才是究竟涅槃，有所依都是輪轉生死的生滅法。既是生滅就不免取捨以及順逆的境界，就不是「無名相法」的本來解脫境界。

證悟之後，從所悟的「無名相法」如來藏妙眞如心來現觀，可以看見眞如心的境界中，既「無分別」也無名相，沒有任何一法的存在，這樣才是究竟涅槃。而這樣的究竟涅槃之中，既然無一切法可得，證悟者轉依這樣的究竟涅槃境界，從此他的心境開始趨向於「滅」。「滅」就是說，於世間種種法不再有所執著，但不是叫你一天到晚打坐把一切法全部捨棄不管，因爲這是智慧所依的境界；無妨五蘊依舊有妙眞如心作爲所依，無妨五蘊依舊有般若實相的智慧在運作，而所依的是妙眞如心「無名相法」的境界，這裡面無一法可得。那麼五蘊就依於這樣的境界而住，因此事來則應，不豫不立，不會先去規劃要有什麼或者不要有什麼，事情來了就去運作或應變，爲眾生、爲正法久住所應該籌劃的就努力去籌劃，但是不爲自己在三界中的任何所得而措心，這就是我們一個實證的人所應該安住的境界。所以「是中自然歸滅」指的是你悟後所轉依的境界，而不是要你在自度度他的菩薩道過程中把一切法都丟棄。所以「是中自然歸滅」之後的境界，就是智慧心中「無修無壞無起無得」。

以前我們常常辨正說，那些大師們都是有修有證，而我們的有修有證卻是無修亦無證。但是對於某些凡夫學佛人來講，他們很難理解，所以有時候他們私下裡都會指責說：「這蕭平實胡說八道，明明他宣稱證悟了，卻又說他無修無證，這不是矛盾嗎？」一般人沒有聞熏過實相般若，所以他們聽起來會覺得這些人罵得有道理，於是就隨著私底下口頭上罵起來。有些人口頭罵了不過癮，還上網罵，於是有不少人就跟著上網罵蕭平實，因為他們沒聽過這種深妙法。

這種實相般若，不說他們沒聽過，那些大法師們——臺灣有四大山頭的大和尚們——有哪個曾聽過？他們也沒聽過啊！然後就用意識的境界，以意識為歸，來閱讀蕭平實書中所說的法，當然套不上去，因為意識一向是有修有得。可是咱們說的，是要由有修有得的意識，來證得無修無得的「無名相法」妙眞如心的境界，而妙眞如心的境界不是修來的，是本來就有的、本來就存在的，只是凡、愚無有慧眼不能親見。縱有天眼也無用處，有天眼的人無法瞭解菩薩所證的實相智慧境界，所以菩薩一說起實相般若時，他們無所措心。「措」知道嗎？錯誤的錯，把金字旁改為提手旁。無所措心，也就是說他們聽了、讀了以後不曉得要把心擺在哪裡——不知道該怎麼理解。

因爲菩薩說的是無境界法，可是又有一個意識心在；意識心在修行，然後說意識心修行所證的是沒有境界的法，又叫作眞如心。所以他們不曉得該怎麼樣用自己的覺知心去瞭解菩薩的所說，這眞叫作無所措心。好了，他們想一想：「不對啊！人就只有六個識，如今又說還有一個妙眞如心，那豈不是變成七個心了嗎？」因爲他們沒聽過有八個識的妙理，所以無法接受。幾十年來，大師們教的都是在這六個心之中以意識爲主，希望可以住在離念的境界，就稱爲證得眞如佛性；沒想到突然冒出個蕭平實來，說人不但有識陰這六個識，而且還有另外兩個心，總共有八個心。於是麻煩了！

「這只是其一，其二：竟然說佛法的實證是『無修無得』，又說他所證的境界竟然不是修行得到的。那問題是，你蕭平實不是經由修行才實證的嗎？」當他們這樣對著大眾講出來時，百分之九十九的大眾都會接受他們的質疑。「有道理啊！因爲你蕭平實也是修行才有這樣的境界，怎麼又說不是修來的？」這就是末法時代大師們一個最大的盲點，他們說起來振振有辭，乍聽之下言之有理。然而其實沒道理，因爲古時馬祖大師就講過了：眞正的法不是修來的。他又補了四個字：「修成還壞。」如果是修來的，而把它當作是眞實法，那個法最後還會壞掉。這是古今如然，沒有辦法推翻的正理。

換句話說，妙眞如心的境界，以及這境界之所從來的妙眞如心第八識心體，都是本然已在，不是修行以後才忽然間出現，或者修行累積一段時間而出現的。不迴心的阿羅漢，世尊名之爲「愚」；沒有斷我見也沒有明心的凡夫，世尊稱之爲「凡」；而這個妙眞如心的境界，非凡、愚之所能到。如來早就這樣開示過了，說這不是凡夫之所能到，也不是二乘聖者之所能知。這告訴我們說，這個境界只有菩薩能知，因此想要證得這個「無名相法」的境界，得要是個菩薩才行；如果腦袋裡面留著的都是聲聞的想法，所說所行也都是聲聞的行爲，他就不該得到這個法。如果已經是個菩薩，可是他的條件還不夠：他不愛樂聲聞涅槃，卻是一天到晚在想著人間的各種五欲，那麼他也沒資格證這個法。所以他除了必須是個菩薩之外，還得加上心性、福德等已經夠格了，才能夠實證。

證這個法，說是「無修無得」，因爲這個法是本來就在的。在我們弘法之前沒有人這樣講，不是不敢講，也不是不能講，而是因爲他們從來沒有想到會是這樣。爲了對治他們的邪說，有時我會針對他們的所說加以論證，然後才說他們沒有實證般若。那就是早期我所寫的那一些《公案拈提》中寫得最多了，誰被我拈提了，算他倒楣，因爲全都無法回應，心中很不服氣也無可奈何。我們不斷地提出主張：眞正實證的人所證的眞如境界是無境界的，而且那境界不是修來的，是本來就存在的；修行參禪只是爲了證實那一個本來涅槃的境界是眞實存在、是本來存在。

就好像我們十幾年前講了《邪見與佛法》，也是講這個道理：阿羅漢證得涅槃是　如來施設，爲令弟子大眾快速實證而說有涅槃可證，告訴弟子們如法修行便能證得涅槃。我們十幾年前這本書中也是一反眾說：阿羅漢沒有證涅槃。現在我們講得很多了，道理也說得很白了，所以大家終於明白：阿羅漢確實沒有證得涅槃，只有　如來所教導的菩薩們有眞的證得涅槃，而涅槃也是本來就有，在一切凡夫有情身上本來就存在。涅槃不是修來的，但是不修的人也不能證得。如果不修，哪能證得有餘、無餘涅槃？又哪能證得本來自性清淨涅槃？

我們明白指出來，涅槃不是修來的；因爲當不迴心阿羅漢們努力修行，證得有餘、無餘涅槃之後，這一世壽命終了，捨壽了，入無餘涅槃之後，他的五蘊十八界都不在了，這樣叫作無餘涅槃。無餘涅槃裡面就只是第八識妙眞如心獨存，沒有六根、六塵、六識，更無一切法，所以無餘涅槃就是依第八識如來藏妙眞如心的獨存狀態而施設的。當年我這樣講了，一定有不少法師居士心裡面懷疑，他們想：「五蘊十八界都滅盡了稱爲無餘涅槃，你蕭平實講的涅槃豈非斷滅空？可是你蕭平實聰明，懂得弄出一個如來藏獨存，我無法指責你是斷滅空；然後你度了好多人，一本書又一本書不斷的刊登出來，見道報告說如來藏這個妙眞如心眞的可以實證，不是你蕭平實一個人獨證，那我要否定你又難了。」所以最後只好大家默然。但他們默然，並不是維摩詰大士那個默然。人家維摩詰大士默然是在顯示他的妙眞如心——顯示眞實的理體。他們的默然只能夠兩手一攤，心裡面念念有詞說「無可奈何」。

這表示說，無餘涅槃不是斷滅空，無餘涅槃裡面就是第八識妙眞如心獨存的迴無一切法的境界。但這個境界是每一個人現前都有的，不是死後才有，阿羅漢還沒死之前就有了，但阿羅漢死後沒有證得這個涅槃，他根本不知道這個涅槃心在哪，所以他死了以後確實沒有證得無餘涅槃的本際。他活著時也沒有證得妙眞如心，所以無餘涅槃裡面的境界，他依舊不知道；死後沒有五蘊了，又如何能知道涅槃心在哪裡？所以說阿羅漢不論生前死後都沒有證得無餘涅槃。

他生前的有餘涅槃，正是因爲他可以滅盡五蘊十八界而施設的，但滅盡五蘊十八界後的涅槃，卻是依第八識妙眞如心這個「無名相法」來施設的。由此可見，這一個無餘涅槃就是「無名相法」、「無分別法」這個境界，祂是本然就存在的；修行只是藉由福德以及消除性障、定力的修持、正知見的熏建立，然後參禪去證得這個本來存在的境界。所以修行的是五蘊自己，是有念的或離念的靈知心自己，但這個五蘊自己所證悟的，卻是另一個自己——第八識如來藏。而如來藏這個境界無生無死，是本然就在的涅槃，是無始劫來就已經存在，不是藉由修行來成功的。

既然這一個境界不是修來的，而是本自存在的，就表示無生——沒有出生過，既然沒有出生過就不會死，無生無死就是涅槃。眞正的法就是沒有出生過，是本然就在的，所以不會消滅。有生必滅，有生必死；假使有誰告訴你說：「我練得長生之法，所以我不會死。」你先別跟他談法義，先告訴他：「你這話有語病，有生必滅，長生則長滅。」一定如此！既然長生就表示他這一滅會滅很久，這是邏輯。總之永遠都會有滅。佛法講的是無生，他卻是想要長生，努力去修長生之法可以活多久？我沒看到哪一個人修了長生之法以後活上一百五十歲的，反而高加索有很多人沒有修長生之法，聽說活上一百二十、一百三十的還被叫小老弟，因爲還有活一百四十的，那也不過是一百四十。

其實想要長生用不著修練，福報若夠了，人壽八萬四千歲時你也不用修練長生法，自然可以活八萬四千歲，如今那麼辛苦修練幹嘛呢？更何況修也修不成。所以你把這個語病跟他拆了，再告訴他：「你所謂的不死之身是騙人的，因爲你已經出生了。」他總不能回你話說：「我沒有出生過。」他膽敢這麼回話，你就質疑他說：「那請問你現在幾歲？」他縱使告訴你說：「我現在一千歲。」那你問他：「一千歲之前你在哪裡？」「原來我還是有出生。」你打蛇隨棍上：「有生必滅，有生必死，給你活上一萬年，你還得死。」這一下，他整個臉不就皺了嗎？再也開不得口了。所以凡是有生之法，後面必然要壞滅。

假使某個人說他永遠不死，必須是本來就在而不曾出生，問題是他已經出生了；既然已經出生，未來就得死，只有本來就在的無生之法才是真正的無死之法。那無死之法一定是從來沒有出生過，無始劫來祂一直都在，你無法追溯祂是什麼時候出生的。這樣的法實證了，才可以說自己已經證得「**無生法**」；但證得無生法之後，很重要的是要肯接受善知識的攝受，使自己不會退轉。如果退轉了，就表示他有無生而無忍。忍就是能夠接受，接受這個實相本來無生的境界，才叫作「**無生忍**」。無忍就表示他知道這個法是無生的，但他心中無法接受，所以有無生而無忍，就會退轉。

假使有人今晚第一次來聽我講經，聽到我說有的人證得無生而無忍、會退轉，心裡面可能想：「**哪有可能？我們想要求證都證不到，哪可能證了以後還退轉，哪有人這麼笨的？**」偏偏就有，我們弘法以來就遇上了。也許有人想：「**那是你笨，攝受不了他們。**」我告訴你們，《菩薩瓔珞本業經》裡面就記載了：無量劫前，淨目天子、法才王子、舍利弗等人就曾經退轉，舍利弗就是這三個人之一。那無量劫前退轉之後，沒有善知識攝受，退轉之後一定不信因果，不信因果的後果就是無惡不造，當然就是墮落三塗很多劫。

如果實證了，有善知識攝受，心中得忍。善知識會繼續教導：不論你造作善業、惡業或無記業，全都不外於妙眞如心，都是在如來藏裡面造作的。然後自己經由善知識的指導而作了現觀，發覺果然如此。「既然我五蘊十八界一切身口意行，都在自己如來藏裡面來造作的，那麼造作完以後，那種子當然還是在自己如來藏裡面收存，不會跑到外面去。」這一想，只能作善事，不能造惡業；因爲造了業以後，種子都在自己心中；他就會絕對相信因果律的存在，再也不敢造惡了，因此永遠不墮三惡道。有的人不肯接受善知識攝受，或者福報不夠好而沒有善知識攝受，因此他雖然證得無生，但後來不能得忍，否定這個事實，他就成爲有無生而無忍的人，這樣子就叫作退轉。

善知識的好處，就是能爲他指出來：「這個是無生之法，無生之法才是你的轉依處；你轉依於這個無生之法，才是究竟道，以外無別究竟道。成佛之道必須依此而修，但是這個無生法卻不是你修成的，而是本然存在，你努力修行只是證明這個事實。」由於心中得忍，於是般若智慧出現了，跟著就有一分解脫的功德，自然也就知道法身之爲何物。因此這個法不是修來的，不是修來的就是本來存在的，祂一定是常住法；常住法就不會壞，因此說「無修無壞」。

雖然把五蘊十八界全面否定，又證得這「無名相法」以後，在這個智慧境界中自然歸於滅度的境界，但是所證的卻是「無修無壞」的法，而這個「無修無壞」的法一定「無起」也「無得」。那什麼叫作有起有得？七轉識都是有起有得。意根雖然說無始劫來一直存在，未來如果你成為定性阿羅漢，入涅槃時依舊可壞。這個意根也是有得，所以意根比八爪章魚抓得還要多，什麼都抓，所以祂就變得很笨了。假使你的意識同時專注於法塵以及五塵，要同時留意六塵的全部，那你意識也會跟著變笨。大家都可以自己實驗看看，假使在跟人家講話時，你自己來實驗一下，同時注意所見、注意所聞，注意嗅覺、觸覺，以及身外有什麼法等，平等地了別，你一定常常要問對方說：「你剛剛講什麼？再為我講一次。」因為你多數都沒聽清楚，這不叫變笨了嗎？意根的攀緣內涵遠超過意識許多、許多倍，雖然笨得很難了別各種事物，它終究是廣泛攀緣，還是有所得。

這個「得」先不談，我們來談談這六識心的起與得，你就知道意根也有得。每一個人間的有情都得睡覺，即使魚類也得睡覺，雖然燈關了以後，你用你微弱的燈光去觀察牠，發覺牠好像嘴巴也還在動，尾巴也還在輕微搖著，其實牠已經睡著了。就好像人睡著了以後，是不是還在呼吸？對啊，難道你睡著不呼吸？那魚睡著了要呼吸，嘴巴當然要動。這時六識都滅了，明天早上六識起不起來？得要起來啊！這一起時就有得了。怎麼說呢？這眼識一起，就是看見光，眼睛還沒有張開就已經看見光了；耳識一起，聞見聲音了。眼耳鼻舌身這五個識都是如此，馬上就領納了五塵，怎麼可以說「無得」呢？

但是在這五個識現起之前，先有意識現起；那意識迷迷糊糊，也許作著美夢，也許作著惡夢，也許作著尿床夢，然後突然醒過來，就是意識先生起，然後五識才跟著生起。這六識全都有起，既然有起，馬上就有六塵境界的所得，所以這六識都是有起有得。六識有起有得的背後，有個意根不斷地在抓著各種法，在各種法的法塵上面，祂不斷地了知，祂當然也是有得。但是證得「無名相法」的人，所證的這一個「無名相法」境界中，現見祂是「無起」也「無得」的。

「是中自然歸滅」，這個「是中」講的是這個「無名相法」的境界中。你依於這樣的實證，轉過來說這個「是中」，是指你意識所證的如來藏境界中，轉依祂以後就**「自然歸滅」**。凡是以前不存在而後會現起的，就一定有所得；所以當六識生起時，對六塵就有所得。可是這時在增上班學久的同修，心裡面也許會想：**「這好像有一個小問題，因爲當六識沒有生起時，這妙眞如心『無名相法』依舊藉著五色根與意根在攝受外面的六塵進來，那是不是也有得？」**

那我就拿另一件事情來說明，點一下就夠了。譬如一面鏡子，你把燈關了，一片黑暗，它沒有影像給你了。如果你要說有影像，就是黑，再也沒有了。它顯現黑給你時，是不是也給你了影像？有啊！那燈開了以後，它又映現出各種影像了；包括你走到它面前，它也映現你的影像給你看；可是不論燈關了或者燈沒有關，它映現給你黑的影像或各種形色的影像時，它自己都無所得，依舊是你在了別而有六塵境界的所得；因爲它不分別，它不領受、不了知，不了知就是無所得。對於鏡子來說，那一些影像對它沒有意義，因爲它不作了別。

對如來藏來講，沒有所謂顯現黑或者影像可說，因爲如來藏不在光影之中運作。比如說，有的人睡覺時不希望有光，他希望完全無光。完全無光時，半夜裡他也會作夢吧，他的夢境是否就變成黑白的？依舊是彩色的，而且是天然彩色。如來藏不會因為你把燈關了，在夢中就變成黑白的境界。如果會變黑白的，這也是有語病，為什麼？因為就是黑的程度差別而已，不可能有白，哪裡會有黑白的。也就是說，你關燈睡覺後，作夢時應該是一片黑，那就沒有黑白，但明明作夢時依舊是彩色的。那麼當祂映現任何影像給你時，光明就是光明，黑暗就是黑暗，不會因為外面沒有光明，祂映現給你的就沒有光明。

祂只在你清醒位，晚上月黑風高，電燈又關了，那時才顯現黑暗給你。但是你如果有定力，這一入定，顯現出來又是一片很廣大的光明，人家有天眼都看得見：「那又是誰發光？不是世間光。」如來藏不論有光無光，祂一樣如鏡現像，好像一面明鏡，顯現當時情境的影像給你。即使你睡著無夢時，祂也一樣顯現了如實的內相分六塵境給你，不打折扣。但因為你睡著無夢時六識心中斷了，沒有人來了知它，只剩下意根在那六塵上面的法塵有沒有變動上作攀緣；但意根不會反觀自己，沒有證自證分，所以睡覺時意根不會想說：「我正在睡覺。」能夠確認自己是不是在睡覺的人，是意識而不是意根。

但不管何時，如來藏如常運作不打折扣，繼續變現六塵影像給你；問題是祂不了別，祂變現出來的是要給你六識心了別的。祂既不了別當然就「無得」，所以有得的心一定是有分別的心；有分別的心一定是有名相的心，不是「**無名相法**」。

那麼菩薩證得「**無名相法**」之後，在他的智慧之中，開始自然而然的歸於滅諦，也就是大乘四聖諦的滅諦。那麼心就自然開始演變，一世一世這樣轉依「**無名相法**」來修行，自然而然去改變；當然他的智慧境界也是「**無修無壞無起無得**」，才能契合如來藏妙眞如心這個「**無名相法**」的境界。因爲心能如是轉依的結果，若不是爲了正法、爲了救護眾生時，菩薩心中「**不分別此彼**」——不需要區別這個是對的、那個是錯的，這個是好的、那個是壞的，這是好人、那是惡人；都不用去分別，所以善與惡也就不存在了。

不分別此與彼的緣故，他的心一定是永遠都捨離於一切諸法。所以轉依越成功的菩薩，越不爲自己設想個人利益，因爲「**無名相法**」的境界是捨離一切法的。如果自己知道「**無名相法**」的境界如此，卻還繼續在用心計較自己有什麼世間法上的利益，就應該知道自己轉依不是很成功，才會求名、求財、求利、求眷屬或者求權勢。這表示他轉依沒有成功，轉依沒有成功的人就是對無生之法無忍——他沒有無生忍。所以來到正覺同修會中，僥倖證得這個「無名相法」，有一些智慧了，竟然還會放著更深妙的法不學，離開同修會去搞錢財、搞名利、搞眷屬，這表示他有無生而無忍，無忍就表示轉依沒有成功。

轉依不成功比尚未證得無生的人更糟，因爲還沒有證得無生的人，至少不會去造作他所造的那些惡業，來世無妨繼續當個修行人。可是他有無生而無忍時，想方設法藉這個法去賺錢，去求取名聞利養，這是惡業；乃至於自己出去弘法而別立僧團，無所忌諱，這表示他有無生而無忍。別立僧團意思懂嗎？別立僧團又名「破和合僧」。在大乘勝義僧團中，打從 如來的年代一直到現在都沒有分裂過，沒有人「破和合僧」。凡是「破和合僧」的都是轉依未成功者，他就不是勝義僧，這很清楚證明他有無生而無忍；正因爲對大乘本來無生之法第八識不能生忍，所以爲了私心而自己去建立共修團體，然後又自己去傳戒，自己去布薩，這就是成爲「別布薩」。

古來「別布薩」都是凡夫所幹的，最具體的例子就是古時的聲聞部派佛教；阿羅漢們沒有人分裂的，都是那些凡夫僧分裂出來；第一次分裂出來的叫作大眾部，因為大眾部分裂出去了，相對的舊聲聞阿羅漢僧團就稱為上座部。但大眾部分裂出去一定有原因，就是他們主張：「是否已證得阿羅漢，得要由佛來認證，自己不會知道是不是阿羅漢。」但阿羅漢們主張說：「所有眞正的阿羅漢，都是自知自作證。」他們不信，所以分裂出去了。那麼以這個理由而分裂出去的大眾部那些僧眾是不是阿羅漢，也就顯然可知了。古時經典很稀有，不像現在印刷術，那機器印出來幾千本、幾萬本都沒問題。古時都是用手抄寫的，手抄時很容易錯誤，所以每一部經典都要一頁一頁檢查，哪一頁錯了不能改正的只能重抄，所以要耗費很大的人力，因此經典難得，大家的正知見無法經由廣泛閱讀經典來建立，因此而有僧人教錯了弟子，就結成同黨而分裂出去成為大眾部。

我們現在為大家指出來：所有阿羅漢都是自知自作證的，因為是不是梵行已立，自己清楚知道；是不是所作已辦，自己知道；是否不受後有，自己知道；這樣就叫作「知如眞」，這是《阿含經》中明文記載的。所以阿羅漢能不能夠離開三界生死，他是自己清楚知道的，這是一切證得有餘、無餘涅槃的人都知道的事。大眾部那一些人對這一點不服氣，他們認為只有 佛印證的才算數，但佛涅槃後就沒有誰可以印證佛弟子是阿羅漢，所以他們分裂出去了；因為他們認為上座部那些阿羅漢也都是凡夫，因為沒有 佛印證。由於主張不同而不肯聽從阿羅漢們的開示或教誡，只好分裂出去，不服上座阿羅漢們的指示或教導。接著從上座部或大眾部不斷分裂出去的都是凡夫僧，而上座部那一些阿羅漢們始終就是阿羅漢；然後一代一代的阿羅漢越來越少，如果人間還有阿羅漢一定是菩薩，因為聲聞阿羅漢一個一個入滅去了，只有迴心佛菩提道成為菩薩再來受生，才可能繼續有阿羅漢。

西元五世紀時，上座部一直流傳下來分裂而成的聲聞部派佛教，最後有一個覺音論師寫了一套《清淨道論》，他是模仿阿羅漢的《解脫道論》寫的。打從那個時候開始，南傳佛法都用那一部論作依據來說法、來修行，可是那部論裡面連斷我見的內容以及如何斷我見的修法都沒提過，還是叫人要保持正念。請問，保持正念是什麼識的境界？意識啊！諸位都知道。依那一部論這樣修行能夠成為阿羅漢，我看天上要掉魚下來了，要不然就是天上下紅雨、太陽要打西邊出來了。所以十幾年前，風聞南洋什麼阿羅漢來臺灣了，我都覺得好笑。如今南洋沒有阿羅漢了，十幾年前還「有」；但是這些以前自稱的阿羅漢都還沒「入」涅槃，如今竟都已經沒有阿羅漢了，眞怪！顯然那些阿羅漢們現在知道自己不是阿羅漢了，你們送去南洋的《阿含正義》眞的救了那些人。

也就是說，眞正的常住法是「無起」也「無得」，「無起無得」的心就一定不領受六塵境界，所以也就「不分別此彼」。那麼末法時代所謂的大師們，個個自認爲是聖人，他們都說：「只要我們打坐到離念時，一念不生了，那個境界就是無分別的境界，就是眞如佛性的境界。」問題來了：離念靈知的境界有沒有領受六塵？有的，六塵具足啊！所以當他們打坐時都不許人家在旁邊走來走去，因爲那個腳步窸窸窣窣、窸窸窣窣吵著了他；更不許誰講話，否則就是香板伺候，顯然他對六塵有領受；他能領受六塵的這六識心，早上睡覺還沒有醒來時是還沒生起，後來眞的醒來了就是有起，顯然離念靈知的境界有起也有得，這是違背 如來的聖教。

有起有得的心必然會領受六塵，得了六塵境界就會分別此與彼。分別此與彼時，他就會喜歡順心的境界、厭惡違心的境界，於是就有取捨——捨違心境、取順心境，這怎麼叫作「捨離」呢？「捨離」是一切都離，包括捨的境界也離，因為連「無」的境界都離。這樣看來，末法時代的大師們對於取捨、分別、捨離、生滅全都誤會了。信眾們跟著他們一起誤會，直到讀了正覺的書以後恍然大悟：「原來我們以前都是有取捨、有分別，原來不是開悟那個悟，是悟得有取有捨。」這真是令人為末法時代的廣大佛弟子們覺得悲哀。好在諸位護持之下，正覺這一座燈塔越來越高；不斷地在升高，那燈光也越來越亮，照得越來越遠，這就是諸位的功德。

也許有人想：「我每週二來這裡聽經，其實也聽不太懂；我頂多一週來聽一次經，贊助一點點水電費，一個月下來也不過四、五百塊錢，我有什麼功德？還聽了您這麼多妙法。」可是我要說，真的有大功德，因為由於你每週來坐在這裡聽經，咱們人數越來越多；這叫作什麼？莊嚴道場。你們不知道外面有的道場他們在吹噓：「我們和尚講經時，每次都有兩百人來聽。」他們覺得兩百人很不得了，竟不曉得我們剛搬來時講《起信論》，單單這九樓坐了將近七百人，所有空間都擠滿了，連旁邊也擠滿了，知客處以及樓梯間、電梯間，電梯間不夠坐了就是樓梯間再往上坐、往下坐，於是拉了喇叭出去。

那現在呢？現在五個講堂坐滿了，這是一千多人（編案：這是二〇一五年十二月一日所講，此書出版時是六個講堂坐滿），有什麼道場每週講經一千多人聽經？找不到啊！這一個道場之所以如此莊嚴，就靠你來坐在這邊聽講，所以你只要坐在這邊，就有大功德了。因爲不懂的眾生只看表相，他們會想：「我們師父很自豪，每一次講經有兩百個人來聽，想不到人家一千多人，而且不是只講三天五天，是每週都講的。」他就會想：「這一定有眞正的勝妙之法。」當他心中有了仰信，不再毀謗了。不跟著人家毀謗時，他的惡業不再增長，也許哪一天他想：「我應該去讀讀看他們整理出來的書，到底他們講的東西是什麼。」於是讀了以後他知道這才是正法，開始每天懺悔，那不是救了他嗎？救他免下地獄。

單單救這個人就不是救他一世，那你想想：自己已經造了多少座的七級寶塔？對啊！救人一命勝造七級浮屠，你救了他多少命呢？因爲謗正法、謗賢聖下地獄，不是一劫、兩劫就回來，那你已經救他多少世了？作這個遠比辛辛苦苦付出很多錢財去蓋七級寶塔殊勝多了，因爲那寶塔會壞，三千年、五千年，大不了一萬年後也壞。但是你救他免墮地獄，他有這個種子在了，一世一世都會信受這個法；人家毀謗如來藏時，他不會聽得進去的。你們有很多人自己親自體驗到了，不論人家怎麼毀謗如來藏，你就是不聽，偏偏信受如來藏妙法；可是這一世你沒有聽過如來藏的妙義，爲什麼一聽就信？就是往世熏習得來的。當你莊嚴道場導致他信受這個法，他再也不謗如來藏，那他未來世不但不下地獄，還有機會實證，就像你們今天實證一樣，這不是大功德嗎？所以即使今天第一次來，也有莊嚴道場的功德，別老是妄自菲薄，因爲這是了義究竟正法的道場。如果是密宗假藏傳佛教那一些道場，千萬甭去，去了不叫莊嚴，而是增加他們汙穢的聲勢。

這樣就講遠了，話題拉回來。只有常住的法才是捨離的法；你證得常住法—證得捨離法—以後就轉依祂，非必要就不去執取，不執取就沒有什麼需要放捨的。這樣子「心常捨離」，才是成功轉依於實相的人，才是眞正的證悟者。但是，爲什麼說這樣就是成就大乘無生忍呢？世尊接著開示說：「所以者何？於是忍中無此岸無彼岸，無分別無非分別；通達無相，成就是忍，名爲聖衆；破和合故，名爲聖衆。」

也就是說，在成就這個「無名相法」得「忍」的大眾之中，這一些人沒有任何一個人會在心中有此岸、有彼岸的分別。爲眾生開示時無妨解說這是流轉生死的此岸，那是遠離生死、出離生死的彼岸；爲眾生演說時無妨如此，否則眾生無法理解什麼是解脫生死的彼岸，又什麼是流轉生死的此岸，因此應當爲眾生說明。可是菩薩的境界，在這個無生忍或無生法忍的境界中，沒有此岸也沒有彼岸——「無此岸無彼岸」。

單說此岸與彼岸，眾生就很難理解了。千萬別以爲說：「此岸很簡單，我們現在還流轉生死就是此岸。」這當然對，百分之百對，只是太籠統了。那「無彼岸」呢？那個彼岸到底是什麼？一般學佛人當然會說：「我知道，就是解脫的彼岸，解脫的彼岸就是遠離生死的解脫的境界。」可是問題來了，解脫的彼岸，在咱們正覺，大家知道解脫的彼岸就是如來藏的境界；可是我們弘法之前，大師們講的解脫生死的彼岸是怎麼定義的？他們認爲：「生死有此岸，解脫也有彼岸，是另一個境界；那個境界就是我們死後，這覺知心一念不生，這樣就是到了解脫的彼岸。」但他們沒有智慧自我簡擇，不知道這裡面有多麼嚴重的過失。

那些大師們都沒有去分別、去瞭解、去審斷說：「我這個一念不生的覺知心，假使離開了六塵，還能不能存在？」他們都不簡擇。這離念靈知假使離開了色身，能不能存在？也不簡擇。這個離念靈知，他們心中是這樣判斷的：「假使出生到無色界天去，就可以不用色身也能繼續存在，所以祂是常住不壞的。」他們沒有想到　如來早就講過了：證得四空定時，那離念靈知依舊是生滅法，跟解脫無關，跟實證般若也無關。他們都不去想這一點，包括一位大法師在美濃閉關六年，好像很有修證的樣子；可是閉關六年期間都不讀經典，只讀日本鈴木大拙寫的書。那鈴木大拙的書需要讀六年？他所有的書拿到我手裡來，兩天就讀完了，用不著六年。可是那《大藏經》，我請在家裡二十幾年了，至今還沒讀完。你可別說：「蕭平實怎麼這麼笨，二十幾年還讀不完。」我說，我得要讀到成佛，否則讀不完。哪能讀完？讀完了你就成佛了。

他們對此岸與彼岸都錯解了，都沒有想想說：「到彼岸時是否還應該有此岸的覺知心存在？」他們的想法是：「生死此岸中的覺知心要去到沒有生死的彼岸安住。」問題是覺知心本身是有生有死的，無生無死的彼岸怎麼可能存在著有生死的心呢，但他們都沒有弄清楚這一點，所以都開示說：「將來我入涅槃時，是一念不生永遠不中斷。」問題是，他才一死就中斷了，有生有死的覺知心還能去到無生死的涅槃彼岸？他們都不知道無生死的涅槃彼岸，是如來藏本來就無生死；他們都想要把有生死的覺知心自己，離了妄想雜念去那裡面安住。

但問題是這離念靈知必須要有意根作所依，還要有如來藏作所依，還得要有法塵作所依才能出生，否則不能現起。那無生無死的彼岸沒有意根也沒有法塵，他如何在那邊出生和存在？難道他忒厲害，先把意根、法塵弄去無生死的那一邊，然後覺知心跟過去？不可能！可是他們都這樣想。我說他們假使辦得到，那他們眞的比我厲害，我得要拜他們爲師了，因爲我辦不到。所以才得要努力修行一直到成佛時，得了無住處涅槃就可以辦到，否則永遠辦不到。但無住處涅槃的境界咱們距離太遙遠了，大師們連聽都沒聽過；不說佛地無住處涅槃，單說菩薩在三賢位第七住所證的本來自性清淨涅槃，我在臺灣出生，學佛五年沒有聽過誰講這話、沒有聽過誰開示這法義，也沒有讀過誰這麼講。

他們對此岸與彼岸是完全誤會的，也正因爲如此，當年咱們《邪見與佛法》這本書印出來流通時，好多道場是上從堂頭和尚、下到一般的常住法師都罵翻了，只是不敢寫文字出來罵我而已。因爲他們想：「這些大師一個一個都遭殃了，我如果再寫了書，不一樣遭殃嗎？」但他們可能沒發覺我單單不講現代禪，這是故意放過的。所以讀到那本書裡面講的法義，全都是他們沒有聽過的，就有很多人罵：「這個邪魔外道蕭平實，竟然敢罵阿羅漢沒有證涅槃。」可是讀完我的說法以後，去找《阿含經》比對，也找阿羅漢們寫的論，比對下來又無法推翻，就學 維摩詰大士的「默然」。

可是他們只學表相不知就裡，因此「無此岸無彼岸」的道理，從來都不是末法時代的大師與學人所能夠理解的。我們好好把它說明出來，現在正覺的所有同修們，如果進到正覺一、二年之後，大概都可以瞭解了。有的人甚至還沒進來正覺就瞭解了，因爲把《宗通與說通》、《邪見與佛法》都詳細讀過、詳細思惟過了。甚至於也有人本來想：「我要找出其中的毛病，寫文章破斥，寫論文破斥。」結果寫了揉掉、寫了又揉掉，就一直寫一直揉，揉到後來進正覺來學了。所以我才說，那些一天到晚在找我書中毛病的人就是我要度的人，因爲很講究理性或邏輯，而我最怕的一種人就是永遠不讀；他既不讀，表示不想究理，我就沒奈何了（編案：此書出版時有瑯琊閣等人在網路上妄謗正法及平實導師，那些人就是從來都不讀導師著作的人，所以導師在二〇〇三年已經辨正過的問題，他們還繼續提出來質問）。只要他願意讀、願意找碴，我都歡迎，這樣才有機會度他。因爲願意找碴的人，通常都比較聰明；聰明人會自己去思惟，思惟之後去找經典來比對、來印證，印證以後發覺原來經中論中早就說過這個道理，所以蕭平實講的沒有錯，因此他就信受了。

信受之後，接著他想：「好不容易遇到人間有這樣的了義正法在弘揚，我不學白不學。」於是就進門來了，很精進很用功，然後錄取了去到禪三，進了小參室時不小參，專要跟我懺悔。這種事情多的是。可是遇到這樣的同修，我總是說：「好、好、好！不要再講了，我都接受了，現在要弄清楚怎麼開悟才重要。」因爲我這個人不看過去，只看現在。我好現實：我看現在。現在你是信受的，你說懺悔了，我就接受，但不想了知那些毀謗的內容，如何幫他證悟才重要。所以有的增上班同修後來說：「老師！那一次禪三時在小參室我跟您懺悔。」我說：「我忘記了。」因爲我不記這類事情，有那麼多法要學、要記，還去記那些垃圾幹嘛呢！所以當他好好修學以後，終究會弄清楚如何是此岸、如何是彼岸。

弄清楚了以後，有一天實證了，他想：「原來彼岸就在此岸嘛！」對吧？對啊！彼岸就在此岸，因爲解脫生死的彼岸不離於此，如來藏跟你在一起，不是嗎？你到了彼岸是如來藏的境界，如來藏既然跟你在一起，而如來藏的境界現在就在，你把祂找出來了，現觀祂的境界「無此無彼、無生無滅、無生無死」，永遠離兩邊，本來住於中道；那你現在就在此岸，在此岸的當下就同時也在彼岸。所以菩薩證得的涅槃叫作本來自性清淨涅槃，這個「涅槃」是本來就有的；「自性」也是本來就有的，如來藏有種種自性；祂的這個「清淨」性也是本來就有的，祂的不生不滅名之爲涅槃，也是本來涅槃。這個境界是你在此岸時就已經存在了，不需要去到另一邊才有；當你去到另一邊涅槃時，那個涅槃還是在這一邊就有的；只因爲你過去了，所以涅槃跟你過去了。這樣聽來，好像涅槃有來有去？沒有！涅槃依舊無來無去，有來去的是你五蘊。以前有沒有聽過大善知識這樣說法？沒有，好可憐喔！今天聽到了，好幸福喔！正是如此。

所以，實證大乘無生忍的菩薩，他在「是忍」的境界中沒有此岸、沒有彼岸，可是自度度他時一定得要說法，有時接引人也要大略說明一下，那就無妨有此岸、有彼岸；因爲對於尚未實證的眾生來講，一定是有此岸也有彼岸。如果你告訴他說沒有彼岸，他還學什麼呢？不學了，那你如何度他？他一定不學，因爲他想：「沒有彼岸啊！」但他不知道你說的無彼岸是依實際理地、是依實相境界來說的。他不知道，就會用他所知的那個智慧層次來瞭解你所說的，一定誤會你說的眞義。所以你無妨告訴他有解脫的彼岸，等到他哪一天證得解脫彼岸時，他會問你說：「爲什麼你一開始不跟我說沒有解脫的彼岸？」那時你當然可以責備他：「我當初要是直接跟你說沒有解脫的彼岸，你今天能實證嗎？」他一想：「對喔！我當初一定不學，哪能像今天這樣子可以實證。」所以有時從理上說，有時從事上說，這事與理的分際只有實證者能夠分清楚，尚未實證的人不能分清楚，就把事上說的套到理上，或者理上說的套到事上，那就一塌糊塗了。

但是《佛藏經》是從理上說的，因此必須要說「於是忍中無此岸無彼岸」，不但如此，「於是忍中無分別無非分別」。我們在世間有時免不了要指責某一些人說：「你這個人都是亂分別。」因為他不如理作意，所分別之後講出來的道理，世俗人都罵他狗屁不通。那就是說，他所說出來的道理都是錯誤的，但他堅持是正確的；不論你怎麼說，他都不接受。有沒有這種人？有啊！多的是；佛教界就很多，不單是世俗人。

世俗人，我們講一個例子好了，譬如我的鄰居。一個社區裡一戶又一戶比鄰而住，有房子總得要有道路，那道路也是屬於社區大家共有的。既然應該大家共有，她不該只想取得自家房子的地皮，社區道路的地皮也要取得一部分。但她想：「這又不是我家的，為什麼要過戶取得產權去繳地價稅？」為了一年才幾百塊錢的地價稅，人家地主要把那個道路的持分過給她，她卻不要。而且到處去問，回來就說：「人家地政事務所也說，這個道路我不必要過戶，不必要去納那個地價稅。」天知道，人家地政事務所是被她每一個月來理論幾次，談到煩了，就說：「好啦！妳講的對。對啦！回家啦！對啦！對啦！」人家是見她不可理喻，講了她也聽不懂，隨便打發她回家，然後她就說：「人家政府機關也是這樣主張。」

但問題是不管你去哪一個社區買房子，那個道路的持分，如果不是獻給公家，那道路持分若是設圍牆圍起來的，那就是你家的，當然得過戶；在圍牆外的路地，你也得依比例分攤。聰明人說：「我一定要取得這道路的持分所有權，寧可每年交個幾百塊的地價稅也要取得，否則變成別人的，哪一天人家把路封了，欲哭無淚，呼爹爹告奶奶都沒用。」正常的人都是這樣想，她偏說不要；然後辯解說她去哪裡又是哪裡問過，都說不需要過戶。等到有一天，她要拉自來水管時地主主張所有權，不讓她拉水管過，沒辦法了，那時她才知道自己錯了。這就是不如理作意的世俗人，我親自遇見了。

世間法上如此，像這樣不如理作意的人，大家很容易理解她不如理作意。可是佛法中呢？佛法太深、太深了！不說佛法，單說二乘菩提就已經夠深了。對諸位來講，二乘菩提沒什麼：「我讀過《阿含正義》，禪淨班也上過了，知道五蘊十八界都虛妄。」這時你突然想起來說：「為什麼大師們都說意識是常住的、是不生滅的？」你不能理解他們是怎麼想法。但你反觀自己五年前未入正覺時，不也是如此嗎？所以那些大師們不如理作意認定意識常住，你也就不用大驚小怪了。大師們都如此，一般的信徒當然一樣被誤導了。

所以，在世間法上不如理作意的人少，如理作意的人多。在佛教界中修學大乘法的人是反過來：如理作意的人少，不如理作意的人多。然後那些不如理作意的人都出來指責說：「爲什麼我們大家都錯了，就只有你蕭平實一個人對？」還罵得振振有辭。如果眞要辯論的話，看來我不用辯，他們一個人一句話就把我給掩蓋了。因此我就不要跟他們辯，寫書出去讓他們讀吧，這樣他們的聲音掩蓋不了我，就這樣子二十來年終於改變他們的錯誤認知。現在只要有誰在罵：「眞如佛性、如來藏，那都叫作外道神我。」人家一定馬上指責他說：「你才是外道！」以前沒有人敢講如來藏，講的人就會被攻擊。現在如來藏是顯學，只要誰不講如來藏，人家就說：「他是凡夫，不用去跟他學。」因爲現在如來藏妙義變成佛教界的顯學了。

這表示大家漸漸明白了：「原來如來說法時有理有事，我們不能把理套到事上來，也不該把事套到理上來，只能夠把事容納在理之中。」終於懂了。所以現在佛教界的知見水平提升很多，不單單是臺灣，大陸也提升很多了。因此，下個週二不是要請諸位把臺北講堂的座位讓賢給大陸來的菩薩們嗎？原因就在這裡；這表示大陸佛教界水平也提升很多，才會有很多人要來這裡聽經受戒。那就要委屈諸位了，先跟諸位致歉！不過我們有重播，我怕有的人也許沒聽見，趁現在重新說明一下。也就是說，眞正的實證者在這個「無名相法」的法忍之中，是沒有此岸、沒有彼岸可說的，因爲這是完全轉依於理上的境界，所以「無此岸無彼岸」。

那麼《佛藏經》今天講到這裡，接下來我要用一、二分鐘的時間，跟諸位講另一件事情——密宗假藏傳佛教很強調的五大論。如果你們曾經在密宗假藏傳佛教裡面修學很久了，都知道密宗假藏傳佛教很強調五大論。這五大論，我唸給諸位聽：《現觀莊嚴論、入中論、釋量論、俱舍論、戒論》。可是這五大論裡面的《入中論》到底是什麼論？《入中論》是誰寫的？月稱——密宗假藏傳佛教的月稱。月稱論師以及安慧寫的《大乘廣五蘊論》其實是一樣的，都是凡夫見解，同樣錯得離譜。至於《俱舍論》，那是世親菩薩還沒有成爲菩薩之前，還在小乘法中寫的，其中大部分正確，但是在解脫道上這部論裡面還是有一些錯誤，這只有至少證得慧解脫的人才能夠知道他什麼地方錯了；但即使如此，這也不是那密宗假藏傳佛教的喇嘛們所能夠理解的。《釋量論》那就深了，因爲那要談到現量等等，更不是他們之所能知道。《戒論》我們今天就不談它。至於《現觀莊嚴論》是彌勒菩薩所寫，「現觀莊嚴」

是現觀什麼法的莊嚴？是對如來藏實際理地的現觀境界；但他們連如來藏都沒證，能夠「現觀」如來藏境界的「莊嚴」嗎？所以《現觀莊嚴論》等三論，其實只有正覺才有能力來為大眾解說，他們只是依文解義扭曲後牽強附會來說的。所以所謂的五大論之中有邪論、有正論，但他們沒資格講，只有正覺才有資格講，包括評破其中的邪論。這道理請諸位先建立在心中，不要被他們所籠罩。今天先講到這裡。

辛苦各位了，這一路上舟車勞頓，飛機飛在空中有時也會像船一般搖啊搖，終於來到臺灣了，歡迎諸位回家。（大眾回答：阿彌陀佛！）東北好像都下雪了，北京聽說也下雪了，可是臺灣還是很暖和；並且臺灣的秋老虎近年有一個兄弟叫作冬老虎，十天前還在臺灣肆虐；大概因為諸位要來了，它一溜煙不見了，所以冬老虎總算走了。但是在臺北，我們大家是期盼諸位回來相聚，已經準備很久了。那麼地下室的同修們！我們 B1、B2 也許有人覺得有點委屈吧，會不會？（大眾回答：不會。）不會喔？其實我們 B1、B2 的空氣品質不輸給樓上，因為我們當初做了很多的工作，空氣非常新鮮。那麼今天講經之後，我就先跟諸位告個假，然後我們週末、週日再會，就是菩薩戒正受時，咱們還有機會再聊聊家常，也聊一聊佛教復興的大事。

閒言表過，言歸正傳，《佛藏經》今天是第九十八講，才講到十八頁第一段的倒數第二行，那麼今天要繼續從「**無分別無非分別**」這一句開始講。我們上週說〈念僧品〉所講的念僧，這個「僧」不是指一般之僧，而是「**聖眾**」，至少得要是賢位的「**聖眾**」。師姊請放掌，這樣太累了，放輕鬆一點；回家來相聚是很自在、很輕鬆的事情，好不好？不要拘謹。那麼〈念僧品〉所說的「**念僧**」對象是指「**賢聖眾**」，如來在《佛藏經》的「**念佛**」、「**念法**」、「**念僧**」，來到這一品中，所謂六念中的「**念僧**」是念「**賢聖僧**」，因此上週我們講了一行半，講的還是在解釋〈念僧品〉所說的「**念僧**」的定義——講的是「**聖眾**」。上週說：「**是中自然歸滅，無修無壞無起無得；不分別此彼故，心常捨離。**」然後 如來解釋說：「**所以者何？於是忍中無此岸無彼岸。**」我們已經解釋過了，在這個第一義諦、這個「**不顛倒法忍**」之中—在這個境界之中—是沒有此岸也沒有彼岸的，已經解釋過了。

那麼下一句說：「**無分別無非分別；**」分別是學習與求證大乘法的所有人都懂得要遠離的，但是要遠離分別前卻須要先有正見，假使沒有正知正見，誤會了「無分別」的意旨，於是修行時就會變成盲修瞎練，因爲走錯了路頭。如同諸位接觸到正法之前，在諸多善知識的所在，學習的都是教導我們要把這個能分別的覺知心，經由各種方法修行來達到「無分別」。然而修學佛法之後有所實證了，如果是成爲「無分別」的人，就成爲木頭石塊一樣笨，豈不是成爲大呆瓜了？那倒不如不學的好。學佛說的是要有智慧，經由智慧來到達無生無死的「彼岸」；所以，學佛未悟之前應當是保持這一個繼續能夠分別的心，不斷作深入而廣泛的各種分別；經由這樣的修學熏習然後實修，最後實證了「無分別」，所證的「無分別」境界則是本來已在的，是我們正當分別時就已經有一個存在背後的「無分別」的本來面目，或者稱之爲本地風光，這叫作「無分別心」。證得這個「無分別心」以後，才能說是證得「無分別」的聖境，卻無妨有分別的我們生起實相智慧，還繼續存在各種深妙法的分別。

而這個「無分別心」是我們實證之前，祂就已經存在的，並不是實證之後才生起、才出現的；因此「無分別」的境界是本來就在，而我們要去加以證實——現前觀察到「無分別」的境界本來就存在。然後我們這個有分別的覺知心，依於實證了自己的「無分別心」，現觀分別心自己與「無分別心」如來藏同時同處；從此以後，這能分別的心越來越有智慧，越來越能分別，乃至於非常深廣的妙法也能加以分別，然後爲大眾宣說。所以「無分別」的心是本來就「無分別」的，不是我們修行以後把能分別的心變成「無分別」。這個前提，在咱們正覺弘法之前不曾有善知識講過，然後我們出來開始加以推廣、加以說明，前後經歷了二十來年，才終於使得臺灣佛教界不得不信受。

雖然信受得很勉強，但那些大師們也不得不信受。然後這個深廣的妙法也開始在內地傳揚開來，所以才有今天諸位漂洋過海或者搭乘飛機來到臺北，咱們才能夠再續往世之緣。因爲我在臺灣生活，這是第一世；過去世沒有來過臺灣，上一輩子在江蘇、浙江活動，死後來到臺灣，這是第一次；就如同今天諸位第一次來臺灣，道理是一樣的，我只是七十一年前先過來而已。那麼因爲諸位來了，所以我們就要求臺北的同修們今天都不許來，把六個講堂的寶座全數留給諸位。因爲單是諸位來聽經就已經六個講堂坐滿了，委屈諸位坐得這麼擠也是無可奈何，正覺目前在臺北就只有六個講堂。這意思是說，這法雖然深，但終究也流傳到了內地，諸位接觸到了，也夠有眼光而識得眞寶，所以今天來到臺灣相聚。

但在正覺弘法之前，關於分別與「無分別」的道理，臺灣佛教界始終弄不明白。甚至也有出家人過堂時，因爲俗家弟子們週末、週日都來寺裡出坡作義工，那師父總得陪這些在家弟子們過堂；於是過堂時她很用心教導，在那一桌的菜餚中間擺了一碗什麼東西？狗屎。然後在家弟子們正要下筷子，眼見著那一碗狗屎在那邊，覺得很噁心，個個食不下嚥。這師父便講：「你們都吃不下飯，可見你們修行不好。咱們學佛就是要『無分別』，你們都在分別。你們看，師父我照吃不誤。」這只是臺灣佛教界曾經出現過的一則笑話，因爲到了正覺弘法之後，講出來的佛法不是她講的那回事，而是要我們大家用這個能分別的心來修行、參禪，來證得自己本來就在的另一個「無分別心」——「無名相法」，這樣才叫作證得「無分別」，才是親證「無分別」的「賢聖」。

這道理講清楚了，臺灣佛教界大師、小師明白了，所以晚近十年來，再也沒有法師過堂時弄一碗狗屎在餐桌上了。因爲她正在分別，當她看見在家弟子們食不下嚥時，她看見了，分別就完成了，才知道他們食不下嚥。如果她眞無分別，那麼她下箸夾菜時應當一體通吃，對吧？對啊！應該好吃的菜夾來吃了，那碗狗屎她也夾一口吃了，才是眞的無分別。可是她沒有，她一直到那餐飯吃飽爲止都沒有去動那一碗狗屎，這表示她有分別。所以分別與「無分別」這回事，在末法時代大師們都弄不清楚，因此稱之爲末法時代。

在像法時代，大部分的大師們只是沒有實證「無分別」的第八識如來藏，在《佛藏經》中說之爲「無名相法」、「無分別法」。他們只是未能實證，但他們都知道：「我們這個有分別的心要努力修行，來實證自己另一個本來就無分別的心。」這就是像法時代的大師。正法時代是大多數的菩薩們都能實證的，然後到了末法時代，已經都不知道另有一個本來「無分別」的實相心與我們同時同處。

可是若要說他們眞不知道，這又有問題了！因爲他們有時又會向弟子眾們開示：「『夜夜抱佛眠，朝朝還共起』，你的佛在哪裡呢？」他又會這麼開示。但顯然靜坐離念之後那個靈知心依舊是識陰所攝，不外於識陰，也就是不外於五陰十八界；既然有個無分別的心，是父母未生咱們之前就已經存在的，那就應該說另外有一個本來就無分別的心與我們這個能分別的心同時同處，應當如此。他們都沒有想過這個問題，這樣看來末法時代的大師也眞好當，諸位都有資格可以當了；因爲這樣來當很容易，只要經本拿起來依文解義就夠了。一直到正覺開始弘法，我們提出說明：眞的有另一個「**無分別心**」，每一個人都有。可是他們還不信，我們只好把每一次禪三的見道報告選了幾份印在書中流通，持續印了好幾本，時間久了，又加上我們的回應而講了不同的法義，他們才信受的。

這個過程走來很艱辛，因爲臺灣佛教界諍論始終不斷。剛開始我們講禪，大家聽不懂，我改講**無相念佛**，就講了念佛法門；講了念佛法門之後，人家評論：「**那蕭平實他是懂禪、懂念佛，可是要談到我們密宗藏傳佛教的法，他就沒轍了。**」所以我們寫了《狂密與眞密》，目前出版了四輯，未來會有第五輯（編案：後來改以覺囊巴的他空見譯著作爲眞密的著作），還在等待資料和因緣。這密宗假藏傳佛教法義辨正的全面內容寫了出來，又有人講：「**唉呀！他雖然懂密宗藏傳佛教，可是他就不懂南傳佛法啦！**」我們就寫《阿含正義》；這《阿含正義》寫了出來，那些阿含專家都不敢講話，因爲讀都來不及了；好好吸收都來不及了，還講什麼話。

可是，那些不服氣的人依舊是不服氣，就說：「蕭平實其實也不懂什麼唯識啦！」我們就講一點《識蘊眞義》那一類的法，我們寫了一些東西。其實我在弘法早期就講了《成唯識論》，他們都不知道。接著又說：「他是懂唯識，可是他不懂中觀啦！因爲中觀比唯識的層次更高。」但他們不知道的是：證得唯識的唯識相、唯識性的人，是要先證得般若中觀爲基礎的；先要有般若中觀的實證，才有辦法現觀唯識性、唯識相的。但他們不懂，咱們不跟他們計較，就來講《金剛經》、《實相經》，這總是般若了吧？這《金剛經宗通》是刻意以宗通的方式來講的，講完了，他們再也無話可說，於是他們對蕭平實來個相應不理。

他們這樣到底好不好？我認爲好，因爲我就是要他們閉嘴。好不容易終於閉嘴了，我說：「天下底定了吧？還有什麼是我不懂的再提出來。」沒有人再提出什麼來，因爲沒有可提的了。他要說我不懂律宗的話，我早期就講過《優婆塞戒經》，也很早就在傳菩薩戒了。問問那些大師們，有誰有依照《梵網經》的規定定期布薩？結果海峽兩岸似乎一個也無。（編案：後來桃園市西蓮淨苑託人來告知，每半月的布薩都有如期依律實行。平實導師吩咐在此補作說明。後來聽說法鼓山也有依律布薩，託人來知會。）從此以後大家相安無事，最多就是私下抵制咱們正覺，那無所謂，咱們就接受了。但是因爲大勢底定了，他們再也不說這話：「修行佛法就是要把我們的心修練到一念不生，叫作『無分別』。」他們再也不說這話了，咱們就說臺灣佛教界的邪見被降伏了。

我們弘法二十來年都說：「實相的境界中沒有分別，但是無妨在無分別中能廣分別。」所以最早期有個附密宗假藏傳佛教的外道，在臺灣三家大報紙登了半版的彩色廣告罵咱家，他罵說：「你既然說意識是虛妄的，是分別心，證悟則是沒有分別的，那你講經說法時有沒有分別？你寫書時有沒有分別？」乍聽之下還眞罵得有道理，其實沒道理，只因爲他實在是沒智慧。因爲我書中講得很清楚：要用這個有分別的心來證得無分別的心，兩個心同時存在，證了無分別心以後，繼續用這個有分別的心一面現前看著無分別心來爲大眾說法，繼續有分別都不打緊。原來他沒有讀懂我常常講的這一些話。

但現在臺灣佛教界都接受了：實相的境界中本來就無分別，我們覺知心生活在實相如來藏心的境界之中，卻無妨繼續有分別。這聽起來好像很玄，現在一定有人想：「不對啊！我什麼時候生活在如來藏中？我什麼時候生活在無分別的境界中？看來看去沒有啊！」不信，上下左右前後都瞧一瞧，哪裡有個無分別？瞧不著。老實說，如果這麼一瞧就給你瞧到了，那豈不是天下太平？所有人類個個都叫作賢聖了。正是因爲難，才會弄到末法時代的今天，大家都悟錯了。我告訴諸位，將來你們人人有分，只要因緣到了，實證的那一天，不論你怎麼看，自己都是住在實相心的「無分別」境界中，在「無分別」的境界中不斷地廣作分別。

到那一天，般若諸經請了出來一讀：「原來如此，原來如彼。」你就懂了，只要你證了就懂。所以我出來弘法十幾年都不講般若，因爲只要證悟了如來藏，般若自然可以會通。因此《金剛經》、《實相經》本來是要留給別人上臺來講，我是準備拉一把椅子坐在臺下聽的；沒想到我屬意的人一直都認爲自己沒能力講，也正好人家評論說：「你蕭平實不懂般若，只懂唯識。」所以我就來講一講，而且是用宗通的方式來說。因爲在我的看法中，《般若經》是不需要講的；只除了一個狀況必須要講，就是當你證悟了以後，解脫道已經完成，證得阿羅漢果了，這一世要進入初地時，我就得把《大般若經》六百卷一一從頭說起。

如果不是這一世已經成爲阿羅漢，是要行菩薩道不取涅槃，留待當來下生彌勒尊佛的年代再證阿羅漢，我就不用講《大般若經》，只要講《金剛經》就夠了；只是回應一下，讓大家看看蕭平實究竟懂不懂般若。等到我們講完印出來了，沒想到是暢銷書，可見他們讀了都很喜歡，所以一傳十、十傳百，在臺灣一刷又一刷，一直印出去。現在大家懂佛法了，因爲有人說：「你讀了《金剛經宗通》，趕快再去讀《眞假開悟》那本書吧！」終於瞭解：原來開悟之標的就是第八識如來藏，要懂般若還得要證第八識如來藏。因此，現在大家不會再要求信眾們說：「修行就是每天打坐，要求一念不生而不分別。」現在沒這個怪現象，也沒有人再講那個歪理了。大家知道說：這個分別心不該滅除——不該滅除祂的分別性，要用這分別心的分別性在行住坐臥之中好好分別，看看自己的「無名相法」如來藏心究竟何在。等到有一天實證了，發覺這個如來藏妙心的境界中本來就沒有分別。

諸位可能有很多人讀過《維摩詰經講記》了，在那部經開始不久，維摩詰大士曾經作了開示：「法不可見聞覺知，若行見聞覺知，是則見聞覺知，非求法也。」是說有一個眞實法，這個眞實法是離見聞覺知的，不可以是有見聞覺知的；如果所證的法是運行於見聞覺知之中，那只是見聞覺知，那不是眞正在求法。換句話說，眞實法離見聞覺知。爲什麼眞實法一定離見聞覺知呢？咱們大家來設身處地想一下，假使眞實法是有見聞覺知的，就一定會對六塵時時作出取捨的動作；有取有捨就是落入六塵的境界中，六塵的境界是三界中的流轉境界，所以如果所悟的法是在了知六塵的，不是單說語言文字在六塵中作了別，即使離念而了然清楚離念並且清楚分明（稱之爲離念靈知），那依舊是在了知。了知什麼呢？了知六塵。

所以那位法師陪著弟子眾用齋時，她的筷子始終不會去夾起狗糞來吃，她心中是離念的但依舊在分別：這是菜，那是狗屎，那狗屎我不能夾來吃，每一次下箸我都避開狗屎。這就是取捨：取好吃的菜，捨爛臭的狗屎。一定有取捨，並不是生起語言文字以後才叫取捨，而是了知的當下就是取捨、就是分別。所以眞實法不可以有了知，有了知就會有取捨，有取捨就有順心違心之境，就不離三界生死。所以任何人修學佛法證悟佛法時，所證悟之標的必須是離六塵的——對六塵完全不了知，也就是說祂是永遠都沒有見聞覺知的，這樣才算是眞實的證悟。否則的話，他就落入分別心之中，落入分別之中就不免在三界中的六塵境界打轉，永遠轉不出去，最多只能去到無色界天，依舊不離生死輪迴。

所以「**法不可見聞覺知**」，眞實的法不該是在六塵境界中有見聞覺知的，否則他就是落在三界境界中。但是雖然這個「**無名相法**」如來藏的境界中是「**無分別**」的，祂同時也沒有「**非分別**」。當我們說分別時，已經是相對於另一個「**非分別**」了，所以才說這叫作分別。當你對別人說：「**我在正覺修學佛法，實證了無分別。**」就表示「**無分別**」對於你這個有分別的心，是相對待的。正因爲你有分別，而證得第八識眞如時才說那是「**無分別**」的；但是你了知「**分別**」與「**無分別**」，這都是你五蘊的事。

設想一下：你身中有一個第八識如來藏，祂是不分別的，祂都不了知六塵；你證得祂了，知道祂是「**無分別**」的，也知道自己是有分別的，所以這時有兩個法存在了：一個叫作「**分別**」，一個叫作「**非分別**」。你所證的第八識如來藏祂不分別你這個分別心，所以祂不知道你有分別；祂也不反觀自己不分別，所以在祂的境界中也沒有「**非分別**」這回事，因此你的境界中了知有「**分別**」也有「**無分別**」。換句話說，有「**分別**」也有「**非分別**」你都知道，但你所證的在背後跟你同在一起的第八識如來藏，祂都不了知這個，因爲這是你覺知心在六塵中去證得祂以後，繼續在六塵中了知自己有分別，也了知祂「非分別」。祂既然「無分別」，就不會分別你有沒有分別，祂也不會分別說「我如來藏自己有沒有分別」。

聽起來有點玄，是吧？其實不玄，諸位也不必說：「唉呀！我大老遠從內地來到臺灣，您跟我講這麼深的東西，我哪能聽懂？」我老實告訴諸位，我沒有期待諸位現在都聽懂，有一半人聽懂，我就很高興了，爲什麼呢？因爲我現在是把正知正見教給諸位，這一個有分別與「無分別」同時同處的境界，以及「無名相法」如來藏自己的境界中「無分別無非分別」的境界，是未來諸位親證時自己現前一看，馬上可以印證時，你自己就懂了，用不著我來教你要怎麼樣看。你自己可以現前觀察，簡稱爲現觀，這樣我今天就不必再講得很囉嗦，讓你們覺得「蕭老師太嘮叨了」，因爲這是實證如來藏以後都可以現觀的事，不用爲證悟的弟子們說明。

那麼 佛陀在《大般若經》中當然也有這樣的說明，目的只是讓已經實證般若的阿羅漢弟子們，現觀自己的分別與無分別同時並存的境界，接著還要進一步轉依於「無分別」的境界來說：「這裡面沒有分別，也沒有非分別。」當他們對實相境界具足轉依時，非安立諦的三品心都成就了，只要發起十無盡願增上意樂就可以入地了，所以 如來才要講得那麼繁瑣、那麼詳細，所有小地方都不放過。哪天你如果證悟了以後，《大品般若經》總共六百卷，請了出來一讀，你說：「如來實在老婆心切，每一個微細的地方，祂都不辭辛苦、不怕口乾舌燥，一一都全部具足宣說了，沒有誰像如來那麼老婆的。」

很多人讀到《大般若經》時會說：「如來爲什麼這麼囉嗦？同樣的道理這邊講了、那邊又講，到了後邊又講，有時一句話二十幾個字、三十幾個字。」千萬別這麼想，因爲 如來就是要這一些聖弟子們——這一些阿羅漢迴小向大證悟如來藏的人，可以趕快入地，所以 如來得要每一個層面、每一個角度都細加說明，讓這一些阿羅漢弟子們可以成功具足轉依，於是就可以入地了。這就是 如來的苦心孤詣，但很多人體會不到就覺得《大品般若》講得那麼囉嗦、那麼繁瑣，完全不懂 如來的老婆心切。

同樣的道理，因爲今天諸位還沒有證得阿羅漢果，所以我就用不著爲諸位講那麼深細。假使今天諸位全部都證阿羅漢果——全部六個講堂你們一千多個人都證阿羅漢果了，我可以每週三天爲諸位專門講《大般若經》，從白天講到晚上，讓你們一世都入地。當你們都入地了，我可以回家睡大覺，弘法的大業交給你們就好了，我都不用操心了。然而不可能的，因此我把這個道理告訴諸位，諸位可以設想一下：現前自己這個五陰是有分別的，但是將來有朝一日可以證得一個「**無分別心**」，自己就可以看見那個「**無分別心**」如來藏祂自己的境界中是沒有分別的，而自己無妨依舊住在六塵境界中繼續分別；然後再來看如來藏「**無名相法**」祂自己的境界中也沒有所謂「**無分別**」或「**分別**」，更沒有「**非分別**」這回事。有分別與非分別這回事是咱們五蘊自己的事，所以 如來說的「**無分別無非分別**」就是這個道理。你別抱怨說：「**我聽了還是白聽，回去還是沒有辦法跟人家講，你講時我聽懂，可是回去以後想要講時就無從講起。**」別抱怨，等到哪天你證悟了，自己自然會講。眞的自己會講！不要懷疑。對自己有信心一點，好吧？有朝一日證悟了，你就會講。

接著說：「**通達無相，成就是忍，名爲聖眾；**」證得這個「**無名相法**」之後就會有般若，但是想要通達可不容易啊！在佛菩提道中有見道位、修道位以及究竟位。見道之前有加行位、有資糧位，在這之前還得要修十信，信不具足時連菩薩六度都不能實修。但是，好不容易一劫乃至一萬大劫，具足對三寶的正確信心了，開始廣修六度萬行時，就是從初住位開始。這是十信圓滿了，從初住位到二住、三住、四住、五住進修上來，乃至第六住位修學般若。般若學完了，在加行位中，心中建立有一個法，叫作唯識的眞實性名為如來藏，認定「能取的七識心與所取的色陰十一法全都是如來藏」，依這樣的道理去作加行；加行完成之後參禪，終於找到如來藏而轉依成功了，於是懂《心經》了。

禪三開始時誦《心經》沒什麼感覺，有的人發了個願說：「我這一回若是開悟了，解三時誦《心經》一定不哭。」他發了這個願。爲什麼發這個願？因爲聽人家說參禪被印證開悟了，所以解三時唱誦《心經》不知不覺就哭泣了起來：被自己給瞞了幾十年，終於知道《心經》是什麼道理。於是他發願：「我一定不哭。」但我就要看他哭不哭，一個大男人身爲比丘，結果拿到金剛印以後解三時，他哭得比誰都大聲。因爲他本來就懂《心經》，參禪鍛鍊後被印證了，才發覺以前都是自以爲懂，解三時誦起《心經》來，才發覺被自己騙了幾十年，如今終於知道《心經》講什麼，感觸很強烈，於是他哭得比誰都大聲。

這時算是眞的證悟了，因爲《心經》的境界，他都可以現前觀照，每一句的意涵都是現觀的。這時算是到了第七住位，不再像以前外門廣修六度萬行，現在眞的進入內門來廣修六度萬行。這時有沒有通達般若？還沒有！而且還早。接著還要繼續進修，繼續進修目的當然是要邁向初地，這得要完成十住位、十行位、十迴向位的功德才能進入初地。進入初地前當然還要有廣大福德來配合，還要有禪定的證量、解脫道的證量來配合，但是最重要的是相見道位的智慧，否則甭想入地。證悟如來藏時只能稱爲眞見道，相對於悟錯的凡夫大師們，就說這個叫作眞正的見道，也相對於後面即將要繼續進修的相見道位的法，而說這個叫作眞見道；因爲後面相見道位的法，要依這個眞見道的智慧來修才能成功。這是個基礎，沒有基礎蓋不了二樓、三樓的，連一樓都無法蓋。

相見道位要修很久，第一大阿僧祇劫分爲三十心，也就是十住、十行、十迴向，總共三十個階位。開悟明心不退失只在第七住，剛剛進入第七住。

那麼從第七住位的初心到第十迴向位的滿心，總共有二十四心，所以剛悟入時第一大阿僧祇劫才過完三十分之六，剛剛進入第七住位的初心；那你想從這第七住位開悟明心起修，到第十迴向位該修多久呢？很久、很久。諸位可別說，佛世那些阿羅漢迴小向大成爲菩薩證悟了，爲什麼他們一世就入地？佛陀早說了：他們是很多劫以前就跟著 如來一世一世追隨下來的，所以在這一世他們本來就該入地——只是一種示現。也因爲 如來的威神力、福德力、智慧力的攝受，所以這些弟子們入地了，可是沒有入地的阿羅漢們依舊是爲數眾多。

那麼話說回來，從這第七住位的初心開始，要修到第十迴向位的滿心，接著在 佛前發了十大願，對這十大願有增上意樂才能夠入地。這個過程裡面要修的般若智慧必須要面面俱到，每一個層次都具足；全都具足時，第一大阿僧祇劫的三十分之二十四的過程才能具足圓滿。但是把它歸納起來就只有三品心，叫作非安立諦的三品心。今天我們沒有時間講這個，因爲這是個大題目。

那麼這三品心修學完成了，假使本來已經證得阿羅漢果，他只要在 佛前發十大願，這十大願是無盡期的願，今天發了明天發，明天發了後天再發，一直發到生起了增上意樂，就說他對這十大願的增上意樂清淨了，就是初地心的菩薩了。這時就表示眞見道位證了以後，隨後應該修的相見道位的實相般若，他都具足圓滿了，才能叫作通達位的菩薩。所以見道位有三個階段，第一個階段是開悟明心是眞見道位，接著是悟後起修是相見道位，到最後入地了叫作通達位，就是初地的入地心，然後轉入住地心就開始第二大阿僧祇劫的修行。

所以「通達無相」並不容易，「通達無相」所要通達的內涵非常之多，最簡單的來說無非是三十七道品，然而三十七道品有小乘的也有大乘的，悉皆通達之後才是具足非安立諦的三品心，還要能夠現觀實際理地一品也無，因爲全部都攝歸如來藏，所以迴無一法可得，這樣才算是眞正的通達位菩薩——他對於無相法才終於通達。所以不是通了就算數，還得要達；證悟如來藏只是把般若智的總相通了，但有沒有到達見道的最終位呢？還沒有，所以要繼續進修。

如來說：「通達無相，成就是忍，名爲聖眾；」這樣看來，要尋覓「聖眾」還眞的不容易。有時想一想，馬鳴菩薩在《起信論》裡面說：初地菩薩假使五通具足，也可以來人間示現八相成道攝化眾生；而他心中並不是以佛地自居，目的只是要攝受眾生。如來在有些經典中又說，一個小世界之中只要有一位地上菩薩就夠了，還眞的有道理。諸位可以檢查看看，末法時代到底有多少地上菩薩住在人間？末法時代大約是從什麼時候開始？現在是如來入滅兩千五百多年了，所以末法時代就是一千年前時開始；因為正法五百年，像法一千年，所以一千年前開始已經是末法時期了。那一千年前正是克勤大師受生在人間的年代，也就是玄奘過後大約四百年時。玄奘在世為咱們翻譯了那麼多的經典，他翻譯的經典不會漏失法義，這是最重要的事。

那時皇帝都還是信正法的：唐太宗信受正法，他的兒子也信受正法，所以兒子繼承帝位以後仍然擁護正法。但他的兒子李治之後，換誰當皇帝？（有人答：武則天。）武則天信不信正法？信！叫作仰信，沒有正信。武則天心性狐疑，而且為得帝位時手段兇殘，這樣的人能讓她證悟嗎？雖然她後來貴為皇帝，但她登基前當皇后時也曾向玄奘請求。然而只要稍微涉及實證的部分，玄奘就以很忙等一堆的理由推託，為什麼玄奘不讓她實證？因為她狐疑狠毒，她的福德也還不夠。十信位修學滿足的人不會狐疑（她在李治生病後垂簾聽政，後來還當上皇太后），那時便已經派人窺視玄奘在幹什麼了；玄奘又不是笨蛋，哪能不知，反正沒事就是翻譯，所有的事情就是翻譯；假使哪部經翻譯完了，抽個空跟弟子們說說法，也不怕她們聽，所以她沒有機會從玄奘那裡得法。當她想要得法時，玄奘就跟她講唯識妙法，很深奧，她聽不懂；實證的部分不告訴她，她也無可奈何。她也不能責備，她責備的話，玄奘一定說：「天后！我給您的是最殊勝、最勝妙的法，難道您只要那個最淺的法嗎？」她也沒辦法說什麼，就讓她聽不懂。

其餘的僧眾都能聽懂，因爲玄奘的弟子們有很多是有實證的，就她一個武則天聽不懂，多棒！於是她無可奈何時，怎麼辦？把心思動到南方去了。南方有個誰？廣東惠能大師，可沒想到惠能大師也是吃軟不吃硬，她想求法，應當親自南下；但她想：「我是皇帝之尊。」就派薛簡南下，要把惠能屈請北上，名爲供養。這是說好聽的，實際上就是把惠能圈禁在宮中無法離開，「除非你讓我悟了。」惠能絕頂聰明哪能受騙，所以推辭有病不堪路途勞苦，無可奈何，薛簡回去覆命。

覆命了，武則天又叫他來。就這樣來來回回，已是第四趟了，武則天吩咐：「把我的尚方寶劍帶去，這回再不來就提頭來見。」薛簡好說歹說，說不動六祖，無可奈何，只好把武則天的話轉述了，因為他回去不能覆命。沒想到惠能個子小小的、矮矮瘦瘦的，志氣可大，當場把脖子伸出去說：「請你砍了去。」惠能絕頂聰明，早料定他不敢砍。武則天要眞來了也不敢砍，因為惠能是個證悟的人，全國皆知，她哪敢砍？至少她還是一個對三寶有正確信仰的人，所以終其一生沒機會證悟。那你想，連證悟都難，貴為皇帝連證悟都不可得：北有玄奘三乘俱通，南有惠能懂得大乘般若，她卻沒個入處；連入處都沒了，何況通達。

那麼請問諸位，惠能大師到通達位了沒？我這一問，讓諸位難答了，我也不說他有沒有到通達位，我只說他沒有道種智，聰明的人一聽就懂了，所以悟後想要通達很不容易。換句話說，必須要在第七住位證悟不退之後，轉依於「無名相法」如來藏的眞如境界，然後從各個層面、各個角度都一一觀察諸法「無相」；雖然諸法在人間，在欲界天、色界天、無色界天都有相，但是轉依如來藏以後卻是「無相」，能夠這樣「通達」諸法「無相」時還不能入地；接著四個字說「成就是忍」，於一切諸法本來不生、一切諸法悉皆無相，全部通達之後還得要轉依成功，心中得以安忍才叫作「無生法忍」；因為「一切諸法本來不生」，這件事很難安忍。

從不迴心阿羅漢的智慧來看時，現見一切諸法生滅不住；然而從初地菩薩來看時，「一切諸法本來不生」。由於現觀一切諸法從來無生而能夠安忍，所以才叫作「無生法忍」。因此，單有開悟的智慧也沒用，還得要轉依成功後進而現觀「一切諸法本來不生」，轉依成功時能忍於這個現觀，就使自己的身口意行全部符合初地菩薩的條件，這樣才叫作「成就是忍」。所以成就無生之法時還得要有忍，如果能夠現觀，但是心中有疑而不能忍，那就是有無生之法而無忍，不能稱為「無生法忍」。

換句話說，如來的定義是說，對一切諸法「無相」，一切諸法「無生」，一切諸法「不生不滅」都能夠得忍，這樣才叫作「聖眾」。所以還沒有到通達位之前稱為賢位菩薩，證悟之後而不退轉稱為第七住位的菩薩，距離通達位初地是不是還很遙遠？還很遙遠，是不是不值得珍惜？千萬別這麼想，一定要很珍惜、很珍惜。為什麼呢？因為第七住位這個實證雖然只名眞見道，卻是後面從第八住開始乃至將來成佛的基礎，沒有這第七住位眞見道證悟如來藏的實證，就沒有後面的相見道及修道可說，所以千萬別小看它，雖然只是三賢位中的第七住位。

還有一個理由，諸位別小看它。到了末法時代，善知識往往因爲如來指派去到各個不同的星球—也就是各個不同的小世界—去利樂有情，所以留在這裡的善知識越來越少。但無論如何，這一個第七住位的證悟之法，一定會有菩薩留下來，如果觀察時局因緣許可了，必然會出來說法度眾。所以這個法之珍貴所在，是因爲祂在末法時代極難修證，這就是第二個原因。以前到處都能看見證悟的聖者，他們開示時還會說：「證悟的聖者如此說……」然後他顯示自己是個證悟者，意思是要大家都知道他是聖者。可咱們正覺同修會弘法這麼久了，沒有誰聽我講過一句話說「證悟的聖者這麼說……」爲什麼？因爲如來藏的境界中沒有凡夫也沒有聖人，哪來證悟的聖者？

如果有人告訴諸位說：「師父我開悟了。」過一會講回來又說到：「證悟的聖者這麼說。」請問他是不是聖者？不是喔！那他有沒有證悟？也沒有。因爲證悟的聖者不會像他這麼說，只會告訴大家佛法的內涵以及那些法的層次差別，但不會告訴你說「**證悟的聖者這麼說**」，又說「**我證悟了**」。當一個菩薩像他那樣說時，表示這個菩薩是凡夫菩薩，他還住在「我」裡面，沒有轉依如來藏的境界，就表示他沒有證得如來藏。

如果有人證悟了如來藏，卻一天到晚想方設法要人家恭敬他、供養他，那麼請問這個人有沒有證悟？有！不是諸位說的「沒有」，但是他沒有忍，因爲他沒有轉依成功，沒有大乘的無生忍。他有大乘無生的智慧而無忍，無忍時，我就回過頭來說諸位講的是正確的，他眞的沒有證悟。因爲證悟的人有一個標準，就是轉依，要轉依於他所悟的如來藏境界，而如來藏的境界沒有名聲可說，沒有錢財可說，也沒有恭敬可說，偏偏他要求這一些，所以他縱使被善知識引導而實證了如來藏，但他應有的條件不具足所以無法轉依成功，因此來到正覺得了法之後出去搞名聞利養，那就是有無生而無忍，沒有「**無生忍**」時當然不能說他是眞正的證悟者，所以我說諸位還眞講對了，表示諸位有智慧。

因此，成就「**無生法忍**」不容易，只要先能成就大乘的無生忍就彌足尊貴了。不然的話，諸位去看看，從　克勤大師、大慧宗杲之後，就只有大慧宗杲一脈繼續傳下來。虎丘紹隆是一隻瞌睡虎，他被 克勤老和尚罵了，說他是瞌睡虎；光有銳利的爪牙，每天趴著瞌睡能有什麼用？那些破壞佛法的佛門外道以及教外的外道們，他看在眼裡時竟然什麼事都不作，放任他們繼續破壞，結果就是大慧宗杲一脈一直流傳下來。可是眾生福薄、福氣不夠，元朝那些皇帝們各個修演揲兒法，也就是密宗假藏傳佛教的雙身法。元朝過了，明朝初期倒也還好，朱元璋雖然殘忍，猜忌心很重，他畢竟曾經待過正統佛教寺院，還算好；可是沒幾代，那些皇帝們又開始修雙身法，個個都拜喇嘛爲師。清朝呢，清朝只有一個聖主，叫什麼名字？（有人答：順治和尚。）順治後來出家去，就只有他一個信正法。（有人說話，聽不清楚。）不是多爾袞，他叫什麼名字？忘了，（有人答：皇太極。）就是康熙，就他知道喇嘛教不是眞正的佛法，他有勸誡後代子孫別信喇嘛教，可是後代都不爭氣。所以只有康熙懂得利用喇嘛教，但他不信喇嘛教，就只有這麼一個皇帝。

談到這裡，我可要說了，達賴沒有權利主張西藏獨立。因爲當初達賴五世去向清朝請求由蒙古派兵來平撫藏地的戰爭，才有了政教合一的掌控權。他既然已經歸順清朝了，一代一代傳下來，來到達賴十三世也沒有說過西藏要獨立的話，他十四世憑什麼說要獨立？對吧？對啊！如果哪天他要計較，換我先跟他計較。因爲達賴五世雖然不是達賴十四世同一個人，因爲每一世達賴捨報後都不可能繼續生在人間，但我們權且當現在的達賴就是達賴五世轉世來的，因爲他也說是一世一世轉世下來的。那咱們就來算算帳：「當初爲了把覺囊派給滅掉，你臣服於清朝，向清朝皇帝康熙稱臣，不就是清朝一部分了嗎？因此才能在皇帝同意下，向蒙古借了兵來把覺囊派滅掉。既然已經是清朝的臣子，歸順清朝了，一代一代這樣歸順，到你這一世憑什麼主張獨立？」對吧？我先跟他算這筆帳。這筆帳算清楚了，你再來談是否有權要求獨立吧，本來就應該如此。

所以說證悟的事很困難，你看清朝順治之外只有康熙不信喇嘛教，康熙以後的雍正信得不得了，甚至把他當皇子時的潛邸，在他即位以後送給喇嘛當王宮，就是現在的雍和宮。現在雍和宮裡面都擺什麼？一尊一尊的雙身像。你們有多少人去過？請舉手！你們住在大陸，這麼少人去過啊？第二講堂、第三講堂、第四第五第六講堂，請舉手！有去過雍和宮的。還是有啦！不多。好，請放下！那麼這樣一代一代修雙身法，想要證悟般若就沒有機會了。

雍正在位才十幾年，請問諸位：爲什麼他在位才十幾年？因爲白天國事繁忙，大約早上五點鐘就早朝了，整天不斷地忙，而且他那個人多疑，事事躬親，不肯授權給臣下去作，所以他白天忙死了。白天忙完了，晚上忙什麼？忙即身成佛。爲了即身成佛，他每天要保持密宗假藏傳佛教「佛」的樂空雙運，但他們密宗假藏傳佛教的佛不是佛教的佛。所以你看，他不短命才怪，十幾年就死了。死後留給乾隆，六次下江南去找女人回宮，同樣是修雙身法；這樣一代一代下來，喇嘛教在清朝很猖狂，內地根本沒機會弘揚。

所以在明清兩代皇帝大多傳承喇嘛教的狀況下，中原沒有眞正佛教的立足之地，怎麼辦？沒辦法之下只有出奇兵，乾脆投胎去西藏當西藏人去，來個窩裡反；要是成功了全國都改回正法了，不是嗎？因爲皇帝信喇嘛教，當喇嘛教回歸如來藏正法以後，皇帝也得要回歸如來藏正法，那不就行了嗎？那時幾乎成功，可惜被達賴五世破壞了。現在假使哪天達賴來找我，我就要跟他算這筆帳。如果他公開聲明說：「我不是達賴五世。」我就一筆勾銷，不跟他算，等達賴五世將來從地獄回到人間時再跟他算。

所以你看，大慧宗杲之後都沒有辦法弘傳，人間能找得到幾個證悟者？我們這一些親教師們當年也沒有辦法出來，因爲連我都沒辦法出來了。躲到西藏去，幾乎成功了，結果還是失敗。現在逮著了好機會，咱們要把它復興起來。因此可以說覺囊巴被滅了以後，藏傳佛教就不存在了，現在還剩下四川壤塘縣有覺囊派的寺廟，傳得還算好，只是沒有實證，比較可惜。我們如今在臺灣繼續把它弘揚起來，算是三百多年來才重新又有證悟的妙法可以利樂大眾。所以諸位千萬不要看輕說：「**這個開悟才只是第七住位，離通達位初地還那麼遠。**」千萬不要小看這回事，因爲諸佛如來也從這一悟才能夠進修成佛，菩薩也從這一著子才能夠成爲實義菩薩，所以這個第七住位的法非常非常重要。

而諸位這一世是正要實證第七住位的眞如，爲什麼說爲眞如？既說如來藏，爲什麼又說是眞如？「**眞如**」在《大般若經》中通常是指第八識如來藏，但爲什麼要把祂叫作眞如？是因爲如來藏心在各人的身中，祂是眞實而如如的；因爲既眞實而又如如不動，所以合併稱爲眞如。《般若經》中有這麼一句話說：「**眞如雖生諸法而眞如不生，是名法身。**」眞如雖然出生了很多的法——萬法，所以名爲法身，可是眞如本身是不曾有生的，說祂沒有出生過。這時「眞如」兩個字就是講第八識如來藏心。

好像諸位都沒聽過這一句經文吧？難怪說是末法；但是咱們大家繼續努力，希望能把末法拉回來像法時期的狀態：無妨是末法時代，但大家的心是像法時代，甚至於心中還可以有正法時代。你心中的正法時代是什麼境界呢？是開悟證眞如的境界。所以眞如雖然出生了諸法，可是眞如不生。諸法是被眞如所生的——諸法有生，但是眞如祂自己是不生的，祂是法爾如是，沒有出生過，本來就存在。能這樣現觀、能轉依眞如，才算是見道；見道之後繼續努力修相見道位的法，一直到達初地通達了，有了無生法忍——「成就是忍」，也就是「通達無相」，這時才能稱之爲「聖眾」。這樣看來，要當「聖眾」還眞的很難。

可是如果從另一個層面來講，當「聖眾」其實也容易。譬如證眞如的菩薩一定已經斷了我見、斷三縛結，所以同時也是個初果人。你如果在禪淨班、在進階班修學，好好依照親教師的教導去觀行，把三縛結斷了，這時也是個初果人。初果人算不算聖人？算啊！因爲在解脫道中，相對於諸凡夫而言，初果就算聖人了。所以要成為聖人，在正覺同修會之中其實也不難，也容易啊！只是斷了我見之後還要再證眞如，這就大難、大難！

不過諸位聽到這裡，腳底也別發涼，因爲咱們要復興中國佛教需要多少人？諸位想想看需要多少人？中國那麼大，不像臺灣這樣子。那麼大的地方，就算今天諸位在場一千多位都悟了，放回到中國去，人家還看不見呢，所以咱們要復興佛教得要很多人。既然需要很多人，那麼你只要能夠被我所用，就有機會證悟了。而我用你，不是用你來生財，是用你來復興佛教，所以我還得要努力，不能開口閉口說「老朽如何、老朽如何」。古時禪師們四十幾歲就自稱老僧，才四十歲就說她叫作婆子，而今我七十出頭了仍不敢稱老朽，因爲我得要更努力，要出生更多的兒子才行。兒子是越多越好，妳們女眾只要法身慧命出生了就是兒子，再也不是女生了，要記得這點呵！可是我要生這麼多兒子，累不累人？累啊！但「累」字不敢說，只能夠形容很累，口中是不能喊累的。瞿曇老人家在後面，小心腦後一勺子，那就繼續努力吧！

所以說，證悟是不容易的事，千萬要小心在意努力去求實相的境界，然後才有能力出來共同荷擔如來家業，把這個末法時代被元明清三代皇帝以及民國的戰亂搞砸了的中國佛教，重新再復興起來，這才是我們要作的事，這也是我每天上香對 如來所求的事情。我只求兩件事，另一件事情就是求 如來加庇，讓我可以把密宗假藏傳佛教轉變回歸佛教而摒棄外道法，如果不能摒棄外道法就把它滅掉；如果它回歸了，我們還支持它，這就是我的所求的第二件事。那麼這樣看來，顯然諸位今天來到臺北準備正受菩薩戒，受了菩薩戒以後記得要求悟；但悟了以後不是翹起二郎腿來抽個菸、喝喝酒，而是擔子就放到你肩膀上，任重而道遠，這個不容易呵！但是先要求悟，雖然無法悟後馬上成為「聖眾」，至少在二乘法中也算是「聖眾」；但是將來通達而得入地，就不必像一般學佛人那樣遙乎其遙。

那麼「聖眾」除了「成就是忍」以外還有一個道理，如來說了：「破和合故，名為聖眾。」怎麼樣叫作「破和合」？在佛法中「破和合僧」，那可是地獄重罪，為什麼這裡破和合就變成了「聖眾」呢？你們如果有讀過我的《楞伽經詳解》，那裡面 如來說有五種無間業，說菩薩具足犯了這五種無間業，是解脫生死成為勝義菩薩，具足無量功德。講一、二個好了，譬如說殺無明父、害貪愛母，這就是殺父母。殺父母是五逆重罪，本來該下地獄的，可是你殺的如果是無明父親，害死的如果是貪愛母親，你卻有大功德。

無明為什麼是父親？為什麼無明會是有情的父親？因為每一個有情都是由於無明才會繼續受生在三界中，無明是流轉生死的根本，所以無明是父親。貪愛為什麼是母親？因為貪愛人間境界，貪愛欲界天、色界天、無色界天的境界，所以才會因貪三界境界而繼續受生在三界中，所以貪愛是母親。你如今學佛，可得要把心打橫，要狠下心來把無明父砍了，把貪愛母害了，那你就有大功德。

但這樣子的大功德還不足以具足成為一個入地的菩薩，因為入地證的是無生法忍，你證無生法忍時必須要有一個基本的條件，那是三大條件之一，就是具備了解脫果。解脫果是指什麼？就是至少要證得慧解脫，然後再起惑潤生繼續受生在人間修菩薩道；也就是退回三果來繼續受生當菩薩，這樣才具足了可以入地的解脫果。若沒有這個解脫功德，還不足以入地；但是入地最重要的基礎，其實是「破和合僧」。一般而言，「破和合僧」是地獄重罪，為什麼我說「破和合僧」會是入地必須有的條件？因為「破和合僧」時先得要弄清楚什麼是僧？請問，所有佛教界中的僧眾，是由什麼樣的有情來當？

出家了就不是人嗎？出家人還是人，所以是由人出家來當僧。但僧是由五蘊、十八界和合而成，你要把這個「和合僧」給破了，就表示你「無生法忍」的初分具足成就，便可以入地了。至於怎麼樣可以「破和合僧」？咱們今天時間不夠了，留待下回分解。

有蠻多人今天還留在臺灣，還沒回去；但是我先要跟臺灣的同修們道歉與致謝，因爲上週二沒能讓你們諸位現場聽經，只能藉著 DVD 補聽；而且傳戒法會還有好多同修忙了很多天，眞的辛苦了。那你們還留下來沒回大陸的這麼多位也很辛苦，每天趕早就來這裡聽戒，坐一整天上課，眞的很辛苦。

《佛藏經》，我們上週講到第十八頁第一段最後一行：「破和合故，名爲聖眾。」破和合還沒有講完。通常我們正授菩薩戒時，都會有一個破和合僧的戒律要受，這是十重罪之一，也說是五逆罪之一。如果是「破和合僧」，那就不通懺悔；即使眞的很努力懺悔，那個罪還是會在的。只有一個狀況戒罪可以消滅，就是有佛來摩頂、放光照你，或者示現蓮花給犯戒者親眼所見，否則懺悔無用，所以叫作「不通懺悔」。「不通懺悔」的意思是說，這一世捨壽後，就得墮落地獄去了。

那麼五逆罪之中總共五個，我們這裡不是在說明五逆，所以這裡只相應於《佛藏經》這一句來談「破和合僧」。於事相中「破和合僧」，都是依五蘊來說；譬如在一個僧團中故意挑撥是非，或者爲了自己的名利，以言說來分裂僧團或令僧團不和合。令僧團不和合有很多種狀況，大而言之，令一個聲聞僧團或者菩薩僧團導致分裂爲二、爲三，都是「破和合僧」，這是地獄業。

如果一個教團有很多的講堂或者很多分處、分支出去的僧團，都歸屬於同一個教團；有些人在其中的某一地或某一個講堂，作了破和合的事，使得當地的講堂或分處分裂成兩派，那也屬於「破和合僧」。所以「破和合僧」的事有大有小，各自不同。比較常見的是，爲了向堂頭和尚爭取領導地位而打壓別人，或是想要取代堂頭和尚，不能果遂的緣故，他就自行離開另立僧團。堂頭和尚並沒有允許他外出另立僧團，但他擅自離開而在外面另外建立僧團，那也是「破和合僧」，這也是地獄業。有的人自己另外聚成一團一夥，在另一個地方自成一群而作別布薩；就是說應當作布薩時，他不在指定的時間、地點與大眾共作布薩，而自己另外成立一個團夥去作布薩，這也是「破和合僧」。

那麼這個「破和合僧」，在菩薩戒中也會是「破羯磨轉法輪僧」，因爲他自己指責原來主持布薩的法師不如法，所以堅持別布薩——自己另外去作布薩，那就成爲別立僧團或者別立教團，這都屬於「破和合僧」的一種。但是，你們如果讀過《楞伽經詳解》，我有大略的說明，如來開示「菩薩犯五逆罪，非但不入地獄，而且還有大功德」，那就是談理上「破和合僧」的事。

「破和合僧」這個題目，爲什麼竟然在《楞伽經》中了義法上會說它有大功德而不墮地獄呢？因爲這個「破和合僧」是指五蘊爲僧。比如從現象上面來看，一個人在佛法中出家了稱之爲僧，他一定要有五蘊來組合，才能成就「爲僧」的本質。如果沒有五蘊組合，僧這個法便不能成就。菩薩的所見跟二乘的所見又不一樣，比如說，二乘聖者看見了五蘊的自我，全都是藉著因緣假合而成，所以他出家了就名之爲僧。當他看見五蘊全都假合而有時，不再認定五蘊的全部或局部爲僧，那他就是「破和合僧」，這是二乘法層次的「破和合僧」。那麼菩薩怎麼看僧？菩薩證悟以後所看見的僧，就是色陰這十一個法——五色根加上六塵，這是色陰；然後加上眼識乃至意根總共七個識，同時伴隨著受想行，這便是僧。

這覺知心和作主的心，與色陰十一個法和合運作時，就成其爲一個「僧」。不是談這一個人有沒有出家，而是說經由這色陰和七轉識和合運作時，就有受想以及行的現起，這一些法組合起來的人就稱之爲僧。而僧的所依就是佛，佛又是誰？對！就是如來藏，如來藏就是佛。那麼佛與僧和合運作時，就會有很多的法出現：善法、惡法、染法、無記法等。有無量無邊法，這就稱之爲法。所以一個人身上就有佛、有法、有僧。那麼，僧就是由色陰十一個法加上七轉識和合而成，菩薩看清楚了以後，就說：「原來我們這個『僧』就是這樣和合起來的。」就把這個和合給打破了，也就是看清楚：其實只有「佛」——眞如心如來藏，法與僧都來自於「佛」，於是把僧和合的事情打破了，這就是「破和合僧」。

那麼不論是二乘法中說的緣生緣滅、所以無我無人，這樣叫作「破和合僧」；或者大乘法中的現觀：有情一身之中具足佛法僧三寶，全都攝歸如來藏時就沒有三寶了，這樣也是「破和合僧」。那麼這樣「破和合僧」時，就不是事相上講的去破壞僧眾的和合，而是說破壞自己本身這個五蘊身的眾緣和合，看見了實際理地就是自性彌陀。淨土宗講的自性彌陀，也就是禪宗講的自心如來，都由自心如來而成就了這一個五蘊身的僧，這樣「破和合僧」時有大功德，因爲即使是二乘聖眾的「破和合僧」依舊是比不上的，因爲他們只看見了五蘊身心的和合所以和合之僧不存在，但他們沒有看見這和合之僧的緣生緣滅背後有諸法——背後有自心如來及無量法。所以佛在《楞伽經》中說，菩薩破和合僧非但無罪，尚且有大功德，因爲能夠自利利他了。

現在回到《佛藏經》這兩句來：「破和合故，名爲聖眾。」也就是說，你已經把和合的事情給打破了，再也沒有所謂的「僧眾」可說了，破了這樣的「和合僧」時，你就被稱之爲「聖眾」，所以這裡「聖眾」的涵意比較寬廣。換句話說，你證得如來藏而不退轉，能夠現觀僧是和合而有的，有這個眞見道的功德了，雖然還沒有開始進修相見道位的智慧，但你也可以名爲「聖眾」。這樣增上班的同修們應該瞭解，自己也算是「聖眾」之一。不單單說你在二乘法中已經算是「聖眾」了，在大乘法中也叫作「聖眾」，因爲你已經針對五蘊「破和合」了；只是在大乘法中因爲尚未通達、尚未入地，所以又名爲賢位的菩薩。

那麼我要請問了：「聖眾」的智慧所住的境界中有沒有聖眾或凡夫？沒

有！所以我要再加一句說：「無聖無凡，名爲聖眾。」可別聽我剛剛講了，然後就對人說：「我是聖眾之一。」那就表示他又落入凡夫的境界去了，根本就不是「聖眾」；因爲「聖眾」們自己心中無聖亦無凡，所以不可以宣稱說「我是聖眾」。如果宣稱說「我是聖眾」，去到哪裡都希望人家恭敬禮拜，那他就是凡夫，因爲他沒有轉依眞如，正是看見無生而無忍的凡夫。接著下一段：

經文：【「舍利弗！我餘經說『若人見法，是爲見我；如來非法，亦非非法』，何以故？調達愚人及諸外道，皆以色身見佛。舍利弗！如來不應以色身見，亦復不應以音聲見；舍利弗！若人以色身見佛，是去佛遠；所以者何？佛不名色，不名爲見，名爲見佛。舍利弗！若人能見諸法無相，無名無觸無憶無念無生無滅，無有戲論，不念一切法；不念涅槃、不以涅槃爲念，不貪涅槃；信解諸法皆是一相，所謂無相，舍利弗！是名眞見佛。謂一切法無求、無戲論、無生，於此事中亦不念、不分別，是名見佛。若有諸人於此法中無憶想分別，無取無捨無貪無違，無相、無相業，不貪言說，知法假名，皆無

所有；斷語言道，無有差別，亦無戲論，是名無生無相行者，於世界中名爲聖衆。】

語譯：如來又開示說：【「舍利弗！我在別的經中有說『如果有人看見了法，這就是看見我了；如來不是法，也非不是法』，爲何這麼說呢？那提婆達多愚人以及外道們，都是以看見色身而說是看見佛了。舍利弗！『如來』不應該以色身來見，同時也不應該以音聲來見；舍利弗！如果有人以色身而說他看見了佛，應該說那個人距離佛還很遙遠；爲何這麼說呢？佛不能稱之爲色法，也不可稱之爲能見，這樣才叫作看見了佛。舍利弗！如果有人能看見諸法無相，沒有名、沒有觸、沒有憶想、沒有想念、沒有出生也沒有消滅，沒有戲論，不會想念一切法；也不憶念於涅槃，心中都不以涅槃作爲他所想要的而念念不忘，他不貪著涅槃；他信受而且勝解諸法全部都只有一相，也就是所說的無相，舍利弗！這樣就是眞正的見佛。這是說，一切法都無所求、沒有戲論、沒有出生，在無求、無戲論、無生的這一件事情中也不憶念、不分別，這樣稱之爲見佛。如果有一些人於這個法中沒有憶想、沒有分別，無取無捨、無貪也無違背，那麼他是無相的，也沒有因爲相而造作的各種業，又不貪於言說，悉知諸法只是假名，全部都沒有所有；斷除了語言道，沒有差別，也沒有戲論，這樣稱之爲無生無相的修行人，在世界中就說這樣的人名爲聖眾。」】

講義：在這一段開示中，佛說了三種見佛。讀過這一段經文，諸位應該就想起《金剛經》所說了：「若以色見我，以音聲求我，是人行邪道，不能見如來。」你看，佛陀不管是在哪一部經中說的，四十九年前講的跟即將示現滅度時講的，完全是一貫的，不會前後自相矛盾。

就像以前佛教界有很多人找碴，想看蕭平實的書裡面有什麼自相矛盾處。他們的想法也不能說有錯，因爲如果想要選擇一位可以信受、值得隨學的老師，一定要先作檢查，那就得先找碴。他們的另一個想法也沒有錯：「只要你書寫多了，總會讓我找到毛病。你這一本書出版五年後、十年後，也許又寫另一本出來，但你忘了以前書中講什麼，十年後的說法就會產生前後矛盾的現象，我就找到把柄寫書或寫文章，一下子把你給破了。」他們的想法也算正確，因爲佛教界向來就是這樣；每一個大師都可以被找毛病，特別是釋印順（不是你們大陸深圳那位釋印順，是臺灣的釋印順；但兩個人都活了一百零幾歲，也差不多），（現場聽眾中有大陸來者回答…）喔？所以大陸那位釋印順還在，那就是我錯說了。懺悔！懺悔！

我們講的是臺灣的釋印順，那些追隨他的人始終找不到他書中有什麼毛病，因爲他們讀不懂釋印順在書中講什麼；但我們看起來，這一本跟那一本自相矛盾，而且同一本書前面講的跟後面講的也自相矛盾，還有同一頁前一段講的跟後一段講的又自相矛盾，甚至於同一段裡面前幾句講的跟後幾句講的又自相矛盾，而他們都沒智慧看出來。所以那一些人想：「**現在有了個正覺，出了一個蕭平實，出書速度飛快，我就來找找毛病，一定會給我找到把柄，就把他給破了。**」可是大部分人找了十五年，甚至有找碴將近二十年的人，最後信我；只是嘴上不好說，心裡面是信的。之所以找碴找不成，因爲我不賣茶（碴），所以他們找不成。想來想去沒辦法，把經論請出來比對後就想：「**原來我們以前誤會經論說的道理了，人家蕭平實說的沒錯。**」所以最後，表面上跟我不同路，實際上他心裡已經變成我的同路人了。

因此，當徒弟來找師父說：「**師父！拜託您！我跟隨您這麼久了，您也幫我開悟吧！**」師父說：「**要開悟，去正覺！**」現在變這個模樣了。爲什麼我這個記憶很不好的人，二十年前印出來的書跟現在出的書，整個思緒前後連貫都沒有矛盾？因爲這是實證的法，我們寫書或者講經說法時，是現觀這個實證的法而講出來的；而這個法是永遠不會變的，所以二十年前跟二十年後完全一樣，不會有任何的矛盾之處。如來正是這樣，因爲是現量所證，所以說法時都是現量觀察而依當時的觀察說了出來；這個現量所證的實相境界是放諸古今而不異，或者放諸四海而不變，永遠都是不變的才能夠說是實相。如果是要演變的、可以演變的，那就表示他所說的法錯了。

釋印順認爲 如來弘法到現在經過很長久時間的演變，所以變成他所說的那樣要不斷演變。但，既然是會演變的，顯然就不是究竟的，那他說的全部都是廢話了，因爲不是究竟。他在世時，我們正式寫書評論他十幾年，那個眼裡容不下一顆粉塵的釋印順；別說沙子，連粉塵都容不下的人，竟然對我那麼包容，連一句話來破斥我都不曾。所以那個人也是偏心，對我特別包容，對別人就一概評論不假辭色，所以說他不公正。我最公正，一概評論；可是後來我又想起來，我也有不太公正時，因爲我不評論現代禪，所以說起來也是不很公正。但我只是說，一個居士弘法很困難，因爲大家都在攻訐他：

學術界攻擊他，佛教界各山頭也都攻擊他。我想：「哎呀！我何苦落井下石呢！」所以你們看，我《邪見與佛法》書中一竹篙打翻一船人，就單單沒講李元松；那是故意的，但這是有特殊的背景。

我們要說的是，如來說法一以貫之，就這麼一個法，就是「無名相法」、「無分別法」，名爲眞如，或名如來藏、異熟識、阿賴耶識，佛地稱爲無垢識；禪宗祖師們說是本地風光、本來面目，或者父母未生前的本來面目；有無量無數的名稱都是說同一個法，就是第八識。如來這樣子說法，一以貫之，從人天善法，接下來聲聞道、緣覺道、菩薩道，乃至唯一佛乘，都只是講這一個法，叫作如來藏。這個如來藏妙法，這樣子從淺至深、從方便道講到究竟道，前後都不改變。所以，如來的法沒有什麼互相矛盾可說，永遠都不需要演變。只有不懂的人依文解義又無法了知，甚至連依文解義都作不到，誤會了，才說如來的法義有演變。比如誰呢？達賴。而陳履安是個糊塗人，開了一家出版社叫作眾生出版社（他沒資格叫作正智出版社，因爲沒有眞正的智慧，他的層次就是眾生的層次，所以命名還眞的名符其實——眾生出版社），爲達賴出了一本書。達賴在那本書裡面說：如來前後三轉法輪是前後矛盾的。所以我說：他們一竿子人全都是凡夫，都名為眾生。

可是我們看來，從阿含講的人天善法等次法，以及二乘聲聞、緣覺道，來到第二、第三轉法輪的佛菩提道，直到整個佛道次第的究竟道唯識方廣諸經，都沒有一絲一毫的矛盾之處，只是他們自己讀不懂。想來陳履安也無法依文解義，所以讀過達賴那樣亂寫的書以後，竟然敢為他出版，表示他認同達賴的說法。但問題來了，蕭平實說三轉法輪前後諸經一以貫之都沒有矛盾，他們現在也不敢反駁。那麼來到《佛藏經》，這已經是第三轉法輪的晚期了，如來說：「我餘經說『若人見法，是為見我；如來非法，亦非非法』，」這時的所說跟初轉法輪時度那五比丘——初轉十二行法輪時的所說，也沒有絲毫的矛盾牴觸，只有越說越深入、越說越廣大而沒有絲毫的矛盾。

那麼這個「餘經」，我今晚要列舉出來，比如《大寶積經》、《思益梵天所問經》、《大方等大集經》，就舉這幾部經來說就夠了，證明 如來所說前後一貫。但是先不談這一些經文，先來談「若人見法」這個「法」字。「法」在諸經中，定義有時是指這個、有時是指那個，但是絕無絲毫牴觸。「法」有時候是說一切法，一切法包括世出世間法、出世間法以及世間法；法包括染法、淨法、無記法；「法」有時說的是第八識如來藏，但是「法」有時又函蓋所有的法，名為「一切法」，但有時「一切法」是指眞如，是指第八識如來藏。

所以，你要是沒有實證，沒有智慧把「法」作一個正確定義的話，在這裡看來好像通了，換到另一段經文或另一部經時就不通了，只好再加上一個定義，這時「法」就有兩個定義了；可是這兩個定義來到另一段經文時又不通了，所以他們認為佛陀說法前後矛盾。但其實是他們自己不懂所產生的誤會，因為菩薩們讀了、聽了都沒有問題，認為都是一貫不變的勝妙法，就是以第八識如來藏來函蓋一切諸法，根本就沒有牴觸、沒有矛盾。所以，佛經眞的甚深難解。

我們講解的經典，你看這二、三百年來，有哪個善知識請出來講的？不說別的，單說《勝鬘經》、《維摩詰經》就好，誰請了出來講？沒有！都只是拿出來這裡取一段、那裡取一句作個科判，只是這樣。而且，那些科判都還是古人作的，他們拿來照本宣科。照本宣科這個名詞就這麼來的，因為古人把科判作好了，然後他們取了出來：這是什麼科，這是什麼目。這叫照本宣科，就變成一個成語了。

很多名詞其實都是從佛經來的，比如有時言情小說、章回小說，會寫到女主角，說她蓮步輕移、步步金蓮，有沒有？說她走路的儀態很好。可是後來金蓮變成什麼？變成小腳叫作金蓮。所以很多的語詞，其實都是從佛經來的。人家妙覺菩薩來來去去都是腳踩蓮花，所以叫作步步金蓮。那言情小說、章回小說裡面寫到某一個名妓；名妓的身分是什麼？妓女！竟然說妓女也跟人家菩薩一樣步步生蓮，眞的叫作不倫不類！她步下有蓮花嗎？沒呀！然而人家菩薩每一步，舉足下足都有蓮花。我問你們諸位，不論你們法師或是居士也好，當你證悟了，我要請問：是不是步步金蓮？是！果然步步金蓮，這時金蓮又是指涉什麼？指涉如來藏。

這就是說，經中說的「法」到底是指什麼，不容易了知，你得要實證了以後，然後觀察 世尊講到「法」這個字時，前面那幾句、那幾個字，後面那幾句、那幾個字到底是講什麼，就會知道，在這個地方講的「法」是說什麼，你就能夠明白。「法」很不容易理解，我們把它作一個歸類。「法」在了義經中，往往是說大家都有的第八識眞如，也就是念佛人講的自性彌陀，就是如來藏。但是，「法」有時說的是如來藏藉由意根、名色等所出生的諸法，那是輾轉所生的諸法，但有時「法」指涉的是名與色加上意根。所以，「法」在佛經中的定義，是有各種不同層面的；因此，不能夠作一個全然沒有廣泛包含的狹義解釋。所以，每一個「法」字前面那幾個字、後面那幾個字，以及前面那幾句和後面那幾句，到底在說什麼，你要綜合以觀，才能夠確定這裡的「法」指的是什麼。

我們今天要舉示其他經中的五段經文來簡略地說，也只能簡略地說，讓大家瞭解「法」到底怎麼說。因爲這五段經文，我如果要詳細講，諸位可能得要聽上三、四個月，但我們目的不是要解釋這一些經文，而是用來引證如來在這裡說的「若人見法，是爲見我」。首先第一段補充資料，《大寶積經》卷二：「彼若說言：『非非法而是如來。』應告之曰：『非法非非法應是如來。若非法非非法是如來者，則無表示，仁者！無可表示是如來耶？』迦葉！應當如是折伏愚人。我不見有世間人天能與如是如法說者而共對論。」這是摘自《大寶積經》所說，《大寶積經》其實是摘錄很多部經典中的經文合爲一部，如果沒有時間詳讀全部的經文，但你悟後希望瞭解《大藏經》中的大部分，可以單單閱讀一部《大寶積經》也行。

「如果有人說不是非法而是如來，那你應該這樣告訴他說：『非法也不是非法，才應該是如來。』」這到底有什麼不同？「非非法」意思是說有一個眞實法，不是那一些生滅不住的非眞實法。「非非法」是這麼說的，他認爲有一個「非非法」，那就是如來。但如果說「非非法」就是如來，問題又來了：那個不是非法的眞實法究竟是什麼？

這就好像禪宗裡，當禪師問弟子（因爲弟子自稱證悟了，禪師要問他）：「如何是如來？」或者說：「如何是佛？」而弟子當下回答「眞如」，禪師馬上就一棒打過去。爲什麼？因爲他落在名言裡面。可是如果哪天有誰來問我說：「如何是佛？」我答他「眞如」，那我到底該不該吃棒？不該！因爲我說眞如時，不落在名言之中，而是直示眞如給他，名言不是我要說的標的。早期就有同修悟後還弄不清楚這一點，我說：「改天有機會你再問我，我再跟你回答，你就懂了。」改天他又來問我，那時四下無人，我又同樣答他「眞如」，他就會了：「啊！原來如此。」所以，當他回說「眞如」時，已落名言。可是也許換了某乙哪天又來問我：「如何是佛？」我自顧自回寮房去，不理他了。他可不能抱怨說：「老師！爲什麼您對某甲這麼親切，對我這麼不親切？」他敢這麼想，小心我痛打他三頓棒，因爲我對他比對某甲親切。

所以不能夠說「**非非法而是如來**」，因爲你並沒有把如來的所在弄清楚。如來是色身嗎？不是！如來是覺知心嗎？不是！如來就是「**如來**」這兩個字嗎？也不是！如來是「**如來**」這個聲音嗎？也不是！所以不能說「**非非法而是如來**」，當你說句如來時，已經落在一切法中了。所以如來不可說、不可道、不可名言，因此還得要加上兩個字「**非法**」。如來不是法，你怎麼可以說如來是法？如來生一切法，而如來不是法，這樣的「法」才叫作如來。你可不要質疑說：「**您剛剛說如來不是法，爲什麼又說這樣的『法』叫作如來？**」因爲我這時說的這樣的「法」，指的是如來，不是指這個法。所以，如來這一個意涵，是包含非法，也包含非非法在內的，不能夠單說「**非非法而是如來**」。如果單說「**非非法而是如來**」，那就是謗法；因爲如來能生諸法，所生諸法固然非法，但那些非法也是如來的一部分，你不能夠說那一些非法不是如來。

所以，在《阿含經》中總是說：蘊處界虛妄，一切法虛妄。可來到第二轉法輪《般若經》時卻說：「一切法本來不生不滅。」這是什麼道理？依文解義時，一定說前後矛盾。然而如來所說沒有矛盾，菩薩聽了也很坦然；因為二乘經中，《阿含經》四大部的兩千多部經典，所說的法是指本際所出生的，也就是如來藏所出生的諸法；這一切諸法既然都有生，當然有滅，因為這些所生的一切諸法都是三界中的法，不離三界現象。這一些法既然不離三界現象，有生則必有滅，所以說諸法生滅不住。可是在《般若經》中，如來是把一切法含攝在如來藏中，一切法都歸如來藏所攝，一切法是如來藏所有，有時乾脆說一切法就是如來藏。所以，有時《般若經》中所說的一切法是指如來藏。

那麼如來藏含攝了一切法時，如來藏不生滅，一切法依如來藏而不斷生滅時，其實就沒有生滅。譬如一面明鏡，這一面明鏡永遠都有影像在上面不斷顯現；這明鏡在，影像就在；明來了，明鏡就顯現明；暗來了，明鏡就顯現暗；月黑風高，把電燈又關了，這時候明鏡顯現的是暗，它還是有顯現影像，這個影像叫作暗；那光明來時，它顯現了光明，光明中就有各種影像，所以有一句話講得很好：「萬象森羅許崢嶸。」每一個影像都可以各自存在，不會被磨滅。因為有情這樣來來去去，所以影像就跟著改變，但影像永遠都在明鏡中不曾消失。這譬喻什麼呢？譬喻如來藏這面明鏡，前世顯現出來的影像叫作張三，這一世顯現出來的影像叫作李四，換了個名字，臉龐身子也不一樣了。下一輩子又叫作王五，也許是美國人，也許是歐洲人，也許是外星人，總之他叫作王五。影像（有情）生生滅滅來來去去，但明鏡永遠都會有影像，那明鏡常住，你能說影像有生滅嗎？特別說你是菩薩，不入無餘涅槃。你們大陸來的同修們，昨天受戒，我也告誡你們不許入無餘涅槃，將來成就慧解脫了，得要繼續住在人間，否則你就犯戒了。記住了喔！

接著，你看這一面明鏡，今世這個菩薩叫作李四，前世叫作張三，未來世叫作王五，都在如來藏明鏡裡面，不會外於如來藏明鏡。我的所見是這樣，現在你們當然可以存疑，腦袋瓜裡面放一個斗大的問號，我接受。但未來當你們親證時，觀察了以後會發覺：「原來蕭老師說的對，我從來沒有離開過如來藏，整整一生都活在自己的如來藏裡面。」既然如此，你這個生滅的法不就屬於如來藏嗎？對吧？就好像有人製作工藝品，一個玻璃球裡面裝了水，再裝了一些亮亮的紙片或者亮粉，然後你把它動一動，它就不斷地在裡面動，對吧？也有人發明一個長的玻璃柱，裡面加熱而且有光照著，有些東西放在裡面，就這樣上上下下不斷地動；這時你看見會動的一定是生滅的，而玻璃柱不生滅，對不對？譬如你如果從這一段，擷取一段來看，上半部不看，下半部也不看，只看中間小小的一段，其他全部遮起來。這時你會說：「**哎呀！這些東西都生滅，這個上去了就過去了，那個又下來又過去了。**」你說有生滅，可是整個顯露出來都無遮障，全部看清楚了以後，你會說：「**不能說它們有生滅，因為它們就一直在裡面上上下下。**」這一些生滅的東西，其實都是在這一個工藝品裡面不斷地在運行。這個工藝品一直都在，你就不能說它們生滅，道理是相同的。

這道理，《楞嚴經》跟我們講得很白了，如來藏就像一家旅館與館主，張三來住了一晚，明天早上他離開了，換李四來住，第二天李四又離開了，換了王五來住；館主是常住，旅客來來去去，所以這如來藏館主才是常住的「主人」；在這如來藏旅館中住了又走、住了又走的人（五陰）都叫作旅客。所以，每一個五陰——包括我蕭平實在內——都是旅客，你們各人都是住在自己的如來藏旅館裡面，卻來問我說：我的旅館在哪裡？而我的責任就是幫你們把自己的旅館與館主找出來。找到館主時，你慘了，你有一天一定會想：「我將來八十歲、九十歲，就算給我活個一百五十歲，也得跟館主結帳。」該不該結帳？一定啊！沒有誰可以住旅館不用結帳的。

想到未來要結帳：「因爲我離開時，就表示我死了；我住在這裡，所以我在這旅館裡面怎麼樣過活、睡覺、作什麼都行，可是我一旦離開時，就要跟館主結帳了。結帳後，下一世的我又住進來時，到底館主會給我什麼房間？這是一定要計較的。」眞是不能不計較。下一世也許住到雞的房間、牛的房間；如果修十善業，下一世住欲界天的房間。但不管住哪個房間，都還是在旅館裡面，就是從這個房間移到那個房間去而已——如來藏會變化一個新的旅館給你住，移換房間時就是換個新的五蘊，就是結帳。

這表示什麼？這表示「非法」其實也是如來藏的一部分。當你說「非非法」時指涉的是如來藏，祂不是「非法」，但是你不能單單說如來藏心體自身是如來藏，否則你就等於把如來藏能生三界五陰的功能給砍掉了，那就是謗法；所以應該說「非法非非法」即是如來，不能單說「非非法而是如來」。所以如來接著開示說：「如果非法非非法是如來，那麼如來就沒有表示，」

這個如來指的正是你的如來藏阿賴耶識。每一個人不論行善造惡，或者一天到晚睡覺，或者一天到晚呆坐的無記性，但是這一些，如來對你都無意見，全都配合你。

「如來」會配合你，如來從來沒有意見。有意見就會有表示，也許告訴你說：「你坐這麼久了，該起來作事了。」「你還坐？別打坐了。」就會喚醒你，表示祂有意見而會表示意思。如果祂有表示、祂有意見，好不好？不好了，你倒楣了！也許祂每天只給你睡四個鐘頭，不讓你多睡，因爲祂可能認爲你睡覺沒有意義；如來有意見了，你就倒楣了。也許今天廚房上了菜，難得一見的色香味俱全，心裡面想多吃一口吧！我告訴你，如來就有意見：「不可以多吃一口！」你想吃也吃不到，祂就讓你吃不到。所以說，如來沒有意見，那才是眞實如來。如果所悟到的如來是會有意見的，祂就不是眞正的如來，那叫作仿冒品，你們內地叫作山寨版的如來。所以，應該把非法與非非法全部函蓋，才能說那是眞實的如來，這是另一個層面。

那麼 世尊又說：「仁者！無可表示是如來耶？」就是要這樣子反應對方。世尊並且交代說：「迦葉啊！就應當像這樣子來折伏那一些愚癡人，」

愚人不一定是凡夫，因為來到第三轉法輪經中有說「不共凡愚」，說如來藏這個妙法不共凡愚；這時凡夫是指沒有斷我見的人，愚可不一定是凡夫，他也許是凡夫，也許是初果、二果、三果、四果聖者，但他們不懂這個道理而稱為愚人，所以第八識妙法不共凡愚。如果遇到了二乘法中的聖人，可是他不懂這個道理，你就用這個方法來折伏他。

如來聖教是這麼教誨的，我只是奉行如來的教誨，所以十幾年來我常掛在嘴上說：「這個法，南洋那一些阿羅漢來到正覺，也沒有辦法開口的。」早年很多法師們氣我氣得要死，說我狂傲。他們自稱一悟就成佛了，我卻說悟了只是三賢位中的第七住位而已，竟然說我狂傲；他們一悟而且是錯悟就說成佛了，到底是誰狂傲，這還有得計較呢！那麼我說的是：阿羅漢來到正覺講堂，沒有開口的餘地。他們不服氣，不服氣又能怎麼辦？也無可奈何。且不說南洋沒有阿羅漢，縱使哪一天突然蹦出來一個眞的阿羅漢，來到正覺講堂，我一樣叫他開不了口；為什麼呢？這增上班的同修們都會的一招，當下問他：「你證得無餘涅槃了嗎？」「證得了。」「請問你入了無餘涅槃以後，裡面是什麼？」管叫他張口結舌，口掛壁上。他能答嗎？沒辦法！開得了口嗎？開不了口了！所以愚人是不懂般若的。我們奉行 如來的教誨，就應該像這一句講的：「應當如是折伏愚人。」

那麼像這樣的菩薩，如來讚歎說：「我不見有世間人天能與如是如法說者而共對論。」如來都這麼說了，我怎麼可以違背 如來所說？「也許天主來了，能夠跟這樣的菩薩對論吧？」我告訴你，不行！因爲天主來了，他連跟初果人對論都辦不到了，何況要跟阿羅漢所無法對論的菩薩論法？但這裡講的「如來」是指什麼呢？是函蓋了「非法」與「非非法」在內。換句話說，把世間生滅的諸法，以及如來自心—第八識自心的本身—函蓋進來、合而爲一，這樣才叫作眞實如來。

下一段，《大寶積經》卷二：「此法即是善丈夫法，謂於諸行爲無行想，難了知故。若有我見、眾生見、命見、數取趣見、有見，若依諸蘊起於戒見，若多聞見、佛見、法見、涅槃見，若有起於涅槃見者，如來悉知是爲邪見。何以故？佛於涅槃而無分別，亦無所得。若於涅槃起於分別及有所得，如來盡說名爲邪見。若邪見者則名無智，若無智者名爲損害，若損害者名曰愚夫，名愚夫者於大菩提則無樂欲。」

《大寶積經》這裡說：這個法就是「善丈夫法」，這時「法」指的是什麼？指的是善丈夫。世俗法中有時罵一個大男人，說他斤斤計較像個小家碧玉。有吧？有時會被人家這樣罵，因爲他不像個丈夫，像個世俗法中的女人喜歡計較。但這一個第八識妙法是善丈夫，其實世間最有氣魄的丈夫也比不上祂，因爲有時也會計較；但是這個善丈夫從來不計較，這才叫作「善丈夫」。只要你悟了，一定會替我印證這一點，說我講的沒錯。這一個法就叫作「善丈夫法」，你身爲菩薩，證得這個「善丈夫法」以後，該不該轉依？該啊！你得要轉依這個「善丈夫法」，轉依若沒有成功，就算你知道般若的密意是什麼，也不算開悟，因爲還是原來那個人：貪瞋癡慢疑，樣樣皆不離，怎能叫作菩薩？沒有轉依成功就不算開悟。轉依了以後就說你從此「於『諸行』爲無行想」，行都是不離五蘊十八界的事，那如來藏有落在行中嗎？從來都沒有。

講的可眞怪，如來藏一天到晚爲你忙個不停，卻說祂沒有行。祂眞的無行，能夠如實現觀了，你就說：「於諸行中，皆悉無行。」你指的就是如來藏這個「無名相法」，當你於諸行中都把祂當作無行，這樣認知時，你同時也會知道：凡夫和二乘聖人都很難了知這個道理。這時你聽到我說：「不管是什麼樣的阿羅漢，從慧解脫到三明六通大解脫，來到正覺講堂都開不了口。」你一定會認同，因為事實上是如此——太難了知了。難了知，是因為祂不是三界中法，祂是三界外法，可是卻在你身上——正在三界中運作不斷。如果要靠意識思惟去揣摩想像，永遠都不可能的。

所以有增上班的同修們，很多人讀到經裡面的開示，有一些經典讀完了以後都說：「唉呀！世尊都明講了，講得這麼白了，為什麼他們讀不懂？」我就往他腦袋上敲下去說：「世尊以前都明講了，你為什麼讀不懂；得要我幫忙，你才懂？」你看！正因為你悟了，才說 世尊明講；還沒有悟以前，你再怎麼讀也是不懂。想想臺灣那個釋印順，把經本翻到邊邊都起毛了，何嘗未曾讀過？可是他懂了嗎？依舊不懂。所以這個法難了知。

「如果有我見、眾生見、命見、數取趣見以及有見，這樣的人就是落在五蘊十八界中，所以會覺得有我、有眾生、有我的命、有三界六道的差別、有三界有的存在，這都是依蘊處界來建立的。」如果從實相法界，也就是從如來藏的境界來看時，什麼都不存在，因此他如果依諸蘊，也就是依五蘊來產生了「有五戒、優婆塞戒、比丘比丘尼戒，有式叉摩那戒，有沙彌戒，有菩薩戒」，如果他是這樣生起「戒見」，就同時會有「多聞見、佛見、法見、涅槃見」，因為他落入五蘊中了。

所以證悟的菩薩不依戒相而行，而是從戒的精神來看：該怎麼作，什麼不該作。這就是說，依於實相法界來看待戒法時，自然會有這樣的見解，就不受戒條所繫縛而又不會犯戒。有時你從表面看，他是犯戒，但他其實又沒犯戒，因此他就不會有「多聞見、佛見、法見、涅槃見」，因為這一些見都是五蘊的事，實際理地沒有一切見。如果有人心中起了「涅槃見」，說「我捨壽之後會入無餘涅槃」，佛說他那個就叫作邪見。

這種邪見，其實我十幾年前在桃園演講時就講過了。我那時都還沒有去讀什麼經論，就直接講給大家了。我當時說阿羅漢沒有入涅槃，接著就解釋：阿羅漢證得涅槃，他捨壽以後入涅槃是怎麼入呢？是把五蘊滅掉，五蘊滅掉以後說他入了涅槃，可是五蘊滅掉時阿羅漢不存在了，他沒有五蘊了，哪來的阿羅漢？又哪來的阿羅漢住在無餘涅槃裡面？所以我說阿羅漢沒有入涅槃，他們入涅槃是如來的方便說。當年佛教界沒有人聽過這樣的說法，大家讀了都罵我，說蕭平實是邪魔外道，可是他們要反駁又反駁不來。

然後過了十幾年，我發覺一千多年前，在天竺時我就寫過了——在論中早就寫過這個道理了。假使有人質疑說：「你有何根據？」我正好把過去世寫的拿出來：「來！根據在這裡。」給他看！所以你看，當菩薩多好，這一世講的他們不信，你就拿前輩子、上上輩子，或者一千、兩千年前寫的論來給他們看，他們就信了。他們信死去的菩薩，不信現在活著的菩薩，這就是末法時代的愚癡人。就是這樣啊！我當年只是依自己的現觀直接說明。為了那一場演講，我出發前半小時趕快寫個簡單的綱要，然後依著那個綱要一一去講，就是這樣啊！整理出來就是後來的《邪見與佛法》那本書。那時寄到大陸去，有位同修趕快複印兩千冊，全國大寺院都寄。那時大陸好多的——幾乎每一個——大師都罵，還有兩個大師號召信眾：「你們誰拿到這本書，集中過來，然後一起燒掉。」他們公開燒了法寶，其中一位大師很有名，在河北省，後來他死前有懺悔。好在懂得懺悔，不然來世保不住人身了。

這意思是說，誰認為有涅槃可證、有涅槃可入，那就是邪見。你看，佛在兩千五百多年前都說了，這是最好的印證。因為阿羅漢入了無餘涅槃，不過是把五蘊滅掉而已，滅掉以後還能有什麼叫作涅槃？沒有涅槃可說了。是菩薩現觀而說他把五蘊滅掉以後，剩下他自己的如來藏消失於三界中，無所趣至，因此叫作無餘涅槃。請問這時是誰證了涅槃？沒有人證！所以沒有涅槃可證才是正法，但不是凡夫所講的：「那就沒有涅槃可證，我們就不用修行了。」也不是這樣啊！

如來就解釋說：「爲什麼我說取於涅槃見的人叫作邪見呢？因爲佛對於涅槃是沒有分別，也沒有所得的。諸佛如來以及如來座下一切實證的菩薩，對於涅槃都是不分別的，」因爲涅槃就是如來藏，如來藏自己的境界就是無餘涅槃，這個無餘涅槃不是滅了五蘊以後才成就的。你五蘊在這裡廣作分別時，如來藏依舊不分別，祂依舊離見聞覺知，祂自住的境界中無一切法。阿羅漢滅了五蘊入無餘涅槃時，還是如來藏這個境界，所以不需要去分別涅槃。

請問我們所有增上班的同修們，你們有沒有一天到晚在想「我證得本來自性清淨涅槃」，有沒有？誰敢跟我說有，一棍把他打出講堂去，那表示他沒有實證本來自性清淨涅槃。當他現見涅槃只是如來藏自住的境界時，觀察到如來藏本來就在、永不壞滅，就不會說「我證涅槃」，因爲這個涅槃是本來就在，何需要你證？你證，祂也涅槃；你不證，祂依舊是涅槃，所以不能夠說「有證涅槃」。當你轉依如來藏時，你從如來藏的境界來看，有沒有涅槃？沒有涅槃。因為如來藏不了知一切法，祂也不反觀自己，所以也不知自己就是涅槃，哪有涅槃可以作分別？自然也就沒有涅槃可證可得了。

世尊又說：「若於涅槃起於分別及有所得，如來盡說名為邪見。」所以哪一個阿羅漢敢說他證得涅槃，如來都說他是邪見。除非一個狀況，阿羅漢們都不會說他們證得涅槃；你們把四大部阿含諸經兩千多部經典，全都找一找，看有沒有哪一個阿羅漢說他證得涅槃的？沒有！只有一個狀況，就是有人誹謗說他不是阿羅漢。這時阿羅漢起於悲心，怕那個誹謗者下墮地獄，所以才要告訴他說：「我有證涅槃，我是阿羅漢。」否則他不會自稱證涅槃，不會自稱阿羅漢；因為所謂阿羅漢，就是死時能把自己五蘊全部滅掉而不再去受生，來世都消失了，又哪來的阿羅漢？

所以，如果起涅槃的分別說：「我有證涅槃，凡夫沒有證涅槃。」那麼這個人就是邪見。世尊還特地說：「我如來說他那樣就是邪見。」也就是說，涅槃中是沒有分別的，是沒有所得的，如果去分別說有涅槃，有涅槃可以證得，那就是邪見，其他都不用再說了。「如果他是邪見，那就是沒有智慧的人。如果是沒有智慧，他自稱證涅槃、自稱有涅槃可得，他就有損害，」因為這一下去可不是一劫、兩劫就回來人間，「如果有損害，當然就是愚癡人。」聰明人不會傷害自己，愚癡人才會傷害自己；專門造作一些於自己有損害的事，卻以為對自己大大有利，那就是愚癡人。

「愚癡的人，如來說他於大菩提則無樂欲。」大菩提就是佛菩提，愚癡人一心想著：「我要離開三界，我不要住在三界中。」既不想要住在三界中，他就不會想要得大菩提；因為大菩提，得要一世又一世在三界中自度度他，特別是要在人間。這樣一來，他不會有這個大菩提的「樂欲」，他對大菩提沒有喜樂而不會想要實證。這樣的人一心想著：「我要入無餘涅槃，我要住在無餘涅槃中。」結果他住在哪裡？住在三界中？對！說「住在涅槃中」也對，因為他本來就住在如來藏中，而如來藏是涅槃，他不就住在無餘涅槃中嗎？是不是？你看！你們認為錯的，我都說是對，總是能轉圜（讀作圓）。是啊！但這是菩薩說對，他不可以說對；他只能夠說「住在三界中」，而他自以為住在涅槃中。

所以末法時代的大師們都說：「我證得第四果，我證涅槃了，因爲我每天都可以一念不生，一念不生就是涅槃。」可是一念不生時，那只是人間的境界，何曾是涅槃？可是我卻說：「唉呀！你眞笨！你本來就住涅槃中了，何必要另外再去住涅槃。」管叫他丈二金剛摸不著頭腦。他要是來質疑，我告訴他：「等你哪一天悟了，自己就知道了。」確實如此，因爲哪一天他悟了，依舊不知道；等我再幫他指點，他就會知道了，沒有指點時還眞不知道。這就是說，這種人是愚夫，他們對大菩提，也就是對佛菩提是不會覺得喜樂、不會愛樂。這裡講的「此法即是善丈夫法」，這「法」指的是什麼？就是善丈夫如來藏。

再換下一段，一樣是《大寶積經》，但這是卷一百一十五，文殊菩薩說的。《大寶積經》卷一一五：「世尊！如是修般若波羅蜜，則不捨凡夫法亦不取賢聖法。何以故？般若波羅蜜不見有法可取可捨。如是修般若波羅蜜，亦不見涅槃可樂、生死可厭。何以故？不見生死，況復厭離？不見涅槃，何況樂著？如是修般若波羅蜜，不見垢惱可捨，亦不見功德可取，於一切法，心無增減。」

文殊菩薩說：「像這樣來修智慧到彼岸，就不捨凡夫法，也不取賢聖法。」兩邊都不取，爲什麼不捨也不取呢？因爲你捨凡夫法時，就不能取賢聖法了。你如果取了賢聖法，就住在無餘涅槃裡面，就必須要捨離凡夫法，那就不是中道，有取有捨了。但是眞正的法是無取無捨的，否則無以成佛，連菩薩都當不了，怎麼說呢？你如果捨了凡夫法，連賢聖法都不會存在。凡夫法是什麼呢？五陰啊！這五陰就是凡夫法，把五陰給捨了以後，你不存在了，還能取賢聖法嗎？不能取了！可是當你取了賢聖法，就表示你落在五陰裡面，才會說「我如今成賢成聖」。但是這樣的取與捨其實全部都是五陰中事，當你有一天證得如來藏了，從如來藏的境界來看，既無凡夫法也無賢聖法；所以你轉依如來藏時，不捨凡夫法亦不取賢聖法；因爲你凡夫法不需要捨，把凡夫法捨了，你就沒有賢聖法可見。但你見了賢聖法時，又不必捨離凡夫法，因爲賢聖法就是這個「非法非非法」的「善丈夫法」，是在你五陰凡夫法存在時就有了，所以你不捨凡夫法也不必取賢聖法，因爲賢聖法本來就在你身中，不需要取。是在你之外的才需要把它取了來，對不對？既然本來在你家裡面，你就不必從外面去取進來。

爲什麼這樣呢？文殊菩薩開示說：「**智慧到彼岸的境界中，不會看見有哪一個法可以取可以捨。**」智慧到彼岸就是你依於證得如來藏的智慧而住在沒有生死的彼岸。這並不是說你離開了這個有生死的此岸而去到沒有生死的彼岸，而是說你有了智慧時就會發覺：現在正在生死此岸當中就已經沒有生死了。爲什麼呢？因爲一切生死都在無生死的彼岸中。如果是一個凡夫聽到我這樣講，一定覺得很矛盾，心想：「**正因爲有生死苦，我才需要去到無生死的彼岸，怎麼你告訴我說『我現在正在生死中就沒有生死』？明明我在生死中，無生死的彼岸到底在哪裡，我看來看去都看不見。**」

蘇東坡有一首詩：「**廬山煙雨浙江潮，未到千般恨不消；及至到來無一事，廬山煙雨浙江潮。**」結果依舊只是廬山煙雨浙江潮。事實眞的是這樣，形容得恰到好處。正因爲你身處於廬山煙雨中，所以你看不見廬山煙雨。當你駕船時看見那浙江潮依稀彷彿，等到它靠近時逃命都來不及了，還有空閒看浙江潮？只有在岸上的人能看見浙江潮，在江中的人看不見浙江潮的，根本無法欣賞，只想著逃命。正是如此，你住在如來藏裡面，才看不見如來藏。好比站在遠處的人來看：「**廬山煙雨好美，眞的好美喔！**」眞要讓你住進去，你懷疑說：「哪個地方美？到處泥濘。」又不覺得美了。所以還沒有悟以前想：「禪！好棒！真有意境。」悟了以後說：「什麼叫禪？一點意境也沒有。」還沒有悟時想：「如來藏不得了，那是好棒的東西。」悟了以後說：「啊？這樣子喔！一文不值！」真的一文不值，不信，你悟了如來藏以後去賣賣看，能不能賣到一文錢？連一文錢你都賣不到。所以才說，當你證得無生死彼岸時就會發覺：無生死的彼岸之中有無量的生死，這無量的生死歸於無生死的如來藏，就不叫生死了，因為都無生死可言。這時你證得賢聖法，發覺凡夫法正在賢聖法之中，那你還需要去捨掉凡夫法嗎？還需要去取賢聖法嗎？都用不著了，所以說「不捨凡夫法，亦不取賢聖法」。這其中的道理是說，智慧到無生死的彼岸，智慧到解脫的彼岸，在那個彼岸之中，你不可能看見有任何一個法可取可捨。

當你轉依如來藏來看時，如來藏從來不取一法、不捨一法。如來藏如果會取會捨，你就會變成一個殘障人士；但祂永遠不捨一法，祂也不取任何一法，所以祂就不會有意思表示，全部都隨你。像這樣來修般若波羅蜜，也就是依這樣的智慧境界來修學智慧到達無生死的彼岸，這樣的人「亦不見涅槃可樂、生死可厭」，因爲這裡面連生死都看不見，怎麼還需要去厭離生死？「這個境界中也不會看見涅槃，何況會去樂著於涅槃？像這樣子來修學智慧到無生死彼岸的人，不會看見有汙垢煩惱可以捨棄，也不會看見有任何一絲功德可以攝取；既然如此，於一切法，心中就完全沒有增減。」意思是說，這樣的菩薩，心中於一切法不需要取也不需要捨。這裡說的菩薩「不見有法可取可捨」，這「法」是指什麼？就是指善丈夫法如來藏所含攝的一切諸法，這樣子「法」有兩個定義了。

再下一段，《思益梵天所問經》卷一：「世尊！若有決定見涅槃者，是人不度生死。所以者何？涅槃名爲除滅諸相，遠離一切動念戲論。世尊！是諸比丘於佛正法出家，而今隨（大正藏中「隨」植爲「墮」，與「宋、元、明、宮」本不符）於外道邪見，見涅槃決定相，譬如從麻出油、從酪出酥。世尊！若人於諸法滅相中求涅槃者，我說是輩皆爲增上慢人。」讀過這一段經文，諸位同修有沒有聯想到哪一個增上慢人？（有人答話，聽不清楚）大聲一點啊！對呀！你們都知道，他說「滅相不滅就是眞如」，而他自稱成佛了，所以他的傳記叫作《看見佛陀在人間》。但我告訴你們：沒有這種下三濫的佛！謗佛謗法以後還可以宣稱成佛，我要罵他是下三濫。他要有膽識，從墳墓裡爬出來罵我吧！但我告訴你們：墳墓裡早沒有他了！他到哪裡去，諸位用膝蓋想就知道了。

如果有人說他眞正看見了涅槃，這個人是一定不度生死的。你們證得如來藏以後有沒有看見涅槃？看見了，因爲涅槃就是如來藏，無有生死、不生不滅；但你的五蘊始終是有生有滅的，始終是去不了無生無死的解脫彼岸。那請問：你還要不要度過生死此岸去到無生無死的彼岸？不需要了！這也就是我爲什麼要求你們說：你們證悟以後不許取涅槃，否則，我若知道你要取涅槃的話，趕到你家去把你腳後跟給剁了！因爲你根本不需要去無生死的彼岸，現前已經看見當下的生死中，就已經住在無生死的彼岸中了，那又何必要度生死？不度生死就已經度生死了，就這樣去度諸眾生同樣度生死。當眾生被你們度了生死以後卻說：「師父！我被您騙了，我度了生死以後根本就沒有度生死。」你們就說：「恭喜你！終於度生死了。」那外人聽了、凡夫聽了，丈二金剛摸不著頭腦說：「這一對師徒精神錯亂了吧？」可是得要這樣才是眞正的菩薩。沒辦法全部講完，今天只能講到這裡。

今天早上操作洗衣機時聽見燕子在叫，我想：「我眞的老到幻聽這麼嚴重了嗎？今天是冬至，怎麼會有燕子叫？」等衣服晾好了，到前院在修理烤箱時又聽見燕子叫，抬頭一看，果然，兩隻飛燕！不曉得牠們姓不姓趙？這眞的是燕子，短尾燕，不是剪刀燕。但今天是冬至，好奇怪呀！這燕子自己弄亂了？或者時節亂了？我也不知道！不過對我們來講，每天都是春天；因爲講個春天都還多餘，根本就沒有春夏秋冬，對吧？對啊！講個春天已經是意識心——落在識陰裡面了。將來整理時，這一段還整理進去，未來的人也許從我們留下的這一些字句，考證到說：「幾千年前，那時天氣就是這樣古怪。」

回到《佛藏經》，我們上週談到第十八頁第二段的第一行：「若人見法，是爲見我；如來非法，亦非非法。」爲了讓大家如實理解「法」的定義，在不同的背景下，意思是不一樣的，所以我們舉出了補充資料來講。上週補充資料是講到《思益梵天所問經》卷一，已經說了：「如果有決定見涅槃的人，這個人不度生死。」講到這裡時間就到了，我們今晚要繼續說明。

涅槃在佛法中一向是個很重要的命題，因爲修學佛法，在實證層面就是要證涅槃。涅槃有四種：佛地的無住處涅槃；二乘聖者所證的有餘、無餘涅槃，菩薩也得要證，但菩薩還有證另一個涅槃是不共二乘的，簡稱爲本來性淨涅槃。既有涅槃可證，是否就等於有涅槃可見？不等於！這才是正覺的弟子！一聽馬上就知道：不等於有涅槃可見。因爲假使有涅槃可見，那個人一定不度生死。但是，爲什麼有涅槃可見的人，當他這樣主張時，佛菩薩們就一定會說他不度生死呢？這裡面就有文章了！咱們學佛，不應該不懂這個道理，如果號稱成佛了，而對這個道理仍然不懂，就表示他犯了大妄語業。今天有幸來講這一段經文，我們現見他們犯了大妄語業，來世不會在人間，我們把這事實講出來後，也得救他們，否則就變成無慈、無悲。無悲憫心，那還能稱爲菩薩嗎？所以，我們得要把這一段經文中的前四句講清楚。如果不能說得明白，那算什麼開悟？豈不是跟凡夫見解一樣了嗎？

先來談談「見涅槃」到底爲什麼錯了？在我們弘法之前，海峽兩岸佛教界同有一說：「自己證得阿羅漢果——開悟禪法了，死後是要入涅槃的。」他們對涅槃的說法是：「將來死後，我就繼續一念不生，那時開始就不在三界中出生，永遠一念不生就是無餘涅槃，就是出三界生死了。」他們都是這樣講的，所以他們認爲還活在人間這個當下，就已經看見涅槃了，就認爲涅槃是可見的。那麼這樣看起來，也好像符合菩薩所證的本來自性清淨涅槃；因爲菩薩說：「無餘涅槃中的境界，我如今已經看見了。」可是菩薩卻不說阿羅漢們有涅槃可見。

一般人當然更不如那些出家弘法的大法師，於是十個道友有九點九個人相信。那十個人裡面只有一個人信了九分、懷疑一分，因爲他特別聰明，心想：「那這樣的話，我們這個心就是眞實心。如果一念不生就是涅槃，佛世那一些外道證得四禪八定的人多的是，爲什麼如來說他們依舊是外道不離生死？」才剛這麼想，再轉念一想：「人家是大師，我不應該懷疑，我得相信才對。」所以，他信了九分，那一分懷疑就永遠埋在心底深處，眞的叫作深深處，因爲再也不起一念懷疑。

直到正覺出來弘法，說涅槃的境界不可見，連阿羅漢都沒有證得涅槃，只有菩薩才證；所以大家無法信受：「爲什麼你正覺講的跟人家都不一樣？」就這樣質疑。質疑到後來，可眞受不了，我說：「繼續這樣質疑下去，正法命脈不就葬送在他們手裡了嗎？」是可忍，孰不可忍，所以我乾脆出來講：

「他們都錯了！」因爲我不這樣講的話，他們還堅持說，大家都那樣講才對，只有我一個人這樣講是錯的，正法命脈還能延續嗎？那我就得要說他們都錯了。於是，他們不就罵開了嗎：「大家都錯了，只有你一個人對，豈有此理！」

偏偏我說的就是「有此理」啊！總不可能大家都成佛了，只有一個人還當凡夫吧？佛永遠只有一尊佛，一個三千大千世界中，不會有兩尊佛的，何況大家都是佛。所以大家都錯了，只有 如來對，這才是正理！那我們說：「阿羅漢沒有證涅槃，佛說阿羅漢證涅槃是方便說。」所以《邪見與佛法》書中我說，阿羅漢入無餘涅槃時，是把五蘊滅除，那時五蘊、六入、十二處、十八界一切法相皆滅，這樣叫作入涅槃；那阿羅漢不在了，他們哪能證涅槃？所以阿羅漢沒有證無餘涅槃。至今，沒有人敢推翻，因爲沒有人能有智慧來推翻我這個說法，可是當時他們氣得不得了。

我說的這個道理，接下來的這句經文可以爲我印證：「所以者何？涅槃名爲除滅諸相，遠離一切動念戲論。」五蘊、六入、十二處、十八界全部滅盡了，無一法存在時才叫作無餘涅槃。這樣的無餘涅槃，誰能見？所以《阿含經》裡面記載，阿羅漢死後 如來都會作授記。有一次，一位阿羅漢捨壽了，結果大家覺得奇怪：那阿羅漢身邊就是一團黑氣繞來繞去，不肯離開。大家心想：「是不是這位阿羅漢的證量有問題？搞不好他不是眞的阿羅漢。」於是大家去請示 如來。如來解釋說：「你們不用懷疑，那是因爲天魔波旬想要尋找這阿羅漢死後到哪裡去了，所以在他的身邊一直圍繞著，要看他什麼時候離開，想要確定他死後去哪裡。」有的比丘就問：「世尊！這位阿羅漢死後去了哪裡？」如來就說：「他不去東西南北，不去上下，無所至趣。」就是意趣難解那個「趣」，趣向的「趣」，說他「無所至趣」，因爲他是五蘊、六入、十二處、十八界全部消失了，如果他還可以一念不生就表示還有意識，那意根當然也存在，那就一定還有陰界入相，不是無相，那就有一個去處，天魔波旬就會找到他；一切欲界凡夫眾生，只要意識還在就可以找到。但阿羅漢的五蘊十八界都滅盡了，全然無相，所以天魔找不到，但是因爲不信邪，就在他身邊一直繞著不肯走，要等著看他死後到哪裡去。最後當然找不到，因爲他就這樣消失了；如來藏無形無色，天魔當然找不到。

所以，入無餘涅槃是「除滅諸相」；「除滅諸相」時當然不可能還有意識一念不生的境界相存在。假使還有一念不生的境界相，表示還有意識與意根，那意識與意根存在時是三界中的境界，怎麼能夠說他出三界、證涅槃？所以在涅槃中無一法可得，因此下一句就說：「遠離一切動念戲論。」一念不生之中，是不是有個清淨念？就是有一個清淨念一直維持下去。何況末法時代的現代，那些大師們都還無法一念不生，結果個個自稱涅槃，然後教導徒眾說：「我們要活在當下，當下就是涅槃。」問題來了，涅槃是如來藏自住的境界，祂是超越時空的，沒有現在、過去、未來。既然沒有前後三際，住於什麼當下？哪來的當下可住？竟然叫人家要把握當下、活在當下。

既然要活在當下、把握當下，那就表示他有動念、有戲論，表示他的意識、意根一定存在，就不是涅槃了。眞正的涅槃境界中是不可以有見的，所以如果有人決定說他「看見了涅槃」，這個人一定沒有斷我見，還住在生死中，所以如來說：「是人不度生死。」那就表示說涅槃中是不可以有見的。所以，假使有愚癡人誹謗阿羅漢說：「你不是阿羅漢，假使你眞的證阿羅漢果了，你把涅槃境界拿來我看看。」阿羅漢也無可奈何，因爲涅槃是滅掉自己的全部以後無一法可得了，那時才叫作涅槃。五蘊十八界全部滅盡時，要拿什麼出來給人看？再怎麼拿全都是有，不可能是滅。可是，那個質問的人假使倒楣，遇到咱蕭平實正在現場，是他活該，因爲阿羅漢的境界豈是他所能知的？竟然敢來毀謗阿羅漢，我可得要打抱不平了。

再怎麼說，阿羅漢雖然不懂菩薩的證境，可也是個聖人，哪能由得他這個凡夫在那邊造次？所以，我就說：「你問我，我可以把涅槃拿給你看；可是有個註腳，你如果看不見，別怪我！」他當然要問：「好！你證得涅槃，拿來我看看。」我就給他一巴掌：「見了沒？」「你爲什麼打我？」「我是問你看見了沒，你卻問我爲什麼打你！」菩薩就是這樣，因爲菩薩看見的涅槃是「見無所見」。菩薩看見了如來藏的境界就是無餘涅槃，這個無餘涅槃不是修來的，是本來就存在的，而這個涅槃境界是現前就存在，那就是如來藏的境界，所以菩薩能看見涅槃。可是當你問菩薩說：「到底見個什麼？」菩薩卻回答你：「無所見。」

涅槃又不是有形有色的東西，你怎麼見？如來藏也不是有形有色的，你怎麼見？可是你看見如來藏時就看見涅槃，所以菩薩所見是如來藏的境界，而如來藏對於自己就是涅槃的事情，祂自己也看不見；祂不但看不見，祂連知都不知；既然不知不見，又如何能說涅槃可見？好了！這麼一來，那到底涅槃是可見還是不可見？所以說個見也錯了，說個不見也錯了，那就說亦見亦不見。這時可得小心，頭上要挨棒！也許突然間旁邊來個聰明人說：「**非見非不見**。」他可就答對了。

那麼，前面這兩句話：「**若有決定見涅槃者，是人不度生死。**」這兩句也可以拿來用在菩薩身上，怪不怪？菩薩轉依了如來藏以後，依如來藏的境界能不能看見涅槃？不能。可是，如來藏是誰之所證？五蘊。是菩薩的五蘊所證。既是菩薩的五蘊所證，所以他就看見涅槃了，因此那個凡夫來問，我就給他一巴掌：「**看見了沒？**」表示咱家有看見。雖然我有看見涅槃，我還是不度生死。度生死是有一個五蘊去到另一邊，才叫作度生死，我在此邊——我這個五蘊還在人間這一邊，既然在生死這一邊，又怎麼度生死？但我的如來藏也沒辦法度生死，因爲我的如來藏本來就沒有生死，要祂怎麼度？結果菩薩決定見涅槃，卻又不見涅槃，結果不度生死，於是只好乖乖地三大阿僧祇劫在生死中混，混到成佛。

這樣講通不通？通啊！來了個八地、九地菩薩，他也不能推翻我，因爲這是現量，證眞如者的現量就是如此。他只可以說：「**你講得還不夠勝妙**，

我再來幫你講。」把我講的補充了更多，他可以發揮得更勝妙，但道理還是一樣，就證明我說的正確。你看，佛法眞怪！所以你只要悟了以後，怎麼說都通；但只要悟錯了，怎麼說都錯，這就是眞正的佛法。有這樣的法，當然咱們正覺的同修們，大家都要得這樣的法，爲什麼要去南洋得那個二乘小法？二乘小法在咱們這個大乘法裡面俯拾可得，你到處都可以得到。那麼這樣涅槃就很清楚了：「**除滅諸相。**」所以無餘涅槃之中，無一法可得，這樣才符合這句聖教：「**遠離一切動念戲論。**」譬如我剛剛講了這麼多與涅槃有關的法，其實這都叫作「動念」。從涅槃的實際理地來看，這也叫作「戲論」，因爲講了這麼多的涅槃法，這都是五蘊中的境界，而涅槃境界中無一法可得。

接著，菩薩又向世尊報告說：「**世尊！是諸比丘於佛正法出家，而今隨於外道邪見，見涅槃決定相，譬如從麻出油、從酪出酥。世尊！若人於諸法滅相中求涅槃者，我說是輩皆爲增上慢人。**」菩薩罵不罵人？罵啦！以前他們都說我罵人，可是我所有的書中，以及上課時也沒有罵過一句話，我都只是說法辨正而已。但他們都說我是罵人，因爲我有時會說他們是增上慢。那這樣子算是我罵人吧，菩薩這樣講當然也可以說是罵人。既然菩薩摩訶薩這樣罵，我也這樣罵，看來他們是該罵的。所以，既然後末世在佛法中出家，就不應該「隨於外道邪見」，不應該像外道那五種現見涅槃一樣說涅槃是可見的。

末法時代的大師們都認爲涅槃有一個決定相，叫作一念不生，叫作離念靈知，那其實就是外道！涅槃，得要經由五蘊、六入、十二處、十八界這一些萬法去熏習修學，然後斷除無明才能夠證得。怎麼可能在欲界中，以欲界中的一念不生就說是涅槃？一念不生只是欲界的人間境界，就好像生乳一樣，經由這個生乳再作加工以後才會成爲熟乳；熟乳再加工，由於發酵過後才能成爲乳酪，這個乳酪再去加工才變成生酥，生酥再加工以後才能變成熟酥，熟酥還得要再加工才能變成醍醐。要得麻油，先得要種了麻，生長了、開花了、結實了，然後把那些麻籽採下來，再做加熱的功夫，然後才能壓榨成爲麻油，也得有過程。

可是末法時代的大師們個個都在世間法用心，就說他們證得阿羅漢果了。這就好像說，拿到一粒黑麻或者白麻，都還沒有播種收成，那種子都還沒有發芽，就說他有一大桶麻油了；就像有人才剛剛把生乳發酵變成乳酪，就說他已經有醍醐了，這就是末法時代。所以末法與像法的差別在哪裡？像法時代的大師說法，雖然沒有實證，但說出來的大致都對，只是還沒有實證罷了。那末法時代的大師，說出來的法都錯了，還要跟善知識諍論，這就是末法，因爲他們說出來的法跟 如來講的已經相反了。但像法時代大師們所說的法，大致上都跟 如來說的一樣，差異只是沒有實證罷了。

現在這一些大師們，才剛剛從牧場拿回來一桶生乳，加工一下，明天發酵一點點以後成爲熟乳。不應該說他有生酥，那都還早，乳酪也談不上，頂多像優酪乳那樣叫作發酵乳，竟然自稱已經有醍醐了，這眞是荒唐！這涅槃，是應該修行才能證得；雖然證得以後，從菩薩的智慧看來，涅槃不是修來的，可也不是不修就能證；因此「從麻出油，從酪出酥」，都要有所本。所以菩薩就說：「假使有人在諸法的滅相中求涅槃的話，我說這樣的人——這一類人——都是增上慢人。」諸位這時有聯想到哪一位現代的大師？正是釋印順。可是他很矛盾，他說涅槃就是一切都滅了，又怕一切都滅了以後變成斷滅空，於是趕緊又來建立一個細意識常住不滅，重新落入常見外道法中。

涅槃竟然是斷滅空！聽說他把經典都翻到快爛了，那阿含部 如來的聖教早就講過：阿羅漢所證的涅槃「常住不變」。都說是常住的，怎麼會是斷滅空呢？所以當他把涅槃定義為斷滅空時，那就是斷見外道了。然後起念一想，落入斷見去了，趕快又回頭來建立一個細意識，說細意識常住不滅，於是又落入識陰中，同時成為常見外道。然後又說：意根、阿賴耶識都是從意識細分出來的。那麼請問：從意識中細分出來一個意根，應該叫作細意識吧？不然就要把阿賴耶識叫作細意識才對；這兩個細意識，一定有一個比較細，對吧？所以是應該有兩個細意識並存。或者一個叫作細意識，一個叫作極細意識。

達賴比印順聰明，就懂得建立一個極細意識。印順就是比達賴笨，所以他一生在臺灣施展不開。你看達賴在全球，他那隻袖子又不長，而且老實講他也沒有長袖，可是他很善舞，兩手空空沒有長袖卻很善舞，在國際上要得開。印順就是死腦筋，那細意識既然是從意識分出來的，依舊是意識，當然一樣是意識，一定不外於一個鐵律，就是意根觸法塵而出生了意識。他永遠無法逃脫 如來這個金箍咒，給他當上了孫悟空，也逃不出 如來的手掌。何況，他連沙悟淨、豬八戒都還當不上。唉呀！罵人了！（大眾笑⋯）對吧？

所以，他那個人眞是「增上慢人」，因爲他是從諸法滅相中想要求涅槃。因此他怎麼解釋眞如？他認爲：滅相不滅即是緣起性空，即是中道、眞如。是說蘊處界全部滅了以後無可再滅了，無可再滅的這個滅相就是常住的，說這個滅相就是緣起性空，顯然他是斷見外道的曾孫子了。人家斷見外道還灑脫一點，滅了就滅了，沒就沒了，還要建立一個什麼眞如？比他灑脫多了。就是怕人家罵他是個斷見外道，所以又來建立一個「緣起性空非常非滅說爲眞如」。全部都滅掉了、空掉了，這時眞在哪裡？又如在哪裡？所以我說他的腦筋是有問題的，他眞的是死腦筋，所以他遠不如達賴。

因此，依照這一句聖教：「若人於諸法滅相中求涅槃者，我說是輩皆爲增上慢人。」既然是增上慢人，他死前把自己的傳記取個名字叫作《看見佛陀在人間》，也就不足爲奇了。那麼從這一段聖教來看，無餘涅槃的境界其實就是諸法滅盡，諸法滅盡之後則是不可見的，這是二乘聖者之所證。但是從菩薩來看，菩薩雖然看見了涅槃卻說「見無所見」，因爲菩薩轉依的是如來藏，如來藏自住的境界就是無餘涅槃；可是如來藏卻不反觀自己，所以不知不見自己的無餘涅槃境界。菩薩如是轉依，當然也就無涅槃可見了。

可是怕眾生誤會，得要為眾生說明涅槃是可證的，是可見的，否則眾生誤會了說：「既然沒有涅槃可證可見，那我學佛幹嘛呀？」他不學了，因為他誤會了。所以菩薩還得要先告訴他：「眞的可以證有餘、無餘涅槃，眞的可以出三界。」於是眾生願意修學，等到次第修學到後來成為阿羅漢以後，哪一天抽個空來見菩薩，跟菩薩說一句：「我如今證得阿羅漢果了，原來是被你騙了。」那菩薩問他：「你被我騙得高興不高興呢？」他說：「不高興，因為我入無餘涅槃時都不存在了，還能有什麼我可以高興的？」對吧？對啊！那菩薩說：「你沒有高興可言，才眞值得高興。」這阿羅漢當下只好至心誠意頂禮菩薩三拜。

所以，「涅槃不可見」，那是二乘聖者的境界。菩薩則是「非可見非不可見」，這才是佛法。但是，這樣看來，前面講的「非法非非法應是如來」，有時又說「法」：「若見法，即見如來。」在這一段經文中又說：「若人於諸法滅相中求涅槃者，我說是輩皆為增上慢人。」那到底「法」是指什麼？所以，在經文中「法」這一個字，你要看它前後的字句來判斷，因為有時「法」講的是二乘菩提的境界，有時「法」講的是大乘菩提的境界，所以不能夠單單從「法」一個字就說「法」一定是什麼，也就是「法無定法」的道理。

接下來，我們再來看下面的經文，有時所說的「法」不是像上面講的，而是說如來藏所生的一切法等，有時「法」講的就是法身如來——第八識心。《大方等大集經》卷十七：【虛空藏答言：「離斷常者，善男子！若有見法生及著法者，則是斷常見，所以然者，由有生故則有滅，有生滅故則有斷常之見。若不見有法從自性、他性生者，則見因緣，若見因緣則見法，若見法者則見如來，若見如來者則見如，若見如者則不滯於斷，亦不執於常。若不常不斷者，即無生無滅。」】

末法時代沒有哪個大師敢請出這樣的經文來講解的，所以我們講的經典不怕人家跟；不論誰要跟，我都歡迎。所以不論我講什麼經，人家就開始講什麼經，可是他們講完了，我總是第一品都還沒講完；他們整部都講完了，我在第一品中才講完那麼一點點。《佛藏經》今天時間到了時，剛好一百講，我才講到十八頁，而且前面沒有什麼補充資料，偶爾補充時也都是短短的，不像這裡講「法」時補充了這麼多。

所以，「法」該怎麼定義？這法，有時在《阿含經》也有講，我記得是這麼講的：「不問汝知不知涅槃，且自先知法住。」就是一個外道須深來盜法，佛度他成為初果人，然後他向佛懺悔。當然，後來他也成為阿羅漢。因為須深不知法，當然不可能懂得解脫，所以佛說「不問汝知不知」，然後為他演說了見法即見涅槃的道理，大意是如此。這時法跟涅槃又連結在一起了。（編案：佛告須深：「不問汝知不知，且自先知法住，後知涅槃。」《雜阿含經》卷十四。）

那麼，見到法就見涅槃，這時候法指的是什麼？（大眾答：如來藏。）諸位都瞭解了，所以菩薩看見了法就是看見了如來藏，也就是《佛藏經》講的「無名相法、無分別法」，這時現觀之下，把五蘊十八界都放到一邊，單單如來藏本身存在，就是無餘涅槃。對於一個二乘聖者來講，他不需要知道無餘涅槃裡面是什麼，所以如來說「不問汝知不知」，我不問你知不知道涅槃，我要告訴你的是：只要看見了法，你就看見涅槃。然而所看見的涅槃境界中一無所有，一無所有又不能夠說有見，所以又說見無所見。

因此，這時虛空藏是這麼講的：「離開斷常兩邊的事，假使有人看見有法出生，以及執著所出生的種種法時，就是斷見與常見，」這時的法是指什麼？是指有生有滅的法，就是蘊處界入等。假使有人看見了法出生以及執著這些法時，他就落入斷見與常見中，因爲斷見是依常見而生的。「這是什麼道理呢？」虛空藏菩薩就說：「由於有出生的緣故，就會有滅；有生滅的緣故，就有斷常之見。」有出生所以眾生執著蘊處界入的自我，然後認爲這個自我是常而不壞，這就是常見。末法時代的修行人，希望修得一念不生，希望覺知心一念不生時就是無餘涅槃解脫生死的境界；然後等待著將來死時，想要保住一念不生的自我，然後說這個我不會執著自我，叫作阿羅漢，這就是常見。

比較聰明睿智的人，他經由分析思惟會確定說：「我們的五蘊、六入、十二處、十八界都是生滅法，既然都是生滅法，又不能去到未來世，」因爲他清楚知道自己意識心不是從前世來，假使自己是從前世來的，一定會知道上一輩子姓甚名誰，父母是誰，那一世幹了什麼事業。可他都不知道，所以他認爲自己不是從前世來的；「而這蘊處界入觀察的結果，都是有生之法，將來一定會滅；滅了就不能去未來世，因爲這一世的自己不是從前世來的，當然不能再去未來世。」於是，他就認爲死後是斷滅。因爲他不知道意根與如來藏的存在，只看見五蘊十八界，就認爲死後六識滅了就是斷滅空，於是他成爲斷見外道。但他有沒有常見外道的我執與我見呢？其實是有的，只是隱藏在背後。那麼他不知道每一個有情的意根，無始劫以來流轉到現在，伴隨著自己的「**無名相法**」如來藏，恆續存有於三界中。他只看到十八界全部滅盡後一無所有，於是他落入斷見。因此，這裡說的「法」，當然就是有生的法；有生則必有滅，所以他就有「斷常之見」。

接下來這段經文，諸位再來看「法」怎麼說：「**如果不見有法是從自性生、從他性生，他就看見因緣了，如果看見因緣時就看見法了，看見法時就看見如來，**」一般的大師落入離念靈知境界中，自以爲是阿羅漢，他們讀到這裡時一定不通，因爲「如果不見有法從自性、從他性生，就會看見因緣，」他們的認知一定認爲說：「蘊處界全部都是生滅，生滅法由於是有生所以必然有滅；我如果什麼都不見，打坐時閉目闔眼，這時什麼都不見，就不會看見有法從自性、從他性中生，我就是看見因緣了，也就是空性。」但他不曉得正在那裡坐到一念不生時，都還有看見諸法；當你爲他點出來以後，他就繼續努力，有一天終於來告訴你：「**我昨天打坐，坐到什麼都沒看見。**」你會怎麼答他？你一定當面跟他說：「**原來你坐到睡著了。**」睡著了才會不見一法，因爲他沒有二禪的功夫。這跟如來藏不見一法不一樣，他是意識相應的境界，因爲打瞌睡而沒看見，但意識在時的境界，永遠都是看見很多法。

但法界的現量是，意識見很多法的當下，如來藏同時存在，而如來藏不見一切法。所以，證如來藏的人不見有任何法是從自性、他性生，這樣才叫作看見因緣，因緣是指如來藏妙法。所以菩薩說緣起法，跟凡夫大師說緣起法完全不同。譬如釋印順說緣起性空時，他怎麼說呢？他說，人就是靠著四大地、水、火、風，跟父母的因緣，所以就出生了，不必要有如來藏。他的《妙雲集》、《華雨集》就是這麼說的！這樣看來，釋印順這一世是怎麼出生的？在《中論》卷一就講：「**諸法不自生，亦不從他生，不共不無因，是故知無生。**」那麼請問：釋印順張某某，他的父母親，相對於他自己就是別人，正是「他」，他的父母親給了他受精卵之後，母親再給他的地水火風養分，那都叫作「他」，那麼釋印順是不是由「他生」？對不對？至於「不共生」是什麼道理？比如根與塵兩個共生識，就是共生；但背後有個如來藏爲因，而釋印順把如來藏切掉了，說如來藏不存在。所以，釋印順的六識覺知心都是共生的——根、塵共生。你看，他又落入「共生」去了！當然他不會說「自生」，他還有這麼一點點的小智慧。總不能夠說我釋印順是由我釋印順生的，他知道這個是自生，有過！那麼「不共不他生」，他是兩者皆犯了。「亦不無因生」，釋印順正是「無因生」，因爲他既是「共生」也是「他生」，又否定根本因如來藏能生一切法，那就是「無因生」，所以這個人犯的過失多麼重。你看：「諸法不自生，亦不從他生，不共不無因」等四個過失，他就犯了其中三個，還說他弘揚《中論》呢！假使龍樹菩薩在極樂世界沒回來（我說的是假使），哪一天突然想起來說，娑婆還有誰在弘揚我的《中論》？當他看到釋印順這麼講，他會怎麼樣？七竅生煙喔？不會啦！他已經入地了，不會七竅生煙。但是打包票，他一定會搖頭，好像搖浪鼓一樣。如今他迴入娑婆了，應該也不會去罵釋印順，但一定會搖頭的。

所以，當你看見如來藏時，就不會看見這個法是從自生、從他生的；因爲如來藏是法爾如是，本來就在，祂不是由「自性生」，也不是由「他性生」，祂是本來就在的心，無始無終，那你就看見因緣了。所以咱們說緣起法時，所說的緣起性空跟印順不一樣。我們說：「緣起」是有個根本法如來藏以妙眞如性，藉著眾生的無明來出生這一世的五蘊，這樣叫作緣起；但因爲五蘊是這樣生出來的，有生則必有滅，所以其性無常故空，這樣叫作緣起性空。這才是眞正懂因緣的人，因爲不是只有緣而已，一定有因而且實證了。

因此，虛空藏菩薩說「**若見因緣則見法**」，見什麼法？見如來藏。換句話說，從諸法緣起性空之中去推論出來：這一些有生有滅的法，不可能自己生生滅滅，一定背後有一個常住法，或者叫作本住法，才能使這一些法緣生緣滅而不斷絕。這樣子，他就會設法去尋找諸法背後這一個本住法究竟是什麼。一定要先去推論，推論的結果，不可能由物生心；眾生覺知心不可能由物質所生，也不可能從虛空生，因爲虛空無法。那麼能生心的只有一種，也叫作心；那個心既然能生我們這覺知心，祂就一定跟我們這個覺知心不一樣。首先就這麼推論，這就是辟支佛的智慧。

也許很多世以前曾有因緣遇到 佛或者菩薩摩訶薩的開示，他就會知道說：「**我認爲的這個心或者叫作識，原來菩薩早說過了，叫作阿賴耶識，又叫作如來藏。**」於是他迴小向大，好好去參究。一旦找到了如來藏，他馬上就知道，原來因緣法是這樣。所以 如來敘說祂無量劫前成佛時，在成佛之前是怎麼樣修學十因緣法跟十二因緣法的；祂就是先從十因緣法去推論出來：有一個識能夠出生了名色，不但出生我們的色陰，還出生我們的覺知心等；由這個識出生了名色，然後有這個名色才會有六入、觸等。於是接著再往回推論：老病死苦惱都是因為有生，生因為有，有因為取……這樣一直往上推尋。推到名色時想：為什麼往世會出生名色？因為六識不斷地運作，產生了我見、我執等；那為什麼會有六識不斷地運作？都是因為無明。所以那時候知道：原來無明就是因為不知道蘊處界的虛妄，因為不知道蘊處界是由另一個識所出生的。現在清楚了，於是就把無明斷除，成為辟支佛。當然，這樣觀行時背後一定要有相應的定力，那是另一回事。所以說，到這時是推論出來，可是還沒有看見那個識的所在。

等到有一世悟得如來藏了，把那因緣法帶進來一看：原來因緣法是這樣的。因緣法，是以什麼為因，以什麼為緣，這時就懂了。所以，真正的因緣法是只有菩薩才懂的，二乘聖者並沒有真的懂因緣法。所以有一天，阿難尊者靜坐時在那邊思惟，心想因緣法就是這樣。於是他去跟如來報告：「世尊！我知道了，因緣法其實很淺。」如來就說：「你不要說因緣法很淺。」於是爲他講了過去無量劫前，自己修因緣法時是怎麼修的，就講了十因緣跟十二因緣，最後告訴他說：「**因緣法甚深極甚深。**」但是這樣的因緣法，二乘聖者之所不知。

再來比對這一段經文，虛空藏說的：「**若不見有法從自性、他性生者，則見因緣，若見因緣則見法，**」這個「法」是指什麼？如來藏。所以，眞正看見因緣法的人就是菩薩。他看見了如來藏這個妙法，就懂得是如來藏爲因，有無明以及山河世界、有情眾生作緣，才能夠出生這一世的五蘊，所以他懂因緣法。看見這樣因緣法的人，一定是看見了法，法就是如來藏。所以虛空藏菩薩接著說：「**若見法者則見如來，**」看見了法的人，他就知道諸佛如來的本際就是如來藏——無垢識。那應身佛、化身佛都是虛妄的，報身佛也是從如來的無垢識而生的，所以第八識如來藏才是有情眞正的如來，因此說「**若見法者則見如來**」。

那麼眞正看見如來的人，他的親眼所見是，這個自心如來是眞實存在的，因爲祂能出生我們的名色，出生有情的名色，有情個個都有如來，所以是「眞」。這個自心如來，你怎麼樣褒獎祂，祂都不動心；你怎麼樣辱罵祂，祂也不動心，祂永遠都是如如不動，祂就是「如」。所以虛空藏菩薩接著說：「**若見如來者則見如，**」這眞的叫作聖教。

接著又開示說：「**若見如者則不滯於斷，亦不執於常。**」如果你看見了眞如，就不會停滯在斷滅見中，因爲你知道如來藏這個自心如來又名法，祂是常住不斷的，本來無生故永遠不滅，當然不會停滯於斷見的境界中。又說：「**亦不執於常。**」常見外道以什麼爲常呢？以五蘊的全部或者局部、或者少分說之爲常，才被叫作常見外道。菩薩證得這個法，名爲如來藏，這不是五蘊、六入、十二處、十八界所含攝的，所以又不落於常見中，離兩邊。

虛空藏菩薩接著說：「**若不常不斷者，即無生無滅。**」不在常一邊，也不在斷滅一邊的法，一定是本來無生的，無生的就永遠不滅，所以說不常不斷的法，一定是「**無生無滅**」的法。這樣，我舉示了這麼多的經文補充，大家可以看得見「法」這個字，有時候指的是自心如來，又名眞如、如來藏、阿賴耶識、無垢識。但是有時「法」是指如來藏所生的無量無邊法的全部、或者局部、或者少分，也稱爲法。

到了《般若經》中，因爲這一切法都攝歸如來藏了，所以一切法的同義詞就叫作眞如，或名如來藏。所以這時就說「一切諸法本來不生不滅」，完全沒有矛盾。若是依文解義，可就處處矛盾無法解釋了。無法解釋時又因爲有慢心，他不會像沒有慢心的人說：「這經典講的一定沒錯，只是我不懂。」他就會自大而毀謗說：「如來三轉法輪前後矛盾。」誰講的？達賴講的。哪一家出版社爲他出版的？眾生。眾生出版社誰開的？陳履安。你看，他被孫春華要求讀《大品般若》，說他六個月讀完，結果去中信局講了一堆言不及義的法，我聽了只能暗中搖頭。最不幸的是，他又被孫春華帶去密宗假藏傳佛教。人之無智，以至於此！很奇怪，一個學理工的人，他是理工博士，一遇到宗教就迷了。我這個人自小喜歡文學，可是我進了宗教反而不迷。眞怪！那麼這樣說完了，「法」容不容易理解呢？確實如諸位所說，不容易啦！

那麼這樣舉示過不少經文了，回到《佛藏經》這一句經文來：「若人見法，是爲見我；如來非法，亦非非法。」菩薩說法時兩面兼顧，如來更是如此：「如果有人看見了法，他就是看見了五蘊、六入、十二處、十八界我，因爲如來不是法，如來也不是非法。」又作另一面的解釋：「如果有人看見了法，名爲眞如，他就是見到了眞實的我；如來不是法，也不是非法。」你看，兩個都通。這樣看來，我要請問諸位，你是要當三明六通阿羅漢，還是要當菩薩？（大眾答：菩薩！）太棒了！所以，我說的沒錯，我十幾年前就講過：「南洋沒有阿羅漢，假使南洋眞有阿羅漢，眞的證得阿羅漢果了，當他來到正覺講堂，依舊開不了口。」他來時，我只要問他這四句就好了，那他能怎麼講？沒法講。

他要能夠講出第一種說法，我就說：「你講錯了！我講給你聽。」我就用第二種說法講給他聽，他只能閉嘴。所以，他沒辦法開口，要是他問了說：「那我講的有沒有錯？」我就說：「沒錯。」「既然沒錯，爲什麼你說我講的不對？」我說：「因爲是你講的。」他問我說：「那爲什麼你講的就對？」我就告訴他：「因爲你不見涅槃，我見涅槃。不然的話，你告訴我，將來你入了無餘涅槃裡面——你死後入了無餘涅槃，那裡面的境界，告訴我是什麼？」他開不了口，一定要質疑我：「那你告訴我，無餘涅槃裡面是什麼？」我就輕聲告訴他：「如來藏。」他說：「那你這樣還是落在五陰裡面啊！」我說：「不！你看不見我爲你指出的涅槃，你的智慧不夠。」接著我要問他：「你入了無餘涅槃的境界，不就是滅掉五蘊十八界全部嗎？可是你滅掉五蘊十八界全部以後，剩下個什麼叫作涅槃？」他也只好說：「剩下一個識。」我就得問他：「那個識，現在就在你身上，祂是怎麼回事？你告訴我。」他一定說：「我不知道。」開不了口吧！

他可能說：「你看見涅槃了嗎？你告訴我好不好？」我就告訴他：「我沒看見涅槃。」「你不是看見了嗎？怎麼又說沒有？」我說：「我現在講的是如來藏的涅槃境界，如來藏無所見，怎麼會看見涅槃？如來藏如果能看見涅槃，那你將來死了，你也會看見涅槃，可是你死了絕對看不見。」他遇到我，兩個字——沒轍！所以諸位有智慧，個個要當菩薩，不當阿羅漢。從這裡就可以瞭解了，「法」有時是指五蘊等諸法，但有時「法」指的是如來。這樣子，經由前面那一些聖教的開示，《佛藏經》這四句就這麼簡單，幾句話講完諸位也就懂了，不必煞費脣舌，讓大家聽到猶如五里霧一樣。

接著，如來說：「我在其餘的經裡面說：『如果有人看見了法，那就是看見了我；如來不是法，如來也不是非法。』為什麼我這樣說呢？因為提婆達多他們這一些愚癡人以及外道們，他們都是以色身而說他們看見佛。」如果所看見的應身如來那個色身就是 佛，那 佛豈不是成為生滅法了？如果佛是生滅法，又來教導大家實證佛法，那就是教導生滅的法了，那又何必來？眾生又何必學？所以又說：「**不應該以色身見佛。**」因此，看見了法就看見了如來——看見了法就看見了眞實我，而這個自心如來不是一般所說的「法」，也不是蘊處界等生滅性的「非法」。所以見佛時不該以色見。既不該以色見，當然就不該以音聲求，不許說：正在演說佛法的就是如來。

所以 如來又開示說：「**舍利弗！如來不應該以色身來看見，也不應該以音聲來聽見；**」因爲如果看見了那個應身如來說那就是佛，那應身如來總是會離去，那個色身壞掉以後還是不是佛？佛就變成生滅無常了，所以「**如來不應以色身見**」。同樣也不應該以音聲見如來，因爲音聲也是生滅無常。因此 如來又說：「**舍利弗！若人以色身見佛，那麼這個人距離佛還很遙遠；**」二乘聖者還沒有迴心佛菩提道時，或者說在第二轉法輪的初期，他們還沒有實證時，個個都擠在 如來的座下，大家都要近於 如來而坐，都怕坐遠了。可是你看那一些菩薩們——入地後特別是八地後的大菩薩們，個個都坐得很遠，如來附近都留給那一些阿羅漢們坐。

當然這是有原因的，你們看見有時人家畫 如來說法之像，如來身邊畫的都是阿羅漢們。菩薩瓔珞莊嚴，長髮飄逸，天衣莊嚴，但他們坐的位子都離　如來很遠。你們可別罵說：「這些人輕視菩薩，竟然如來身邊都不晝菩薩，都晝那些聲聞人。」錯了，他晝的才是正確的。爲什麼呢？因爲那時阿羅漢們還沒有證悟如來藏，還沒有證眞如之前，他們個個都依附　如來，爲什麼呢？因爲以色求如來，以色見如來，以音聲求如來。所以，如來可以親近時就多親近吧！因爲知道　如來將來會離開，但他們那時還不知道　如來的實際是什麼。而諸菩薩們，越上位的菩薩就坐得越遠。

然後阿羅漢身邊就是一些居士們，就是證悟的三賢位菩薩們。大菩薩們都坐很遠，爲什麼？因爲他們即使坐很遠，也很清楚看見　應身如來的實際：「如來就跟我一樣，就是這個眞如。我的眞如跟如來的眞如，沒有差別，不管我去到多麼遠都一樣，都還是跟如來在一起。」就不需要去那邊擠著，想要擠在　如來身邊。這是有道理的，因爲當那些阿羅漢們親近　如來時，他們不知道自己的眞如跟　如來的眞如是完全一樣的。因此，他們所說的　如來就是這一位　應身如來，當　如來說法時，他們當然要盡量靠近　如來。

所以　世尊說：「如果有人以色身見佛，這個人距離佛還很遠。」換句話說，菩薩不以色身見佛，就表示眞的近 佛而坐了，不論他們坐位離 佛多遠。世尊又解釋說：「所以者何？佛不名色，不名爲見，名爲見佛。」佛不能稱爲那個色身，也不能夠說就是能見的覺知心，這樣才能夠說是眞的見佛。所以如來去忉利天—人間三個月在忉利天—爲母親說法，然後下來人間時，蓮華色比丘尼趕快變化作轉輪聖王，大家都得禮讓「他」第一個見佛。轉輪聖王來了，出家眾都要禮讓「他」，所以「他」第一個見佛；見到佛以後，再回復原身禮拜 佛陀。結果就被 佛陀呵責了：「妳不是第一個見佛禮拜的人，第一個見我的人是須菩提。」大家看來看去，沒看見須菩提。須菩提依舊在山洞裡坐，世尊意思是說：「他以眞如見我、禮佛，他跟我沒有互相隔離，跟我同在，所以他是第一個見我的人。」蓮華色比丘尼這一下滿臉是豆花了。也就是說，不能以色見如來，不能以音聲見如來，否則都不能夠稱爲眞正的見。要懂這個道理而能現觀，才是眞的見佛。

世尊又開示說：「舍利弗！若人能見諸法無相，無名無觸無憶無念無生無滅，無有戲論，不念一切法；不念涅槃，不以涅槃爲念，不貪涅槃；信解諸法皆是一相，所謂無相，舍利弗！是名眞見佛。」前面詳細解釋過許多法，這裡就好講了。

「**如果有人能夠看見諸法是無相的**」，這一句話從文字表義來看，好像不通。既然看見了諸法，諸法一定有相；比如插花，插花的過程有相，花插好了也有花的相，全都有相。說法，說法也有說法的過程，也有五蘊，也有說法過程出來的音聲的種種法相，不可能**無相**。假使我說法時都**無相**，諸位聽什麼法？都**無相**就表示我這個五蘊也不見了，說法時也沒有聲音可以讓諸位聽見，那你能聽見什麼法？聽不見啊！所以，這樣看起來，顯然諸法都有相，因此那一些凡夫大師們心裡面就想：「**這一句經文一定講錯了，這一定是僞經。哪有諸法是無相的？一一法各有法相啊！**」可是他們不知道，這時講的「**諸法**」是指什麼？（有人答話，聽不清楚。）對了！諸位講對了，就是如來藏。

就好像《大品般若》、《小品般若》中都有講「**一切法不生不滅**」，那一切法不就是諸法嗎？「**一切法不生不滅**」，其實「**一切法**」講的是如來藏，把諸法攝歸如來藏時，諸法就是如來藏。爲什麼如來要這樣說？當然有其緣由，因爲你如果要看見眞如——想要看見如來藏，必須要從諸法中見，離了諸法就看不見如來藏、就看不見眞如了。所以，這一句經文的正解就是：如果有人能夠看見諸法中有個無相的，他就是看見「如來」了。我們蘊處界全部都有相，運作過程中有各種行相——有六入之相……等；全部有相，有種種諸法不斷地生住異滅在顯現，但是伴隨著一個無相的法就叫作如來藏，《佛藏經》中稱之爲「無名相法」、「無分別法」。

但不是只有看見「諸法無相」，還看見什麼呢？看見「無名無觸無憶無念無生無滅，無有戲論，不念一切法；」沒有名相，祂的境界中——這個「無名相法」的境界中沒有名相，也沒有觸；不論是身觸，或者眼觸、耳觸……等都不存在；或者叫作六塵境界觸，也都沒有。祂也不會憶念剛才聽聞的法、昨天聽聞的法、前天聽聞的法，都不憶念。祂也不會起任何作意，例如不會起一個念：「我口渴了要喝水，我腳累了痠了，要坐下來。」不起任何一個作意。祂的境界中沒有戲論。當你看見這一個法時，無法追溯祂何時出生，你也找不到一個方法可以毀壞祂。而祂從來不跟你聊天，祂也不會說夢話，更不會胡言亂語誤導眾生；意謂祂永遠沒有戲論，還必須這樣同時看見。

接著還要看見一個現象：「不念一切法；」一個人生在人間，總是會念一切法，有時候想：「我大兒子明天大學要畢業了，他將要出國留學，又要花我一筆錢了。」有時候想：「我這女兒，好歹也栽培她讀到碩士，也該嫁了吧？」有時又想：「我師父好慈悲，每天叫我要打坐，要證涅槃，要一念不生，說一念不生就是證涅槃。還教導我，說這個是不傳之密，不可以告訴別人，眞慈悲喔！我哪天得要再去拜望他，好好再供養師父。」總是會想東想西。你們也會想：「半年前蕭老師腰痛，不曉得現在好了沒有？」有時候想到了，打個電話來問問：「老師啊！您腰痛好了沒有？」我說：「差不多了，差不多了，好八成了。」「喔！那我就放心了。」這是不是念一切法，也是念啊！

是應該念的，但這是五蘊之所應念；可是當這一位同修，從南部打電話上來問候我，他的法身如來藏依舊不念我；他的如來藏不但不念——不憶念蕭老師這腰痛好了沒有，而我的如來藏連自己所生的五蘊狀況，這個病況到底有沒有好一點，也一樣不念，眞絕情！祂正是這樣「不念一切法」。這樣「不念一切法」到底好不好？好喔？那麼絕情，你們竟然說好？如果祂會念你們，好不好？不好了！祂會念你們就表示會跟你們爭執。雖然祂不念你們，可是凡有所需，祂一體供應具足圓滿，所以不念還是好的。當你見了這個法時，還得看見祂是「不念一切法」的。

「不念涅槃，不以涅槃爲念，不貪涅槃；」如果會念諸法，就表示是生滅法，因爲常住法不念一切法。既然「不念一切法」，一定有個原因，是因爲一切法都是三界中法，都是生滅法，當然不用憶念。但出離三界生死的涅槃，祂總該念一念吧，沒想到祂也不念，都不記掛涅槃。記掛涅槃是你的事，你能不能斷我見、斷我執，那是你的事；將來入了涅槃，到底怎麼回事，也是你的事，跟祂都無關，所以祂「不念涅槃」。你知道涅槃是怎麼回事，可是祂完全不知，你也甭問祂說：「你想不想知道涅槃裡面是怎麼回事？」祂根本就不答覆你，更別說祂想知道了，所以祂「不以涅槃爲念」。

那二乘聖人—不迴心的阿羅漢—記掛著死了要入涅槃，很怕再有一絲絲的我執或者我所執出現，所以一心想的就是死了要入涅槃；可是，這個法「不貪涅槃」。菩薩這樣實證、這樣現觀以後，當然就「不貪涅槃」：「因爲涅槃不生不死的境界當下就在，我死了以後也還是一樣的不生不死，何必要死了去入涅槃？我乾脆就一世又一世自度度他，利樂眾生，將來還可以成佛。」

所以菩薩就因此「不貪涅槃」。雖然剛證得阿羅漢果時，很想死後就入涅槃；可是你有這個智慧能夠現觀，就不會再想入涅槃了，這時你對涅槃無貪。這時菩薩就「信解諸法皆是一相，所謂無相」，因爲諸法都攝歸於如來藏，而如來藏無相，所以諸法自然就是無相的；無相時就只有一相，不會有兩種無相。然後 世尊吩咐說：「舍利弗啊！這樣就叫作眞正的見佛了！」那麼這一段經文這樣有兩種見佛了，第三種見佛要等下週再來說了。

《佛藏經》上週講到十九頁第二行，在這一段裡面的第二種見佛說過了，今天要講第三種的見佛：「謂一切法無求、無戲論、無生，於此事中亦不念、不分別，是名見佛。」唸完這句聖教，可能大家就會聯想起以前在別的道場，師父一定會教導你們說：「你對一切法都要無求，都不要有戲論，一念不生時就是無生，所以你們都不要牽掛著什麼事情，全部都放下不管了；打坐時天搖地動，你也不理它，都不要去分別那是地震，這樣就是眞的懂念佛了，這就是開悟的涅槃境界。」這就是我們弘法以來常常在說的：「想要把妄心變成眞心，然後要用妄心去住在眞心如來藏的境界裡面。」但是我們也不好怪他們，因爲他們也不是故意要這樣；誤導眾生的業已經造了，但不是他們的本意，而是因爲他們以前被大師們誤導了。

那麼在我們正覺弘法之前，那些大師們的上頭有一個導師，姓甚名誰，諸位當然都知道；是因爲被那位導師誤導了，所以大家都落在六識論裡面；那時除了這六個識以外，再也沒有意根和如來藏可以求證；既然如此，所有修行想達到的佛法境界當然就是意識心的境界，認爲意識心就是最終心，就是最徹底的心，就是最末心，當然他們面對 佛陀講的這種眞「見佛」的境界—如來藏的境界—就要用意識心去套；然後就把意識心住在什麼都不分別的狀態中，變成一個傻蛋，說這樣就是修行最好的人。所以被欺負得最厲害的，都沒辦法回嘴的人就是修行最好；換句話說，最笨的人修行最好，而不是最有智慧的人修行最好。但我說他們心口不一，因爲他們說法時認爲修行最好的人，其實都被他們踩在腳下：各大山頭的堂頭和尚都是很有智慧去管理眾人，都在意識心上轉的人。所以說他們心口不一。

直到正覺出來弘法，才終於知道：原來人還有第七識意根，而意根不是腦神經，跟印順講的竟然不一樣；然後正覺說，還有一個第八識如來藏，眞的可以實證。等到正覺流通出來的書越來越多了，不但沒有前後矛盾，而且發覺不可推翻；因爲他們從正覺的書裡面努力找碴，找不到他們要找的碴，倒是最後個個都找到了不曉得叫鐵觀音還是什麼茶，總之就是很有味道，清香撲鼻。後來終於信了，原來經中講的這些經文是如來藏的境界。所以現在大家知見水平都提升，大師們籠罩不了人了，乾脆不說法，來搞搞觀光。這樣子，每個大山頭的全臺灣幾十家寺廟分院的僧眾生活就有著落了。所以一定要蓋得富麗堂皇，而且各有特色。一定要有特色吸引人來，於是陸客來臺觀光，這些大山頭就變成必到的景點。

假使咱們將來正覺寺蓋好了，不是佛弟子的必到景點，而是成爲觀光客的必到景點，那就完了，表示佛教界的水平越來越低了。所以將來正覺寺蓋好了，也就是很古樸單純，沒什麼花俏的裝潢，特色就是古樸。換句話說，法被誤會的狀況是由來已久，但是於今爲烈，就是到了二十世紀時邪說橫流，但是我們把它扭轉過來，所以二十一世紀開始扭轉；那現在兩岸佛教界的佛法水平知見都提高了，這是很可喜的。所以現在假使誰讀了這樣的聖教經文，一定不會想說「這是意識境界」，因爲這十幾年，如來藏妙義已經很廣泛流傳了，只要眞實在修行的人一定聽過。那當然就會想：「這一定是在說如來藏妙眞如性的境界。」就不再誤會了！當然就不至於繼續誤導眾生。

那麼話說回來，這樣如法「見佛」的人於「一切法無求」。這「一切法」到底是指什麼？《般若經》中常常說「一切諸法本來涅槃」或者「一切法本來涅槃」，也常說「一切諸法無生無滅」或者「一切法無生無滅」，這「一切法」是指什麼？（大眾答：如來藏。）對！或者說是「眞如」。也就是說，把「一切法」攝歸如來藏，而「一切法」從來不曾外於如來藏；你能夠看見「一切法」就是因爲有「無名相法」如來藏，所以你看見一切法時，不能像一般凡夫眾生那樣看——只見「一切法」而不見如來藏。你身爲菩薩，看見「一切法」時就看見如來藏，所以「一切法」就是如來藏，這時對如來藏以及所生的「一切法」都無所求，因爲本來具足，何須再求，「一切法」就是如來藏，如來藏含攝「一切法」。

因此，在阿含諸經中都說一切法緣生緣滅，可是來到第二轉法輪般若系列的經典時，佛竟然說：「一切法不生不滅，一切法本來無生。」其實沒有矛盾啊！不懂的人才會有矛盾。也就是說，菩薩親證「無名相法」如來藏之後，看見如來藏於所生的一切諸法境界中從來無求。如來藏不會追求什麼，有些菩薩急著想要成佛，但如來藏從來沒有想要成佛。以前有一位大師，哪一宗派的什麼人，我就不說他名字，我在《公案拈提》第一輯就寫過了，他說：「**這個心不在內、不在外、不在中間，這個心如果在內，那這個心在身體裡面住那麼久會不會悶啊？**」我告訴你，不會悶！這就是說，祂從來無求，不會想要出到身體外面。而菩薩證得一切法眞如，看見一切法中的眞如心從來都無求，所以菩薩於一切法就無所求——「**謂一切法無求**」。如果有求，都是依願爲眾生而有所求；所以菩薩不會爲自己而有所求，因爲他轉依一切法中的眞如了，所以在一切法中自然就無求啊！當你實證以後，從如來藏的立場——依祂的眞如性而住，這時來看一切法時再也無求了。

那麼「**一切法**」如來藏也是「**無戲論**」，當以前某一位導師把眞如說得天花亂墜時，其實他都不知道自己前言不對後語；也許會有一些愚癡的天人就趕快供養天華，這樣一群人也算是成就一場法事，因爲至少讓未曾熏習佛法的眾生們，知道有佛法可聞可學可修。可是菩薩看了，一句話也不講，扭頭就走了。可能那大師心裡面還想：「**這個人跟佛法無緣，聽不下去走人了。**」但是這大師不知道自己說的都是戲論，因爲他所知的一切法都是有生有滅之法。

那麼凡夫大師們且就不再提他，就說證悟的菩薩吧，當他對著眾生說法，講了一堆勝妙法，最後卻告訴大家說：「我講的也是戲論。」但是，眾生到底要不要信他這句話呢？這是個大問題欸！因為，是該信，但也不該信。那你說，菩薩說法到底怪不怪？你要是信他所說，相信這菩薩說的眞的是戲論，那你可倒大楣了；因為既然是戲論就不用信，不用信就不用學也不用修了。弄個不巧，菩薩那天剛好又說了一個勝妙法，叫作「一切法本來具足，無修無證」，又信了，那就完了，誤會成「不用修行，也沒有可證的」。那到底是該信還是不該信？這就要看層次了。證悟的人該信菩薩這句話，初機學人不該信菩薩這句話，因為如果信了，他一定是依文解義。依文解義的結果就是離開三寶，不修學佛法，智慧與解脫都與他無緣了：「因為菩薩講得那麼好也是戲論，既是戲論，我又何必學呢！」所以他信了就倒楣了。那證悟的人聽了說：「該信啊！因為他講的是一切法眞如的境界，所以一切法是離戲論的，因為眞如離戲論。」既然眞如離戲論，菩薩講了那麼多的勝妙法，從眞如的境界來看時也都是戲論啊！

所以菩薩先得要信了，還眞不能不信。有時禪師上得堂來，講了一堆的禪，下面大家站在那邊聽到一愣一愣的，丈二金剛摸不著頭腦。結果禪師罵盡天下諸方大師說：**「那個大師也要給一棒，這個大師也要給一棒，因爲都落在意識上。」**全部都給棒完了，他指著自己說：**「老僧今晚這麼講，好與一棒。」**是說同樣也要給一棒！那到底你該信什麼？禪師講的是說：**「我講了這麼多，這些法也都是在意識層面說的，會聽的人要聽背後那個密意，所以我說了這麼多，也是意識的層面，也該給一棒。」**好了，這樣看來，禪師說自己也該給一棒，那他說的到底該信還是不該信？所以就有問題了！已經悟的人當然要信，沒有悟的人不該信，因爲這一信就完了：**「原來禪師講的也都是戲論！」**

可是話說回來，假使因爲這樣就不信，他可要倒大楣了！因爲，禪師縱使每一回開示完都給自己一棒，他還得每一回來聽禪師說法，否則永遠不會進步，永遠與見道無緣。所以有時有人會抱怨，說他悟前讀了好多經典都白讀了；今天我要請問諸位有沒有白讀？（大眾回答：沒有。）對！諸位有智慧了！不經過那一段時間辛苦鑽研時的種種誤會，還不會有今天證悟不退的事情。所以，不要看見路上一個人手上帶著一串念珠，就說：「啊！這個學佛人趕快來正覺，來啊！來啊！」拉著他來，焉知那個掛著念珠、掛著佛珠的人，他不是個殺豬的？他只是為了求平安而掛個念珠而已，你別當他是個眞正學佛人。那也許你說：「我看他每天都在唸佛欸！那個念珠還拿在手上，一直唸一直撥，應該是個學佛人了吧！」那可不一定！也許他得要好幾劫外門修學六度以後，才會開始修學這個內明之學。不是那麼容易的事！

所以，那一些誤會的過程其實也都是應該有的，諸佛都經過這樣的過程；何況是末法時代的佛弟子們，正在這個過程中打混，也有他的功德啊！至少知道要行善、要布施，這可以累積未來很多劫以後見道的資糧，總是好的。但是，話頭拉回來，菩薩證得一切法眞如，看見這個眞如心「無名相法」，在一切法中從來都「無戲論」。我們以前也講過：戲論之所從來都因為覺觀。因為覺觀就是分別，覺觀就是了知，而覺觀了知分別始終不離六塵境界；因為在六塵境界中運作，所以就對很多境界有所分別。有了知與分別時就會互相有談論，於是戲論就出生了。但是，一切法中的眞如心——這個如來藏「無名相法」，不在六塵境界中了知，所以祂永遠不會有戲論。因此，菩薩由這樣的現觀也就說「一切法無戲論」。

接著說「一切法無生」，不懂的人就會說：「唉呀！我看佛陀是老糊塗了，所以在阿含都說一切法緣生緣滅，等到講《般若經》時竟然說一切法無生無滅。」其實那一些人才是糊塗人，竟然敢這樣謗佛。以前那個元覽居士，不是責罵說「如來是人之將死，其言也亂」，對吧？好大膽欸！咱們心中連這個念都不敢有，他竟然敢寫在文字上，就這樣寄出來給我，這就是對三乘菩提不理解的人。如來無妄語、無誑語，而且不二語，就是說 如來凡有所言，前後所說一定相符，不會有二語。表面上看來，《阿含經》說一切法生滅不住、一切法無常，《般若經》中說「一切法本來不生、一切法無生無滅」，看來好像是矛盾，如來好像說了二語，其實不然，還是同一句話，只是從不同層面來說法，所以不同。四阿含是針對凡夫眾生要求解脫而說的，求解脫生死的第一件事情，就是要看清所生的蘊處界入等一切法悉皆緣生緣滅，要幫助大家趕快斷除我見、我所執、我執。可是，等大家證了阿羅漢果以後，一定要引導他們走入菩薩道。

不論哪一尊佛，包括諸位將來成佛時，來到人間示現成佛的目的，不是要給眾生那個小小的羊車，而是要同時給大家鹿車與大白牛車。如果只是要幫大家證阿羅果，那只要有一個地上菩薩來人間就夠了，而且是最差的入地心的初地菩薩就已經夠了，用不著 如來降生人間。可是 如來眞的來人間示現了，難道只會教給大家聲聞法、證得小小的阿羅漢果，而不教大家怎麼樣證得那個偉大的、深遠的、究竟的、勝妙的菩薩果嗎？如來會這樣吝嗇嗎？不可能啊！所以，當大家證阿羅漢果以後，如來就要幫助大家實證般若。證般若就是要證眞如，證眞如得要證如來藏阿賴耶識，實證以後就可以看見如來藏的眞實性與如如性，這就是證眞如；外於如來藏阿賴耶識，即無眞如可證可觀。

所以，如來轉入第二轉法輪時期，當然得要爲大家演說般若的正理。剛開始當然大家聽不懂，阿羅漢聽了也無可奈何，於是 如來得要有教外別傳。阿羅漢們都跟在 如來身邊，如來有時就給他們一個機鋒，他們之中就有人證悟了；每天跟在 如來身邊，於是證悟的人越多，《般若經》就有越多人聽懂，因此有很多 如來示現機鋒的公案就流傳下來了。大家可別以爲說：「哇！中國禪宗祖師好厲害，公案那麼多！」可是我要跟諸位說眞的：那都是吃了如來的口水，沒吃過 如來的口水，還眞耍不來那些機鋒。

也許現在一定有人生起一個問號來：「可是我沒看見哪一位菩薩耍過機鋒，是不是那些菩薩都沒吃過如來的口水，他們不懂嗎？」不能這樣想。那些大菩薩們有好多位是已經成佛，倒駕慈航來擁護 釋迦古佛的，哪位不懂！別說那些大菩薩們，單說我們會裡這些親教師他們就有能力耍機鋒了，他們倒駕慈航的大菩薩們還不會？增上班的同修們也會啊！只是不敢作而已，爲什麼？因爲不當法主。所以，你們看不見 觀世音菩薩耍機鋒，看不見 文殊菩薩或其他的大菩薩們耍機鋒，因爲那是一種對法的尊重。耍了機鋒就是侵犯 釋迦如來，不好玩的！所以並不是他們不懂，而是他們不應該作。

假使哪一天我成佛以後，你們跟在後面也成佛了。有一天，你們想起來說：「無量劫前蕭平實老師，現在是某某佛，他幫助我證悟；他現在在哪裡示現成佛了？我去當當他的菩薩，跟他合演一世的無生戲。」到那個時候，你來扮演妙覺菩薩，可不許說：「欸！我可也是佛欸！」不許這樣講，你來示現菩薩時就是菩薩，來合演這一場戲時就得要照著劇本演，道理就是這樣啊！所以，文殊菩薩如果不是 如來給他一個念頭，他不會自己主動用機鋒出來的，這道理在十方佛世界都是一樣的。

那麼如來平常就用教外別傳的方式指導阿羅漢們證悟，證悟以後就可以開始在講般若諸經時對答了，所以有須菩提、舍利弗他們這樣跟如來對答。師徒對答時講的既然是般若，當然就是依「一切法眞如」這個如來藏的境界來演說般若。但是如來很慈悲、很老婆，所以《大品般若》六百卷，祂從每一個法——包括三十七道品的每一個法全都拿來講；是依於眞如的境界來講每一個法，任何一個法講完了以後就說：這個法中的眞如也不可說、不可識。爲什麼？因爲前面告訴你說，從眞如的境界來看這個法時，這一切法與眞如這個法都是不存在的，然後我說的這個一切法不存在的這個事情也不存在；再遣除掉，最後是連這個智慧也不存在，一切俱遣，就是回歸眞如所住的境界。

天台宗他們創派祖師就是不懂這個道裡，所以就發明了什麼雙遣之法，當你說了某一個法之後，這個法還要再遣除掉。他們不懂如來說的是依眞如來講那些法，所以那個法在眞如境界中是不存在的；然後再把說這個法不存在的事情，以及所生的這個實相的智慧也要遣除掉，回歸眞如，因爲眞如境界中無一法可得。但 如來明明說了這麼多的法，想方設法讓弟子們達到初地的無生法忍智慧，你怎麼可以說那些法不存在？其實 如來是說眞如心的境界中無一法可得，但他們不懂啊！正因爲如此，沒有一個證悟的禪宗祖師願意拿天台宗的東西來弘揚，因爲看穿他們的手腳了。那天台智顗大師就是個凡夫，後世證悟了，是在禪師手下悟的，已經是那一世再過幾世以後的事了。有沒有聽過天台德韶啊？就在清涼法眼手下悟的，在那之前就只是個智顗大師，對般若正義總是依文解義。

因此說，到了第二轉法輪時，講的就是「**一切法眞如**」的境界。換句話說，一切法本來都是從眞如心出生的，從眞如心出生以後總會變異，所以存在一段時間後總會消滅，一切法消滅以後哪裡去了？斷滅了嗎？消失了嗎？沒有啊！如果一切法眞的生住異滅而歸於滅，那就完蛋了！例如打從你出生到現在，你消耗掉多少眼識種子了？無量劫來，到了八十歲時也許就沒有眼識種子可以用了，老了就變瞎子了不是嗎？因爲你的眼識種子用光了，來世也會是瞎子。但問題是眾生無始以來，到未來無量劫後，眼識種子都用不光的，爲什麼呢？因爲這個眼識種子出現以後又消失了，還是在如來藏裡面，沒有外流，怎麼會越來越少？好比一個大水桶，你裝了個馬達，打上來以後水掉下來，還是在水桶裡面，當這個水桶整個密封起來，在那裡面這樣打上來下去、打上來下去，水永遠不增不減。例如色陰的種子——五色根加上六塵，這都是色陰的種子流注才能成就。如果這是有生滅的，就表示不斷地出生、不斷地消滅，滅久了以後要再出生就會有困難，因爲被一直消耗掉了，那可能眾生活一大阿僧祇劫後就死掉了，因爲種子永遠滅盡了。滅盡以後不能再生時，就是印順說的眞如，就是他說的緣起性空、就是滅相不滅；釋印順就說這樣叫作眞如，已經滅盡了，而這個已滅的法相不會再滅了，就叫作眞如。唉！這個人不可理喻，用臺灣話罵他就好——眞魯！眞的要罵他。

其實緣起性空是有一個常住法，藉著眾緣而生起諸法，才是緣起性空，這個能藉緣生起諸法的心才是眞如。但釋印順說的緣起性空本質上是緣生性空，不是緣起性空，而是諸法可以藉著諸緣來「共生」，早被《中論》所破了，他還不知道。眾生所有的一切種子，無始劫以來，不曾外於如來藏，都在這個「**無名相法**」眞如心裡面不斷地生滅，所以不用害怕說：「**我無始劫**

以來用掉那麼多身體了，我這個色陰種子萬一用完了，未來世沒有身體可用，怎麼辦呢？」不必擔心，因爲這些種子連同自己的五陰全都在自己的眞如心裡面，從來不在外面，落謝以後也還是在自己的眞如心裡面，所以種子不會減少。眞要說減少，只有一種種子，叫作染汙種子，你可以經由修行逐漸把那些煩惱種子減少或滅除，但是蘊處界的這一些種子永遠不會減少；既然永遠不會減少，既然這些種子都在妙眞如心裡面，看來好像有生滅，其實沒有，因爲依舊是妙眞如心所含攝。

所以，這一切法在妙眞如心裡面運轉時，表面看來有生有滅，可是它一直都在無生的如來藏裡面，所以這一切法就是無生。就好像一個透明的大水桶，那個馬達打上來，分成八個水管，爲什麼又說八個？因爲有八識心王的種子持續在運作。那六識有種子功能差別，當然是各有種子；意根於如來藏中，也有祂自己的種子不斷地流注出來；如來藏也有自己的種子流注出來，不只含攝蘊處界而已。這個密封的大水桶，八個水管這樣打上來，你看來那個水有上來，然後又下去，就這樣不斷地上來下去。如果智慧不夠，只看上面或者水面上那一段，沒有看到桶子，就說這個種子有生滅，只看水一直上來又掉下去，那水就一直過去一直消失；因爲沒看到水面以下的桶子滿滿都是水，就說這些水是生滅的。可是你如果看清楚了整個大水桶，看見水掉下去時全都回到水桶裡，是桶裡的水打上去又回來，所以不管水面上或水下，全部都沒有生滅。這時知道這只是示現而已，哪裡會有生滅。

因此這時你就知道，我們八識心王的種子亦復如是。既然是同樣的道理，這些水上來時附帶了很多法上來，就是八識的種子流注上來時，顯現有這八識心王的法，同時就有心所法等伴隨著上來，但還是要回去如來藏中，還是在如來藏這整體大水裡面。那這樣來看時，就說這水面上看來有生有滅的水等「**一切法**」，其實與水桶裡的更多水是一體而無生的。

那二乘人因爲他們的法淺，一世就能證解脫了，所以如來只跟他們講水桶表面上的那些水，說正在噴濺的那些水是生滅的；因爲是生滅的，所以捨離那些生滅法而不再有水繼續噴濺了，就說是解脫生死了。接著告訴大家說：「**生死可以解脫了，別急著入涅槃，還有更殊勝的法。**」於是告訴他們般若。幫他們證得如來藏以後，如來接著說「**一切法無生無滅**」，他們聽了就懂了。所以「**一切法無生**」，跟四阿含講的「**一切法生住異滅**」並沒有矛盾，完全沒有牴觸；只有淺深差別，只有廣狹不同，所以「一切法無生」跟解脫道完全沒有衝突矛盾。如果有誰告訴你說：「初轉法輪跟二轉法輪講的法義互相矛盾。」你就知道這個人一定是個凡夫，表示他連二乘法都誤會了。

那麼說完「一切法無求、無戲論、無生」，這是從妙眞如心「無名相法」的實際理地來告訴你眞相，也就是菩薩的所見；這都是現量所見，不是用思惟想像來的，這不是比量，而是現量。爲何我說這是現量？因爲這是從眞如心的境界來看的。你證得眞如，依眞如的境界來看時，這是你的現量；你可以現前親自這樣觀察出來，所以自己能證明　如來不二語、不誑語。如來講過：「一切法皆以眞如爲定量。」或者說：「一切有情皆以眞如爲定量。」祂是決定不可改變的現量。因爲三界十方法界中的十種有情法界中的事實就是這樣，任何菩薩證悟了都不能推翻　如來這樣的開示。

那麼這樣子開示完了以後，其實所開示的這些依舊是戲論，因爲是意識所知的境界；既然是意識所知的境界，那你依如來藏的境界而住時，就沒有這些境界可言。爲大家演說了那麼多語言文字的目的，是要讓大家明白眞如心實相的境界是什麼，可是明白之後，不應該執著這樣的法，否則就不是轉依眞如心了，所以接著就告訴大家說：「於此事中亦不念、不分別，是名見佛。」你如果想說：「我一定要記住這些法。」那你就是已經念了——念這一切法，念一切法時就是意識境界了，就不是轉依。

如來藏妙眞如心不念一切法，當你知道如來藏是這樣時，把這些道理跟大家講清楚，讓大家回歸到如來藏來，就是要大眾「於此事中亦不念」。剛才跟大家講了這麼多，就是在分別這些法，因爲如果不作這樣的分別，大家聽不懂，所以要爲大眾廣作分別；但分別完了以後，要告訴大眾離開那個分別的境界，回歸到如來藏自住的境界，所以要告訴大家「於此事中亦不分別」。

你看　如來多老婆，眞是老婆到眉毛拖地；每一個法講完以後就提醒大家要回歸如來藏，所以《大般若經》爲什麼會講到六百卷，就是這個原因。因爲每一個法都要提出來講，不可以遺漏，否則「內遣有情假緣智、內遣諸法假緣智……」等非安立諦的三品心就講不圓滿。一世要讓阿羅漢們進入初地，必須要一一都講清楚，讓阿羅漢們全部都隨聞入觀，當《大品般若》鉅細靡遺講完時，大家就入地了。所以從眞如來演說所有諸法，不可遺漏，並且每一法都講完之後要交代大家，於眞如境界中這個智慧也不可得。然後再告訴大家，連這個不可得也不可得。夠老婆了！如來又說，能夠這樣來理解這一些聖教，才能說他眞的「見佛」了。否則看見應身佛時也不叫「見佛」，見了化身佛也不叫作「見佛」，得要這樣看清楚諸佛如來的實際是這個境界，如是現觀而不是思惟的，才能夠叫作眞正的「見佛」。

這樣講完三種「見佛」，以後再有哪個大師說他看見佛了，你就說：「你是個糊塗蛋！」他一定很生氣：「我是名聞四海的大師，何曾聽過這種侮辱的話！」但你別等他發話，緊接著就告訴他：「大師可別生氣，你要是生氣了，就是意識境界，眞如境界中沒有生氣這回事，懂這事了才是眞見佛。」他臉上一陣青一陣紅一陣白，開不得口。你就告訴他：「眞如就在你身上，你的故鄉就在你家。別急！有一天你總是會證悟的。」扭頭就走，天下太平。讓他每天晚上煩這件事，煩到有一天也許他悟了，來世正好收他作徒弟。所以，「見佛」沒那麼容易！

「見佛」的事，我倒想起很早以前有一個夢境很有趣，那是在這一世，把往世的所學找回來之前的事。大概是破參前一年多，有一天凌晨三、四點夢見如來要從這裡經過，大家都備了香案、供了花果等。結果，大家翹首仰望，突然間說如來已經過去了。我心裡面想：「沒看見如來經過，爲什麼如來就過去了？」想不通啊！到後來悟了說：「原來如此，這樣才是見佛！」沒有看見佛身才是見佛，若是在色相上看見了如來，全都是見色聞聲，那是以音聲求如來，以色見如來，那個人沒有眞的看見如來。原來這是個預兆。

那是把往世所學的找回來以後才知道原來有預兆，原來有定數，所以七十幾年前才會投胎到這個當時鳥不生蛋的臺灣來。當時臺灣很窮苦，眞的很窮苦，有錢人是極少數，結果後來臺灣富名傳天下。現在最有錢財的地方是臺灣，臺商的錢財總是藏到使人難以了知。你可別說現在臺灣外匯排不上名次，我告訴你臺灣有的是錢財，只是這個錢財你沒辦法算，它叫作法財。它又不是鈔票，你怎麼算？這個法財無量無邊。你不要去想像說：「大概這麼大、這麼大，大到極樂世界去了。」我告訴你：法財無量啦！怎麼會到極樂世界去？沒有量啊！有量才會有一個多廣多大多深多淺可說。沒有量時，你要怎麼算它多大？沒有量就沒有邊！

所以「見佛」不是容易的事，因此，「如何名爲見佛？」禪師有時告訴你：「見無所見！」然後學人就在那邊思惟：「原來是看見了沒有看見，究竟是什麼道理？」怎麼想也想不通啊！心裡面想：「廢話！禪師手頭眞儉。」可是，當他哪一天去質問禪師，禪師說：「我每天都跟你說法，你怎麼說我沒有跟你說法？」這徒弟不信，禪師就罵：「你早上到我這裡來請安，我不是跟你點頭嗎？你端了茶來，我不是就喝了嗎？你來問事，我不就跟你答了嗎？什麼時候沒跟你說法？」這時候徒弟恍然大悟，原來如此，才知道禪師老婆。所以，哪天禪師要呼喚你說：「去端一碗豆漿來。」你就趕快去端；端了來，恭恭敬敬遞上去，就合掌說：「謝謝師父說法。」可是要記得，那師父得是個證悟的人才許這樣說，否則你就有大麻煩了，因為師父會起煩惱：「我這個徒弟學佛學到腦筋壞掉了。」如果你跟師父都已是「見佛」的人，這就好辦了。那雙方一來一往，家裡人的話可有得說了，讓侍者站在旁邊側耳力聞都無所聽，一句話也聽不見，為什麼？因為他聽不懂。

這樣的人才有資格說他已經「見佛」，所以應身如來不是眞正的佛，看見了諸佛如來本際第八識時，同時也看見自己的本際第八識，大家平等平等，差別只是諸佛如來第八識中的種子全部清淨了，差別只是諸佛如來對第八識中的一切種子全部了然於胸自由運用，而咱們悟了還無法像如來那樣，還差得很遠。就只有這個差別，可是第八識心體的體性是一樣的，你看見了自己的就看見如來的，這樣才是眞正的「見佛」。

接著世尊開示說：「若有諸人於此法中無憶想分別，無取無捨無貪無違，無相、無相業，不貪言說，知法假名，皆無所有；斷語言道，無有差別，亦無戲論，是名無生無相行者，於世界中名爲聖眾。」根據這一段聖教，你們把這一段經文舉出來，去天下到處遊走，有大山頭你們就進去，見了堂頭和尙就問：「師父！您看看這經文這麼說，請問您是不是聖眾？」他那臉馬上就垮下來了。所以現在佛教界的聖人都不見了，不無原因啊！因爲我們把般若勝義一一講出來，整理成書流通出去了，所以那些「聖眾」一個個消失了；他們的五陰都還在，聖人倒是「入」涅槃了。如果誰閒得發慌沒事可幹，可以寫一本《佛門外史》，將來跟《儒林外史》並列。

所以說佛菩提道深妙廣大不可思議，因爲這是唯證乃知的；沒有實證的人在那邊把臉打腫了，仍然不是胖子。人家一看就知道，這要不是被打腫了，就是他的腎臟出事了；這是老人家的經驗，腎臟出事了就是會水腫。水腫在表面上看起來好胖，其實都是水積在身體肌肉器官裡面。最好檢驗的就是小腿伸出來，把褲管拉上來，不是有個脛骨嗎？那脛骨硬硬的，往脛骨上一按，放手，那皮膚不會浮上來，保證他腎臟有問題。趕快去吃桂附地黃丸，如果這個無效，就是身子很燥，那就改吃五淋散。我們會裡陳醫師給我的好方子，只要這兩種配合運用，腎臟一定很健康，用到命終都不會壞，不用去洗腎。

所以，打腫臉充胖子不是正辦，不知就說不知，虛心求教善知識，遲早總得會去。因此說，這個境界不好證，但咱們正覺出來弘法，向天下昭告這是可證的。實證的菩薩，一定不會是永遠只有一個人，除非看看這一些弟子們一個個都不成材，不傳給他們，否則沒有無法教導弟子實證的道理。那麼如來就說了：「如果有人，」不管他們是幾個人，「在這個『無名相法』之中，沒有憶想沒有分別，沒有取沒有捨，不會起貪也不會覺得有違心的境界，他住在這樣無相的境界中，看見這個在一切相之中無相的心所作的業也不存在，沒有相業也不貪愛言說，他知道一切法都只是假名，全部都不存在。」這樣才是證悟的人，才能夠說他已經進入菩薩僧的數目中，他算是其中的一人了。

證得「無名相法」眞如心時，你一定會看見眞如心的境界中，也就是「在此法中，沒有憶想沒有分別，」憶想和分別都是你意識心的事，你有時會想起這件事還沒有辦，那一件事還沒有辦，哪一件事情是辦好的，接著要幹什麼；有時會想起來，但這都是意識的事，而你的妙眞如心「無名相法」，在這個法的境界中沒有憶想可說。以前就是沒有人這樣講過，那些大師們連讀都沒讀過，不曉得他們閉關六年不讀經典，到底在幹什麼？都不知道！又不是修定，因爲他連未到地定的功夫也沒有——連無相念佛都不會。閉關六年都只讀日本人的書，好怪！讀那日本人的書，他還不如去讀林清玄的，至少還有趣一些！結果，有一天禪坐會上開示，他說：「坐禪很有功德，比如說你坐禪，也許坐上很多年，當你一心不亂以後突然會想起來，那某甲十幾年前，欠了你二十萬元還沒有還。」當時我心裡面想：「這也算一個功德啦！」因爲想起來就有錢可以討、可以花，說得也算好。可是現在我認爲不好，以前認爲他說得好，是因爲不懂，懂了就不說他講得好。

那個「憶想」無非意識境界，他如果閉關六年有讀過《佛藏經》，就不會這樣講了；因爲他開示時一定會想起來：「佛陀有說『於此法中沒有憶想』，那我現在這樣講，不是想起來了嗎？想起來的境界就是意識境界，我不能這樣講。」所以，即使菩薩悟後現觀妙眞如心「無名相法」的境界，細細思惟整理時，那個思惟整理依舊是意識的境界；而他所整理、思惟的內涵是妙眞如心的境界，但妙眞如心自己永遠不會有憶想、不會有思惟，所以不會有分別。既然不會憶想也不會分別，那祂會取會捨嗎？例如小孩子兩手都拿滿了食物，沒辦法再拿了，但他發覺還有一個更喜歡的食物，他沒辦法再拿，兩隻手在那邊碰來碰去，沒辦法取；後來想通了，把這隻手的食物丟了，就可以拿另外一個回來；這叫作取捨，捨了這個然後取那個，這時他有沒有分別？有！因爲有分別，他才能夠取捨，沒有分別時就不會取捨。

那些大師們以前都自稱是開悟的聖者，都是證得無分別的境界；但他們走路都不會踩到狗屎，可是都說他們已經沒有分別了。你們信不信他們的無分別境界？不信喔？但二十年前爲什麼信？二十年前很多人信，今天敢說不信，直接了當反應出來就說不信，因爲你們知見太好了。可是以前不說你們信，連我也信，我也聽過這樣的開示啊！他說他都不分別而又了然分明，所以不喜歡的菜，他都不會去吃；那葡萄很好吃，他就多吃了好幾顆，結果弟子就說：「師父！您有分別了。」那他怎麼解釋呢？他說：「我沒有分別，因爲它好吃，我只是多吃幾顆，但沒有去分別它好不好吃。」可是問題來了，他知道它好吃，所以多吃了幾顆，還說沒有分別喔？但是當時所有弟子們都信了。

正因爲有分別，所以他多取幾顆吃了。如果改天去買一模一樣的葡萄，但是很酸的，保證他吃了一顆就不再吃，你當然知道他分別了，可是他依舊說自己沒有分別。原來他對沒有分別的定義是：沒有語言文字時叫作沒有分別。可是問題來了，明明知道它酸，所以他不吃第二顆；知道它酸時就是分別完成了，怎麼會是沒有分別？因此這一分別完成，他就馬上捨了、不再吃了。所以取與捨是分別所導致的，如果對六塵都不了知、不分別，就不會有取捨。而妙眞如心這個「無名相法」對六塵是都不了別的，因此祂就不需要取捨了。

如果有情的「無名相法」妙眞如心會分別取捨，到底好不好？不好？那是你說的喔！如果從一條癩痢狗來講，到底好不好？我們來看那一條癩痢狗的如來藏，會分別時我就爲牠說好，爲什麼？因爲日子難過，早死早超生啊！

豈不是更好？可是從學佛人來說，就說這樣不好，因爲就沒有因果律了。所以，癩痢狗看見有主人養的狗，養得白白胖胖、壯壯的，毛色很光亮，牠羨慕了！如果牠懂得有三世輪迴，一定願意趕快死了重新投胎。但就算牠懂得趕快死了去投胎，也無法隨意捨報，因爲跳下水裡去自己淹死，牠也不太願意：「**那很痛苦欸！**」但若不跳下水溺死，想要去投胎又不行，因爲如來藏不放牠走，牠走不了。

所以很多植物人（其實這個名詞是有問題的，且不說它），他只是無法表示意思而已，可是痛癢冷暖他都知道；只是無法動轉也無法表達意思，人家就說他叫作植物人。但他不是植物，他還是個人。那他想：「**每天躺在這裡，已經躺二十年了，趕快死了吧！**」偏偏死不掉，因爲他的如來藏不分別，所以就沒有取捨——不會捨棄他這個身體；一直到他壽命應該終了爲止，才會捨棄這個身體。

那麼「**無取無捨**」的心就「**無貪無違**」。貪是爲什麼？因爲面對的是順心的境界，如果是違心的境界，趕快要遠離了。那順心的境界對眾生來講，希望這個境界永遠保持下去。所以假使當上了大法師，蓋了一大片寺院金碧輝煌，信眾幾百萬，在寺院裡面就像一個王國；他在裡面當國王，覺得這是順心的境界，因爲不管哪個信眾來了納頭便拜，拜完了，紅包就供上來了。哇！太高興了，他高興到習以爲常。有一天突然想起來說：「如果現在這個境界，是在我二十歲就開始了，有多好！」對啊，因爲這是順心境界，他才會這樣想。

如果他活到現在八十好幾了，只是一個小庵住著，往往三餐不繼，他想：「我還是早死早超生。」可是他想死又死不掉！每天晚上都想：「我今晚睡著就死了該多好。」每天晚上想也沒有用，死不了，他的如來藏就是不捨棄他，因爲他的如來藏無貪無違，祂不去領受這個境界好與不好。也許晚上睡覺時他覺得飢寒交迫：今天晚上沒有飯吃，偏偏今晚又比較冷，這薄被不夠暖，恨不得這一覺就永遠起不來。可是他在那邊又餓又凍時，他的如來藏都不領受境界，所以也不會捨他而去，想死也死不了。像這樣，如來藏不捨他而去，到底是幸福還是不幸福？還眞難說啦！

但如果是諸位呢，諸位一定想：「希望大家都是長命百歲，咱們每週都有法樂自娛，多棒！」但是，如果你正這樣說時，旁邊有個禪師突然一棒就打下來了：「**落草也！**」說你落草了，落到諸法裡面了。也就是說，「**無名相法**」如來藏的境界是「**無貪無違**」的，「**無貪無違**」是因爲祂「**無取無捨**」，「**無取無捨**」是因爲祂不分別；不是有時不分別，而是從來不分別。像這樣的境界還會有相嗎？起了善念之相、惡念之相或者無記業的無記相，這都是意識心的事，與祂如來藏無關。所以不管你這個五蘊去布施了多少、去救濟了多少貧困的人，你的如來藏依舊不以爲喜，從來不沾功。祂不會想說：「**我這一世的五陰懂得布施，作了好多的福德，我也沾光。**」從來沒這回事，祂從來不會這樣想，因爲祂完全無知。

糟了，竟然敢罵祂無知，好大膽！但我說的是眞的，我沒有罵祂，我是在形容祂、敘述祂。如果是形容、是敘述，所說是事實，就不叫毀謗。應該這樣！不曉得法官大人是不是這樣認爲？對啊！是形容。我從現量上觀察來形容祂，轉述給諸位聽；或者我讀了聖教量的說明，如實勝解而轉述給諸位聽，就不是毀謗祂。而且老實說這是讚歎祂，正因爲祂無知，所以你才能夠知；如果祂有知，你就不會有知；因爲這個知的功能，祂拿去用了不給你，你哪能有知？但祂就是留給你用，讓你知一切境界，而祂自己無知。無所了知就沒有分別了，沒有分別時，正好有一句禪師說的「日日是好日」；可是這禪師哪一天來到我面前說「日日是好日」，我也給他一棒，因爲他又落草了；因爲如來藏不知，怎麼會知道是好日呢！

所以不管你作什麼，祂都不會起心動念，祂沒有心相可言。祂在你身上運轉，那你造了任何的業都是你的事，跟祂無關。但你能夠說跟祂完全無關嗎？也不能！這樣講，有的人就迷糊了。打個比方，例如冷氣機在轉，大家有冷氣吹，冷氣是誰吹出來的？是冷氣機吹出來的還是電吹出來的？兩者都有嗎？可是電不分別，吹出冷氣的是冷氣機啊！電能吹出冷氣嗎？能吹冷氣的話，那雷一打，電多大，應該遍天下都冷死了吧！所以你不能夠說那冷氣是電給你的！可要是沒有電的話，那冷氣機還能給你冷氣嗎？又不行了！那電譬喻如來藏，冷氣機譬喻五陰，道理是一樣的，這樣就容易懂了呵！

如果不是如來藏在運行，你這個五蘊就跟死人一樣，好比冷氣機沒有電來時就跟廢鐵一樣。所以實際上造業的卻是你這個五蘊造的，祂雖然支持著你，但是祂沒有心相可言，祂沒有也不會告訴你說：「**我支持你，是要讓你作善事的，不可以去作惡事喔！**」祂沒有這樣。所以作善事是你，而外面的那些混混殺人放火造惡業，祂的如來藏也沒有告訴他說：「我支持了你，你不可以造惡業。」都沒有啊！因爲如來藏不分別，所以「無相」。冷氣機有相，吹風機有相，電無相；沒有定相，所以在人身上就叫作人，在畜牲身上就叫作畜牲，在天人身上就叫作天，沒有一定的名稱。你不能夠說：「這吹風機裡的電叫作熱電，冷氣機裡的電叫作冷電。」沒這回事，電就是電。

這樣譬喻了，還沒找到的人就有比較清晰的概念了。可是祂在你身上絕「無分別」，「無分別」就「無相」。所以有情有各種相，雜亂相、染汙相、清淨相、定相，或者人相、惡道相、天相，可是祂無一相可得；「無相」時就不會造作各種有相的業，所以說「無相業」——沒有各種「相業」。一切有相業造作出來時都跟祂無關，但祂眞的存在。既然祂「無相」，也沒有任何的「相業」，就「不貪言說」了。一個人一天到晚嘰哩呱啦一直講話，無非就是爲了表現自己，就會貪於言說。如果不是爲了互相溝通辦好事情，他閒著就閒著，不會一直講話。

有的人，正當沒有人跟他講話時，他自己坐在那裡咕咕噥噥自己一直講著，人家就會說他精神不正常。所以沒有人跟他講話時，他就不應該講話。

但這是從世俗的層面來說，要是從證悟的菩薩來說，看見有個人坐在那邊心事重重一直在想事情，菩薩看了就說這個人不正常，爲什麼呢？因爲正常的人不打妄想。哪個人才正常？如來藏才正常，不生不死的才叫作正常。可是世間人顛倒，都把不正常叫作正常，都說：「如果不會想事情，那個人就不正常，要叫作呆子。」這跟有智慧的菩薩見解不同，所以才說世人顛倒。

諸位試著觀察看看，這兩種人有什麼差別？一個人在心裡面喃喃自語一直講個不停，在心裡從早上講到晚上，不斷打妄想；另外一個人也是喃喃自語，但他講出口。這兩人只有這個差別而已，那爲什麼講出口的人被叫作不正常，沒講出口的人就叫作正常？所以從菩薩來看，這兩種人都不正常。學會了無相念佛，開始第一分的正常；看話頭了，進入第二階段的正常；什麼時候才是眞正的正常？證悟如來藏了：「原來眞正的我是如來藏，祂從來一念不生。」從此以後，當人家宣稱禪定修得多麼好，你就開口跟他說：「誰修得再好，也不如我啦！」人家問說：「你是有未到地定嗎？」「沒有！」「有初禪嗎？」「沒有！」「有非非想定嗎？」「沒有！」「那你的禪定怎麼會很好？」就告訴他說：「我不只是一念萬年，我是無始劫以來到現在都沒打過妄想，你說這樣的定好不好？」他當然說「好」啊！可是問題來了：「這是什麼定？」告訴他：「這叫作大龍之定，不出不入。」他怎麼擠破腦袋也不懂！

所以「言說事」都是意識的境界，因爲意識能夠接觸六塵，在六塵中了別；了別之後就會產生種種的差別，不同的法相出現，於是祂就會作更多的分別、更微細的分別，接著就是取與捨。有了取捨，知道這是順心境、那是違心境，就會跟人家有所言說。沒有言說時他就會作各種的業，但是如來藏永遠「不貪言說」，因爲祂根本不知道言說；所以菩薩轉依如來藏以後，就不用再貪言說了。

一個證悟的人閒來無事，因爲該作的都作完了，坐下來輕鬆一會兒休息休息，不用盤腿打坐也是一念不生，因爲深入轉依如來藏以後就「不貪言說」了。這樣的菩薩知道諸法都是假名，「皆無所有」；不管哪一個法都是假名，所有的法都經由假名言說來互相溝通說明，所以不管誰說出來時都是假名；既然是假名就不是眞實存在，那就是「無所有」。到這個時節轉依成功了，禪定一定現前，至少發起初禪了；因爲「無取無捨」時表示心地清淨，「不貪言說」時表示定力很好，難得生起一念，所以這時「斷語言道」。證悟者在理上早就看見如來藏「斷語言道」，接著是在事上轉依之後修行時間久了，這意識心自然而然也「斷語言道」，除非必要就不說話。

那麼這時面對於眾生就會有一點不同的狀態出現——「無有差別」，因為自己心中已經無差別了，自己如是，諸佛菩薩如是，眾生亦復如是。所以剛悟時看見有人來了，一個念頭立刻生起來：「如來藏來了。」看見貓過來了：「如來藏來了。」看見一隻蟑螂害怕被人打死，劈哩啪啦趕快逃走：「如來藏逃走了。」你說：「奇怪了，如來藏不是無形無相嗎？怎麼說看見祂來了，看見祂走了。」雖然無形無相，可是祂不斷在運作，所以來了走了是看得見的，這時所見都是如來藏，不是看見人、貓、蟑螂。

看見自己的如來藏「無憶想分別，無取無捨……」等，任何一切有情的如來藏莫不如是，沒有差別，所以經由理上觀察沒有差別，轉依之後在事相上自然也漸漸沒有差別了。因此有時人家說：「我看這個人，再給他一百世努力參究也悟不了。」我當面就說：「他的如來藏有寫著『悟不了』嗎？」有的人說：「唉呀！這個人一定不會被重用的，好笨的人，蕭老師一定看不上他。」結果意外被重用了，大家怎麼想都想不到這個人怎麼會被蕭老師看上的。也許有人想：「他大概每週二講經完了，就送一顆水果去給蕭老師，要不然就去他面前晃一晃問候一下。」我告訴你：「他從來沒有！」有時人家說：「這個人法義精通，一定不久就被導師重用了，他一定很快當上親教師。」沒想到，我一直都沒用。

這是不是分別？當然是啊！只是我分別的內涵層次和一般人不一樣而已，因為「我」不是人，所以我的分別跟別人不一樣。小時候大家都很在意說：「我未來長大要當工程師、醫師……」或者計較說：「我如果吃虧，一定要計較回來。」我這個人從小被欺負，可是我有一個想法很奇怪：「我在這裡失去，一定另外一個地方會得回來，所以我沒有吃虧。」很奇怪喔？這個想法小時候就有了，真的很奇怪！所以，我從小就被人家認定說：「這個孩子很奇怪。」甚至於後來奇怪到被人家罵「抾角」。形容說：人家出門至少有分一塊肉回來，沒有肉時至少肉骨頭也好，但這孩子出去撿回人家沒辦法煮的、不能吃的角回來，能幹什麼？也就是「將來沒有用」的意思。

我還真的沒用，在世間法打滾了二十幾年以後，竟然賺錢自己不花，專要花在復興佛教上面，真像南部人罵的「無路用」（臺語）。對啊！有人就講我啊：「你賺的錢爲什麼自己不花，爲什麼要捐出去？」他們看我是很傻，從小就這樣，就有這個習慣。但其實不傻，因爲我從小就想：「我這邊失去，一定另外一邊得了，只是我現在還不知道得什麼而已。」學佛以後知道了，是得福德，未來世得更多。這個算盤到底是傻瓜會打、還是聰明人會打，我還眞不知道。現在看來，我還是寧可當傻瓜，因爲這個未來世的錢財，是誰都拿不走的，在未來世等著我來用。我這一世在布施上面花得越多，未來世資糧越多，可以作更大的布施，有什麼不好？這樣成佛才快，永遠不愁資糧。

所以當你看眾生，是從如來藏看時，你的想法就異於常人。人家說你傻，你自己心中快樂地說：「不傻！我最聰明了。」因爲從如來藏來看，你布施的因果昭昭不爽。這很公平，大家都一樣，都沒有差別；造惡業的未來世去受惡報，造善業的未來世受善報，很公平。如來藏是無記性的，祂不管善惡，祂只管收藏種子；善業種子收藏了，祂沒有歡喜；惡業種子收藏了，祂也沒有悲傷。祂一體收藏，因爲不分別。雖然不分別，因果律卻可以如實執行。那菩薩因爲看見如來藏是這樣無有差別的，所以菩薩就跟著轉依這個無差別性。依這個無差別性時就不會今天說「請上座，泡好茶」，明天另外一個沒有錢的人來時，也不會連坐也沒，連茶也沒。

這意思是說，如來藏不作戲論。凡是作了分別，那就是戲論，不是實相境界。實相境界中沒有戲論，戲論都是從分別來。既然「無有差別，亦無戲論」，住在這樣的境界中，就叫作「無生無相行者」了。你從表相上來看，他的五蘊依舊有生，所以他今年五十歲，或許今年八十歲，將來會死，因此他依舊有生；但實際理地的他是無生的，因爲他以如來藏爲身，所以他無生。他以如來藏爲自己的眞實法，所以他無相；表面上看來他有相，其實無相；這樣無生無相的行者，在世界中才能夠稱之爲「聖眾」。好！今天講到這裡。

《佛藏經》我們上週講到十九頁第一段講完了，但是留下一個小尾巴，還得要再講一下，也就是最後一句「於世界中名爲聖眾」。爲什麼要再講這句？因爲人之不同各如其面，要找到兩個人面孔長得很相似的，還眞不容易。同樣的道理，猶如其心各個不同，不管怎樣都各有見解，所以 佛陀說法時就像《大寶積經》講的：「佛以一音演說法，眾生隨類各得解。」各人的理解不太相同。那麼佛教界早年也有人說：「你要尋找聖眾，得先出三界去，因爲聖眾是住在三界外的境界；所以你想要看見聖人，當然要去三界外。」

但是這個說法其實不對。

乍聽之下可能都會認同，因為聖人是出三界的，你要見聖人當然要到三界外見。這就是世俗見！就好像你要拜見一位道行很好的仙人，那你得要山裡面去見，因為他們都住在仙山裡。那問題是出三界的聖人，他究竟叫不叫作「聖人」？明明大家都說他是聖人，但聖人不就是人來當的嗎？聖人是由誰來當的？當然是由人當的才會叫作聖人，如果是天來當就要叫作聖天。古來被稱作天的人不多，最多的是凡夫而被稱作天，那就是國王，叫作世間天。阿羅漢們名為解脫天，證悟的菩薩古時也有被稱作第一義天的，但是不多。古時是玄奘在天竺被佛教界恭稱為第一義天，但前面還有一個天稱為聖天，聖天的梵文稱為什麼？稱為提婆。提婆，翻譯過來叫作聖天。聖天就是第一義天，但是古來不多。但不論怎麼稱呼，他們依舊是人，其實就是聖人。

聖人如果不是由人來當，那就看他是什麼；當然不可能由狗來當，總不會有聖狗，至少得要是個人。那麼如果是天而成聖，在人間難得遇見。既然叫作「聖人」，一定是由人來當；聖人有沒有人類的五蘊？有啊！有著人類的五蘊，那他應該住在哪裡？人間！不叫凡間，你們有人講凡間，這不行；

凡間是凡夫的境界，要說是住在人間。那人既有聖有凡，這也正常，雖然他的境界是可以出三界的，但你想要求見這個聖人，不用出三界去見。如果出了三界，你不在了，他也不在了，那你能怎麼見？所以你得在人間見他。因此，早期有些人亂說法：「**想要見出三界的聖人，他住在三界外，你要去三界外見他。**」這是外道誤會佛法的一種說法，因爲界外無法。

外道有說過兩句話成爲一對，諸位應該都聽過，例如有人說：「**這某某大師，跳出三界外，不在五行中。**」有沒有聽過？有嘛！說他出在三界外，不在五行中，結果卻有地水火風組成的色身，卻有這個五陰，而說他是不見人，都在山上住，就叫作三界外了。這還眞的誇大，但他們的本意不是要誇大，而是不懂三界。因此，才會有一些小法師們，被外道熏染了，然後就跟著說：「**聖人住在三界外，所以要見聖人得要到三界外見。**」

以前也有個居士跟我談到三界外法，我們在《平實書箋》裡面答覆他說：「**三界外無法，哪來的三界外法？**」所以他也不敢回應。也就是說，心境無妨是三界外的，但是這樣的「**聖眾**」一定是住在人間，不然就是住天上，不會是在三界外；所以他們所生活的世間一定是三界內，就稱爲世界；因爲三界內的境界不離三世、不離空間，所以叫作世界。

那麼如來說：「若有諸人於此法中無憶想分別，無取無捨……」等，最後說「斷語言道，無有差別，亦無戲論，是名無生無相行者，於世界中名爲聖眾。」特別告訴我們是「於世界中」，可不要打妄想說：「我哪天可以出三界時，就能見到阿羅漢了。」問題是，這話顚倒了；你得先成爲阿羅漢才能出三界，那你自己就已經是阿羅漢了，還要出三界去見阿羅漢幹嘛？對吧？所以有些人講話眞是顚倒的心行，而自己完全沒有發覺到，說他要出三界去見阿羅漢。但他沒有先成爲阿羅漢，怎麼能出三界？當他眞的出三界時就不再是阿羅漢了，那時出了三界就沒有五蘊了，還有誰當阿羅漢？那別的阿羅漢出三界也一樣沒有五蘊，他能到三界外去見哪個阿羅漢呢？所以：太好了！見阿羅漢不必出三界，在人間就夠了。這樣不是方便多了嗎？學佛要抄近路，直截了當，只要一步跨過去就到了，不要繞了好幾公里回來還在這個地方。其實只在隔壁而已，你跨一步就好了。所以，這樣的「聖眾」一定是在世界中，不在世界外。那麼這個尾巴也算是一番道理，大家瞭解就好。接著，世尊又開示說：

經文：【「舍利弗！見何法故名爲見佛？所謂無相，無分別無戲論，不受一切法。若以空門、若寂滅門、若離門，不念見、不得見；是事亦不得，所謂名字；是處亦不得，所謂涅槃；何以故？舍利弗！我尚不念涅槃，云何當說汝等當念涅槃，當得涅槃？舍利弗！若人得涅槃者，是人不隨如來出家，隨六師出家。舍利弗！當知是人爲是法賊入我法中，當知是人汙辱我法，當知是人爲是大賊，如大城邑中有大賊；所以者何？如是癡人尚不得涅槃，何況我人？舍利弗！如是癡人，我以手遮；非我弟子，不入眾數，我非彼師。舍利弗！若知諸法無生無滅無念無相，得是法忍者尚不得涅槃，何況我人？舍利弗！佛亦說言如是名爲見法，能見是事名爲見佛。舍利弗！云何名爲如來？」佛告舍利弗：「一切法如，不異不壞，是名如來。若人於是法中無有疑悔，是名聖眾。」】

語譯：世尊開示說：【「舍利弗！看見哪一個法的緣故而名之爲看見了佛？也就是所說的無相，沒有分別也沒有戲論，不領受一切法。如果以空門，或者以寂滅門，或者以遠離門，不憶念能見、不曾有看見；這樣的事情也不曾得到，也就是所說的名字；而這樣的處所也不可得，就是所說的涅槃；是什麼緣故而這樣說呢？舍利弗！我釋迦牟尼尚且不憶念涅槃，怎麼可能應該為大家說『你們應當要憶念涅槃，應當要證得涅槃』？舍利弗！如果有人得到涅槃的話，這個人不是隨著我釋迦如來出家，而是追隨六師外道出家。舍利弗！應當知道這樣的人就是『法賊進入我釋迦牟尼的佛法僧眾當中』，應當知道這個人是侮辱我所弘傳的妙法，應當知道這個人其實是個大賊，猶如大城邑之中有大賊一般；為何這麼說呢？像這樣愚癡人尚且不能證得涅槃，何況能夠懂得我與人的眞實義？舍利弗！像這樣的愚癡人，我用手遮止他；這種人不是我的弟子，不在佛弟子眾的數目之中，我不是他的師父。舍利弗！如果知道諸法是無生無滅無念也無相，得到這樣的法而能安忍的人尚且不曾證得涅槃，何況還有我有人呢？舍利弗！如來也說像這樣子叫作看見了法，能看見這樣的事情就稱之為看見了佛。舍利弗！怎麼樣叫作如來呢？」佛陀又告訴舍利弗說：「一切法都如，不變異不壞滅，這就稱為如來。如果有人在這個法之中沒有懷疑沒有懊悔，這樣的人就稱為聖眾。」】

講義：到這後面來，漸漸講得就快了，但是諸位也會覺得越來越精采。

可是，如果將來整理出來，大法師們讀了會覺得不但不精采，而且不敢白天讀，只能晚上關起方丈室來讀。讀了以後，耳根紅了，青筋暴漲。弄個不好，假使他瞋心重，心中還會罵起來。會怎麼罵？咱們就不提，千萬別學語。他們罵什麼，我們不要學那個言語，那也是造業。

如來又呼喚舍利弗而提出問題來：「**看見了什麼法的緣故名之爲看見了佛？**」世尊問這一句，你們有沒有聯想到禪宗那些祖師們，悟前到處行腳，看見了大禪師就問：「**如何是佛？**」有吧？有！這句話很平常，到哪裡都有人問。都有人問，就表示還沒有到末法時代；一進入末法時代中，再也沒有人問這話了。諸位看看佛教界，臺灣或者大陸，乃至全球，有誰見了善知識時請問：「**如何是佛？**」不曾聽聞。我老實跟諸位說，假使你去到各大道場，見了大師，合掌恭敬地請問：「**如何是佛？**」他們會怎麼樣？根本就不理你。他們心裡面的想法是：你的腦筋有問題！可能手下就把你轟出去了。但你不要見怪，因爲這是末法時代，本來如是。

因爲大家都沒有想要弄清楚如何是佛，所以大家都不問。因爲都不問，所以修學佛法目的是什麼呢？就只是求心靈沒有負擔，什麼都放下，放下到徹底以後，每天就過著快樂的日子，說這樣叫作佛法。這是末法時代的正常現象，所以佛法的修行要怎麼下手呢？他們就提出主張：要說好話，做好事，當好人，這就是佛法。誰還問你：「如何是佛？」那你不能說那不是佛法，因爲那是人天善法，是五乘之中的人天乘。但這就是末法時代，不會有人問你說「如何是佛」？也不會有人問你：「我見佛時，到底怎麼樣才叫作見佛？」一直都沒有人聞問，你不曾聽過，也不曾有人去大山頭問過。

哪一天如果這部《佛藏經》講完了，整理出來印了出去，有個大師來求見，見了面說：「如何是佛？」我說：「大師！您問得好！」他要是有因緣，趕快頂禮三拜，可以走人了。他要是根器還差很遠，就坐在那邊定定的等我再講第二句話，但我不會再跟他講什麼了。等他耐不住性子就會指責說：「都過了五分鐘，你還不答我！」他不知道我已經答了。又問：「蕭大師啊！我剛剛問的，你還沒有答我，我還在等你答話。」唉呀！還眞是根基很遲鈍。但是這也好辦：「喫茶！」（導師此時喝一口茶）然後杯子放了，看也不看他，儘管坐我的，坐著舒服啊！又不必站，不必走路，多棒！等他又耐不住了，因爲他還在等下一句。等他再開口，一棒把他打出去，總算有告訴他了吧！

但是，就算他這樣悟了，又能幹嘛？作不了什麼大事了。所以「**如何是佛**」？到末法時代已經無人聞問了。

那麼「**如何名爲見佛**」？就更不會有人問了！可當年　釋迦老爸卻特地呼喚「舍利弗」，然後說：「**見何法故名爲見佛？**」你看，上一段經文　如來說了三種見佛，這裡又再提起來了，可見「**見佛**」是很重要的事。你得要見了佛，才算眞正入了佛門，否則都是在三門外轉。古時候人家形容千金大小姐，都有人服侍得妥妥貼貼，不必出門；或者說那大戶人家的少奶奶，都有人服侍得好好的，因此說「**大門不出、二門不邁**」，大部分時間都在二門裡面轉；若是住在最內院，連二門都不出去了，何況大門。那表示什麼？是外人，才會在大門外轉。那麼「**見佛**」的人就是入門了，進了大門繼續進修，慢慢的進入第二門，再繼續進修才能夠進得內院——進入第三門。但現在的學佛人都在三門外轉，所以沒有人問「**如何是佛**」，更不會有人問「**如何是法**」。

那麼「**如何是佛**」？問了之後，如果他又問「**如何是法**」？那到底是不是同一問？根本就是同一問。所以「**見佛**」就是「**見法**」，「**見法**」的人才是眞的「見佛」，不是看見應身如來以五蘊示現時叫作「見佛」。世尊特地提出這一句問句，故意要問舍利弗，其實就是一個提醒。那到底看見什麼法的緣故，名之爲「見佛」呢？這就得要說：「所謂無相，無分別無戲論，不受一切法。」諸位聽我說法這麼久了，當然知道這個法是什麼，咱們都是心知肚明：「無相」不是三界中法。

但是，假使有人今晚第一次來聽我講經，聽到這一句話，可能就聯想說：「既不是三界中法，那我得要到三界外去看了，非得出三界去找才行。」那又落入妄想之中了，所以今天一開始，先把前一段的最後一句講了：「於世界中名爲聖眾。」這就知道了：應該不是去三界外找。可是，他心中一定有個疑惑：「這個法既然不住於三界的境界中，應該在三界外，但又不能去三界外找，那我要怎麼找祂？」這個疑惑是難免的，我們也不責備他，因爲這是初學人正常的現象。但我要說明，這個法雖然不在三界中，而祂卻正在人間陪著我們，只是祂的境界不是三界的境界。

那麼三界的境界，能不能離開六塵而示現或者安住？不能！因爲三界的境界都不離六塵，層次的高或低，只在六塵的多寡而已。而這個法跟我們五蘊同在人間，祂卻不了知六塵，不論那六塵的境界多麼粗糙、多麼細緻，不論是多麼微細的法塵，祂都不住，所以說祂不住在三界中。祂的境界不是三界的境界，但祂卻每天跟我們同時同處。所以，禪門常常都這麼說：「夜夜抱佛眠，朝朝還共起。」那接下來，跟你一起起床之後，祂不見了嗎？祂都在啊！都跟你一起吃喝拉撒，沒有一時一刻離開過你，可是祂不住於三界境界中。

這時候他想：「我還眞夠倒楣，今晚第一次來聽你講經，你就跟我講這個聽不懂的。」是啊！是夠倒楣的！可是，這個倒楣才是幸福，因爲修學了義正法，第一腳踏進來，應該知道的一個觀念，就是佛法勝妙不可思議。假使還沒有實證以前，第一次踏進來，聽到了義法就聽懂，我看我得要拜他爲師才對，換他上來講經，我得下座聽他開示了；因爲他一定是再來菩薩，弄個不好，證量比我高。所以，學了義法的第一個正知見，要先建立起來，就是佛法不可思議。因此，今晚第一次進得正覺講堂，聽這了義正法，聽了不懂，這是幸福、是有福氣，遇到不可思議法了。當然這時候懂這道理了，就不應該起煩惱，應該下個決心：「我非要弄懂不可，等我有一天實證了，再來看看你有什麼毛病，我來抓你的把柄。」

起這樣的心念好不好？（大眾答：好！）對啦！這就是我的知音，只有你們才會說好，因爲你們知道我不是正常人。要是我在外面問，大家一定說「不好」，那表示他們都是正常人。正常人的同義詞叫作什麼？凡夫。不是菩薩。既然是菩薩，就表示不在人的範圍之中，不然哪來的十個法界呢？菩薩法界不屬於人，所以菩薩示現爲人時，本質仍然不是人。例如諸地菩薩，本質上不能說是人；因爲他們隨時不管哪一世，都可以到色界天去，你怎麼能夠說他是人？連欲界天人都不能相提並論，那他怎麼會是人間的人？所以這時得要承認說「我不是人」。

「我不是人」，接著說「你不是狗，狗不是人；所以你不是人。」（大眾笑…）這不是說笑，這是一種聲明學的運用。以前提婆就運用這個道理，把外道羞辱了，然後就把他收服。但其實不是罵人，就要用這個手段來度那一些聰明伶俐的人。而菩薩也眞的不是人，前一世在色界天，這一世來當人，也許下一世又去色界天了，到底菩薩是什麼？也不是色界天人，你只能叫他菩薩。因爲色界天人說：「弄個不好，他下一世又到人間去了，看來他又當

人了。但也許下下世又會回到色界天來跟我們一起，看來不是我們色界天人一類，非我族類，叫作菩薩。」確實如此！

那麼同樣的道理，佛的實際到底是什麼？佛的實際就是菩薩的實際，而菩薩的實際是人的實際，人的實際是狗的實際，所以狗不就是人嗎？人不就是菩薩嗎？菩薩不就是狗嗎？對啊！所以，一切眾生平等平等。這是聲明學的運用，但還是得要出於內明來講；依內明來說這個理，不可推翻。那麼，既然一切有情的實際都是這個法，所以一切有情平等平等。因此，如來從來不說：「**我永遠是如來，你們永遠是我的弟子。**」沒有一尊佛這樣說，因爲祂希望一切的弟子將來都會成佛，跟祂一樣。

可是這個平等的觀念或者心態以及說法，你可千萬別到耶和華面前去說，不然他這一生氣起來：「**哼！你竟然要跟我搶這個上帝的寶座，我把你打下地獄永不超生。**」耶和華脾氣很壞，脾氣大得不得了，萬一誰被他打下地獄，他說永不超生。問題是，菩薩不理他，他也奈何不了菩薩。因爲他的境界，不超過四王天，他跟羅刹一樣愛生氣、愛吃血肉；他要吃生鮮的血肉，煮熟的還不吃，那不跟羅刹一樣嗎？但菩薩的境界，少說也是個初果，加上個開悟明心第七住位，他怎麼能夠動得了菩薩？更別說諸地菩薩了。可是，如果有個學佛不久的凡夫菩薩，天生的白目——不長眼，有一天夢見了耶和華，也許往世跟他有緣，從基督教轉過來不久，竟然敢跟耶和華說：「我將來要跟你一樣，我們大家平等平等。」他可就倒楣了！

當然這要有一個前提：耶和華眞的存在，不是人爲的施設。耶和華如果是人類的施設，他根本也就夢不見，也不會有倒楣事發生。因爲一、二百年來哲學家一直在問那一些基督教信徒：「上帝在哪裡？你們說上帝存在，總得證明給我看。」但他們都無法證明。而那些一神教徒所謂的神蹟，大不了是鬼神在搞鬼，因爲《聖經》裡面明載耶和華的境界，就是羅刹、夜叉的境界，那不是鬼神要叫什麼？叫作搞鬼。

但大部分不是鬼神搞鬼，是某一些物理現象，所以產生了一些所謂的神蹟。縱使眞的是神蹟，也不過鬼神的境界，連初果都談不上。所以，上帝就算眞的存在，其實他沒智慧，你們隨隨便便哪一位進階班的同修，就可以把上帝難倒，讓他答不了嘴，開不了口。所以要談到佛，以及一切有情平等平等，那只有佛教才有，在外道中不許如此；永遠都是上對下，下對上的關係。

所以，如果他承認是亞當、夏娃的子孫，就得永遠當上帝的羔羊。羔羊養著幹嘛？聰明人想一想就知道了，所以當上帝牧養的羔羊，就得要小心了；他會供應好吃的，但是遲早有一天⋯⋯。所以，你要跟他講「平等平等」，那是不可能的事，他不容許的，羔羊永遠是羔羊，上帝永遠是上帝。

可是，諸佛如來都鼓勵菩薩們將來要成佛，要跟祂們一樣，所以鼓勵大家要努力學佛、要求實證。想要實證時當然得要參禪，參禪時遇到大禪師們就問「如何是佛」？這裡參不出來，到另一個道場時就問「如何是法」？就是這樣問啊！各個禪師答覆的都不一樣，眞怪呵！但那些禪師都證悟了，證的又是同一回事，可是各人講的答案都不同。問到最後一位，結果禪師怎麼答：「早被你說了。」要命！這個參禪者來問這最後一位禪師，禪師沒有答覆，竟然還回嘴說：「早就被你說出來了。」你看，怪不怪？等到哪一天，他在這一位禪師座下悟了，未來他度人會怎麼度？不管誰來問，他都說：「早被你說了。」就這一句可以行走天下。禪門無敵，因爲大家悟的都一樣，證悟的禪師一聽，一定拍掌叫好。明明別的禪師答覆人家，答案跟他不一樣，這禪師卻認同他，他也認同這位禪師。這可怪了！所以說，佛無兩般，話有多般，這就是不可思議的佛法。由此可見，這個法一定是不可思議的，用想像是沒有辦法碰觸到的，這得要實證。聽到這裡，第一次來聽經而聽不懂，也就釋懷了，因爲佛法太勝妙了，叫作不可思議。如果第一次來聽經就全部聽懂，這一定是用佛法名言來講世間法，不是眞佛法。

那麼從　如來這句話說：「見何法故名爲見佛？」顯然，看見了這個法就是看見佛了，因爲佛是這個，法講的正是這個；菩薩也是這個，諸天也是這個，狗也是這個，回到人間再來看，還是這個，所以才會有提婆對外道那樣的說法。外道一定聽不懂，爲什麼提婆說外道不是人、不是天，是狗，又爲什麼這樣反過來說？而不管正說反說都對。所以，假使有人不服氣來跟你論戰，那你就回答他：「你是人。」那他就問：「你又是誰？」你就說：「我是狗。」那他問：「狗是什麼？」「狗是天。」「那天是什麼？」「天是你，你是我，我是天，天是狗。」不管誰都變成狗，因爲是從實際來講，所以都一樣平等平等。如果你對他的問題很不爽，一開口就說：「你是狗，我是人。」那麼再轉，轉到最後他發覺原來大家都一樣，不是單說他是狗。但你至少先把他的銳氣殺了，銳氣就不見了，這時就可以度他。

所以，見這個法顯然非常重要，因此這個法當然要爲大家敘述一下祂的自性到底怎麼樣，也就是所說的「無相，無分別無戲論，不受一切法。」人的意識很厲害，會領受一切法。但是，這個法—也就是有情的實際—卻不領受一切法，這樣的法才是妙法。那麼「一切法」，當然是從無色界下來色界，再包含欲界的全部法；然而這個法「不受一切法，或者以空這一門、或者以寂滅門、或者以遠離門來修行，不念見、也不得見；」

「空門」，這是一般俗人最常講的。世俗人看見你們出家，穿起僧衣來了，他們俗人都會想：「不曉得受了什麼刺激，遁入空門了。」然而入空門是他們能入的喔？竟然說是遁入空門！他們都說什麼人是遁入空門？是指情場失意，不然就是生意失敗躲債，爲了逃避所以跑去偷偷出家，人家怎麼都想不到他會出家，所以找不到他了，這才叫作遁，遁就是不讓人家看見。可是在佛法復興的年代，可不能遁，要先入「空門」，有了結果還要再入世。

「空門」通常都是指二乘道，二乘道因爲要觀察一切諸法—所謂五陰、六入、十二處、十八界—全部緣生緣滅，其性本空，這就是「空門」。而世俗人想的—世俗人對「空門」的認知—其實比大法師好，就是一切都放空。

大法師們總是空不掉，還要建立一個意識細心，說細意識是常住的。後山那位宇宙大覺者乾脆說：「意識卻是不滅的。」意思是說意識是常住的，遠不如世俗人！因為世俗人都知道意識會中斷、會滅。但不管是實證的二乘空、或者以實證的二乘寂滅門來看，其實都是「不念見、不得見」。二乘的寂滅門說的，是因為我與我所全部棄捨，死後要入無餘涅槃，再也無我了，所以得「寂滅門」；我都不存在了，當然就寂滅了；因為我不存在時，不但沒有六根、沒有六識，連六塵也不存在了，當然是寂滅。

「若離門」，「離」是一個很重要的正知見。諸位來到正覺之前，有沒有哪個大師告訴你說「五蘊、六入、十二處、十八界都應該遠離」？有沒有？沒聽過！反而告訴你說：「要當自己，要把握自我。」這根本不是遠離，而是把自己抓得更緊，眞的要說他是我執深重、我見堅固。那並不是佛法。遠離，首先要從外法遠離，也就是先對「我所」能夠遠離。我所，大部分是指外我所，譬如自己所擁有的財富、名聲、地位、眷屬，例如說：「這個是我的父親、我的母親，這是我的兒子、女兒，這是我的金孫。」這都是我所，但這是身外的，叫作外我所。還有內我所，就是對於六塵境界中的自己這六個識有各種的功能差別的執著，例如執著於能見之性，執著於能聞之性、能嗅能嚐能觸能知之性，這就是六識的功能，就稱爲內我所的執著；執著這些功能的人，就是自性見外道。例如釋印順認定禪宗的開悟是證得直覺，他自己有這個體驗而自認成佛了，但直覺只是識陰六識的心所法，是六識的自性，所以他只是一個自性見外道。

遠離，首先要離外我所，然後要離內我所；但內我所難離，必須要詳細瞭解五蘊、六入、十二處、十八界之所從來，如何組成爲一個人？一個人一定有基本的組成要素，從現象界來看，人的組成要素是什麼？有六個：地水火風空識。沒有其中的六識，你還不能成其爲人。那地水火風識就能成人嗎？也不行！你身上要有許多空缺處要接觸，不然你怎麼呼吸？是不是空？是空啊！講話時得要嘴巴空，不能嘴巴塞滿了東西來講話；依此類推，身中不空，你還活不了。身中如果沒有空，食物能吃得進去嗎？腸道得要中空，食物才進得去、才過得去，才能消化，所以不只要有四大，不只識陰六個識，還得要有空，這樣才能成爲一個人，但此空非彼空。

那這一些屬於外法，是可以瞭解的，所以把它叫作外我所，因爲色身也不是眞正的自己，由色身所擁有的都是外我所；那六識的功能差別就是內我所，這些都要遠離，才能得解脫；遠離之前一定先要把它弄清楚，人之所以能組成就是五蘊，五蘊會有十二處，一定有六入，所以有十八界時就對六入產生了執著。這一定要分析清楚，都把它觀察好了，看看有哪一界、哪一處、哪一蘊、哪一入是眞實不壞的？結果都沒有，這樣知道自己是虛幻的——全部都知道是虛幻的，應該斷我見了吧？不！斷不了，因爲怕斷滅。所以，還有一分無明必須滅除，也就是有一個內識出生我們這個名色，要對這一個正知正見如實信受絕不懷疑，然後觀察五蘊、六入、十二處、十八界全部虛妄之後，才有可能斷我見，否則斷我見的那一些觀行，最後所得結果就只是知識，不能證初果。但是，證初果時還得有未到地定支撐，否則那只是乾慧，沒有受用，還不是眞正的初果人。所以修遠離門時，也得要有這麼多的正知正見，也得要有基本的定力作支撐，否則遠離門也修不成功。

或者以空門、或者以寂滅門、或者以離門來修行時，「不念見、不得見」，不可能再來憶念「有我這個見分存在，有我這個能見的存在」，也就不再看見有一個能見的自己存在。那我這樣講到底對不對？到底對不對？對！加上兩個字「一半」，對啊！我這樣講只是對一半，因為這是依二乘菩提來解釋；如果身為菩薩，還得要從另一個層面來講，也就是從佛菩提，依這個「法」亦名「無名相法」亦名如來藏，來說這一句經文才對。

「若以空門」——或者以空門，怎麼樣稱之為空？不是講蘊處界空，而是說如來藏是空。這個「無名相法」如來藏，無始劫來本來就無形無色，所以是空。祂除了自體無形無色以外，亦不領受一切法，所以祂是空。既然都不領受一切法，所以祂的境界中一定是空，無一法可得。任何一法都沒有了，當然叫作空。就像《央掘魔羅經》說的：如來藏名為空，不是空無所有，而是有一個心，但祂空無一切法；這才是祂的境界，這樣才叫作空。所以又作了譬喻，譬如有人說河空了，河空了是因為水乾了，所以說河空了，不是因為河不存在了。又譬如說，有人講村莊空了，那是因為村中的人都走光了，所以說村莊空了，但不是村莊不存在。這是《阿含經》中的《央掘魔羅經》講的。

可怪的是，那一些大師們例如釋印順，號稱說他《阿含經》翻到邊邊起毛、快爛掉了，結果還是讀不懂！河水空了叫作河空，不是河不存在而叫作空。村莊的人走光了，所以說村莊空了，不是村莊不存在而叫作空。那如來藏也是一樣的道理，如來藏說是空，不是因爲如來藏不存在，而是因爲如來藏不受一切法——祂的境界中沒有任何一法可得，所以如來藏空。這是四阿含中就講的妙法！所以，印順他們都搞錯了，都誤認爲說：如來藏不存在，因爲如來藏是空。

如果眞是這樣，哪一天，他要是進了諸位夢中來跟你說佛法，你就拿起一把刀來說：「我幫你證得空。」就舉起來作勢一砍！看他怎麼回應？他一定舉起雙手來說：「不要殺我！不要殺我！」你就告訴他：「你不是說一切都空掉才叫證得空嗎？那我現在幫你證得空，是對你天大的幫助呢！我對你有天大的功德，你應該要歡喜，爲什麼叫我不殺你呢？」他如果還不願意讓你殺，你就說：「喔！你這個人心口不一。」他這時只好問你說：「那如何是空？」你就用我剛剛舉例的《央掘魔羅經》那個譬喻告訴他：「不是河不存在而說爲空，是因爲河水空了，所以叫作河空。那空性名之爲空，不是空性不存在，而是因爲祂不受一切法，所以祂的境界中無一法可得，因此名爲空。」你這麼一譬喻，他就稍微懂一點了。

所以「空門」—大乘法的「空門」—不好聞、不好修、不好學、不好證，因爲連大師都誤會了，哪裡得聞？這意謂著不是斷滅而稱之爲空，是因爲祂的境界中不領受一切法，所以名爲空。你能夠現觀如來藏這樣的空，就是你證得「空門」了。這時回頭來說：「我眞的可以遁入空門。遁入空門後每天照樣吃好吃的，去當好人、說好話、作好事，都沒問題！」看你忙得不亦樂乎，依舊是空，因爲你以空作爲所轉依。所以，當人家跟你提出異議說：「你明明一天到晚在人間行走，忙得要死，怎麼可以說你遁入空門？」你就說：「我遁在空門中，你看不見，你只看見我五蘊在人間行走。」

這時你說他能怎麼辦？什麼都不能辦，因爲他連兩手一攤都作不到。這時候，也許他問你：「你遁入空門是怎麼遁的？」你就說：「唉！」他回去以後一定很不服氣想：「竟然羞辱我，說我沒辦法！」哪天忍不住了，當面來質問你，你說：「好！你過來，我詳細告訴你，聽清楚了，好話不說第二遍。」他靠過來，拎著他的耳朵，細聲地跟他講：「不要告訴別人，三十年後自然有行家告訴你。」等三十年後點破時，我告訴你，他得要點起高香來，望著你家方向「好好禮三拜了」。所以空，不是要你出三界外全部都空掉了才得證，而是在當下你就可以證得空。這是大乘法的空門。

「若寂滅門」，若以寂滅門，這怎麼說呢？你證得這個空，依於空的境界來看時一切法都不存在。一切法都不存在時，還有六根、六塵、六識嗎？沒有了！且不說十八界俱滅，單說滅六根好了；滅了六根以後假使還有六塵六識，這六塵、六識要依附於誰存在？不可能存在！假使六根在，六識也在，但六塵不在了（我說的是「假使」，不是說眞的），這時是不是眞的寂滅？（有人答話，聽不清楚。）不是喔！不是寂滅。但六塵都不在了，怎麼不是寂滅呢？因爲六塵不在時六識就不可能生起，哪來的寂滅？有的人好愚癡，他們打坐，有一天坐到打瞌睡時不知道自己是打瞌睡，結果說：「我今天坐到六塵都不在了，我在三界外，不在五行中了。」其實他老兄是睡著了！如果沒有六塵，他的覺知心還能在喔？才怪！因爲覺知心就是六識，這六識一定得要有六塵作所依才能生起，所以我說那都是假設。

再不然，這樣說好了，換一種假設：六根在、六塵在，但六識不在了，這算寂滅了吧？不寂滅呵？因爲還有六塵。但問題是，雖然有六塵，誰來領受六塵？誰來領受？沒有人領受，所以你才能睡覺，不然你怎麼睡覺？難道你睡覺時還在領受六塵？那就不叫睡覺了。六識不在時就沒有人領受六塵，就等於六塵不在了，那算不算寂滅？不算！因爲六根還在，內相分的六塵還繼續在顯現，只是你六識斷了不領受而已，所以依舊不是眞正的寂滅。

但是你證得如來藏之後，從這個「**無名相法**」如來藏—從這個「**無分別法**」如來藏—的境界來看一切諸法，這時沒有任何一法存在；而你轉依於如來藏時，你看不見我，我看不見你；你看見我是五蘊，我看見你也是五蘊，是五蘊相見，但如來藏互相不見。所以，當你轉依如來藏時，有一個家裡人事先派了侍者來跟你說，哪一天要來跟你家裡人相見。到了那一天，他遠遠來到你這裡都還沒進門，這時你看見他了，該怎麼跟他相見呢？該怎麼跟他相見？休去！你就回寮房休息去了。他看你休去，他也跟著休去，這樣就見完了，這個緣也結上了。就這樣，家裡人就這樣相見。因爲既然兩尊佛互相不見，那麼看見他，你就走了，不見他；他看見你走了，也不見你，他就走了。這不就行了嗎？看起來這蕭平實好像有些精神問題吧？是不是？不是！因爲眞實的法就是如此。在你轉依了如來藏之後，當你站在如來藏的立場，沒有任何一法存在時當然是寂滅，絕對的寂滅，這個就是「**寂滅門**」。

當你依止於大乘法這個寂滅門時，同樣的「不念見，不得見」，你所看見的實相境界中從來都不會想念以前的所見，眞的「不念見」；而且你再也沒有一法可見了，從來也不曾住在見的境界裡面，所以「不得見」。以前我們也舉過一個經中說的例子，有一個國王—是菩薩去當國王—他悟了以後想用寶衣供養妙吉祥菩薩，但菩薩不受，因為菩薩突然不見了；菩薩不見了，就來供養智幢菩薩，但菩薩也忽然不見了；再去供養別的菩薩，別的菩薩也都忽然不見了，不管他走到誰面前都不見了。他供養阿羅漢，阿羅漢也不見了，到最後沒有一個人可以供養，那怎麼辦？不然就帶回皇宮去，供養自己的王后，當他看見王后正要供養時，王后也不見了。最後國王想，不然就供養婢女好了，沒想到去到婢女面前時，婢女也不見了。不論國王見了誰，誰就不見了。般若系的《佛說未曾有正法經》竟然這樣講，好怪喔？等到他一念醒覺而回到現象界來時，全部又都現前了。

這是講什麼？難道菩薩們包括他的王后都有神通，突然間都不見了嗎？當然不是！他是依於自己所證的如來藏，從如來藏來看妙吉祥菩薩時，菩薩不見了；同樣來看諸大菩薩時，統統不見了；諸大聲聞也都不見了，包括王后、他的兒子、女兒等所有的人都不見了。這是從實相法界來看時，不見一切事物的存在，只看到如來藏；然後他回到現象法界來看時，萬象森羅分明顯現。《佛說未曾有正法經》講的就是這個道理，這是說，這個實相法界跟現象法界是重疊在一起的，不是切割分開的；所以，你從實際理地來看待一切法時，沒有任何一法存在，那不就是絕對的寂滅嗎？既然依於如來藏的寂滅境界來看，還有能見嗎？還有所見嗎？還有「**你能看見**」這回事嗎？都沒有了！這就是「**若寂滅門**」的道理。

接著「**若離門**」——或者是用遠離門來看。這是怎麼說呢？你證得這個如來藏「**無名相法**」而轉依了祂，轉依祂以後就要隨順祂的解脫之性、清淨自性。就好像說，你進了正覺，就得要轉依正覺的門風。正覺的門風，不是一天到晚師兄師姊泡茶聊天或者到處去玩、吃好吃的。進來正覺以後你就得努力作功夫，努力修集福德，努力學習正知正見，努力伏除性障，這就是我們的門風，得要依止這樣的門風，否則無法留在正覺。又譬如說，如果進了喇嘛的門下，就要跟他唸一大堆的咒，又不懂那咒是什麼意思，隨便給你一個咒就要唸兩百萬遍；你作了大供養，他告訴你說：「**這個咒很寶貴，你要**

唸兩百萬遍。」兩百萬遍唸下來要幾年？沒有七、八年也要三、四年。終於唸完了，你又懂了什麼？依舊什麼都不懂。然後有一天唸完了，好高興：「師父！我這兩百萬遍唸完了，接下來要學什麼？」再給你另一個咒，唸三百萬遍。你供養了好多錢，他給你一個咒，就這樣學。所以，在密宗假藏傳佛教學了二十年以後，什麼佛法都不懂，跟民間信仰沒兩樣，因爲他的門風就是這樣，你既然要依止他，你就得依止他的門風。

現在說回來，你要學如來藏這個「無名相法」，就要依止祂的自性，要隨順祂的自性。那祂的自性會不會攀緣某甲、攀緣某乙？會不會攀緣財色名食睡？會不會攀緣欲界天、色界天、無色界天的境界？什麼都不攀緣，祂是一切法遠離。你既然證得祂，認爲祂是究竟法，轉依了這個究竟法，你的心當然要跟著像祂一樣遠離，才能得解脫。不能夠說：我證得這個遠離的法，可是我一天到晚錢財多收一點、眷屬要多一點，什麼都要更多。那就不是遠離了，那叫作口說遠離、身行攀緣。

當你如實以這個遠離門來安住你的心，繼續運用你的覺知心依止這樣的遠離門，來看待能見與所見，這時你會發覺在實相法界中，所見不存在，能見也不存在，就沒有所謂看見這回事了，那就是「不得見」。既然不得見，就不必一天到晚眼睛老是瞄來瞄去。想看就正大光明看，爲什麼要用瞄的？因爲正大光明去看時也是沒有看啊！這樣子，清朝皇帝大殿上那個「正大光明」牌匾，你可以把它拆下來了：「你們清朝皇帝作事都沒有正大光明，我是正大光明，我看就看、聽就聽，但其實我不看也不聽。」你看皇帝聽了以後怎麼辦？懵然不知所措！所以，從此以後也不用再憶念著說「我看見什麼，又看見什麼」了。「不念見」，是因爲你不得見。「不念見、不得見」，是菩薩應當可以現觀的境界，才能說是眞正證悟了。

接下來說：「是事亦不得，所謂名字；是處亦不得，所謂涅槃；」這是說，「不念見、不得見」這回事情也不存在，就只是所說的名字而已。天台宗不是講雙照雙遮嗎？從這裡看來，好像已經雙遣了。前面先告訴你說「不念見、不得見」，是第一次遣除掉；接下來再遣除說「是事亦不得，所謂名字」，好像天台宗講的正確吧？其實不是天台宗講的那回事，他們只是依文解義而看文字表相，才會這樣解釋。在《楞伽經》中 如來訶責這種人是嚼文字穀，他們只是在文字上面去理解，好比愚人咬穀皮一樣，或是說他們只吃穀子而不懂要煮成飯來吃。

臺灣河洛話叫作粗糠，內地叫作穀皮，就是稻穀的皮。我們以前小時候剩飯怎麼用呢？都是事先去碾米廠挑一些粗糠回來（就是穀皮），然後就把剩飯跟穀皮拌一拌，幹什麼用？餵鴨、餵雞。都是這樣餵的，人從來不吃穀皮。有許多大師們請下來經典，都只在經典文字皮上面咬嚼，那不是等於吃穀皮一樣嗎？以前咱們鄉下那些鴨子與雞吃穀皮時，至少還有一些米飯；但他們不吃米飯，可怪了！專門吃穀皮。你可別說：「哪有人這麼笨的？有飯不吃，要吃穀皮。」可他們就是不吃飯，都吃穀皮，才會造成今天蕭平實每出了一本書，他們就叫徒弟去買一本回來讀。如果他們懂得吃佛經文字裡面的飯，就不用再吃生穀或穀皮了，今天何必還要再買蕭平實的書來讀呢！

所以說，般若並不是天台宗講的所謂雙照雙遮的課題，而是說，從如來藏的境界來看時，在如來藏這個妙法的境界中，首先，或者以空門、或者以寂滅門、或者以遠離門來實修、來觀察時，你是「不念見」也「不得見」的。但是，當你眞正要說起來，其實你在如來藏的境界中，連「不念見、不得見」這回事情也不存在，所以說「是事亦不得」，而所說的這一些「不念見、不得見」也只是名字。這些都只是一些語言文字而已，說起來時也只是戲論，意謂在如來藏的境界中，連「不念見、不得見」的事也不存在。

然後又說：「是處亦不得，所謂涅槃；」說「是處亦不得」這個境界也只是名詞言說，而這個法的處所也不可得。請問你，如來藏無形無色，能說如來藏在什麼處所？因爲祂無形無色，你不能夠說祂有處所，有形有色才能說有處所。也許有人聯想到一個問題來：「這六識也是無形無色，可是這六識有處所；我知道如今正在正覺講堂聽您講經，我也看見您在講經，我也聽見您，怎麼可以說無形無色就沒有處所？」咱們就來分辨一下，這六識心是不是依於六塵爲處所？對啊！六塵有處所，你現在的六塵就在正覺講堂中，而你六識依於正覺講堂現在這個地方的六塵而存在，雖然你覺知心六識無形無色，還是有處所。如來藏除了無形無色以外，剛剛講的祂不受一切法——祂不住在六塵境界中，哪來的處所？所以祂沒有處所。

世俗人說：「阿羅漢死了，入無餘涅槃去了。」這樣看來，既然無餘涅槃是可以入的，那一定有個處所才能入吧？對啊！一定是這樣。可是我偏不這麼說。十幾年前我演說後整理成《邪見與佛法》，當時我說阿羅漢沒有證涅槃。當時我講這樣的法是講得有點早，因爲當時的佛教界連一點正知正見都沒有，他們從來沒有聽過這個道理，所以大家看到那一本書時，私下都罵開了，罵我是邪魔外道，就從那個時候開始罵得最嚴重。不但大陸有大師燒這本書，臺灣也有，南部也有一些法師蒐集起來燒。不但燒這一本，連《護法集》也燒，是一整箱燒掉。一箱二十五本，就這樣把我寫的書燒掉了；那都是錢，是三寶的錢，他們就這樣把書燒掉了。

是因爲當年沒有人講過這樣深妙的法，我第一次講了出來，他們無法接受；如來說得眞正確：初機學人甫聞深妙法時，聞所未聞以致心中驚恐。現在他們接受了，表示他們的佛法知見水平已經升高了。這就是我寫出來的書中說的法義太深妙，諸位幫我把它流通出去以後，經過很多年的反覆鑽研以後，他們不得不提升知見，否則就跟不上潮流，會被現代佛教界淘汰，因此不得不在後面跟上來；雖然他們距離正覺講堂的學員正見還有那麼幾百里地，但畢竟有在跟進，咱們就隨喜。但是，涅槃究竟有沒有處所？涅槃如果沒有處所，那要怎麼入？對不對？譬如說，你也許打個電話回家，跟老媽報平安說：「**母親！我進正覺講堂了。**」那一定有個地方進，所以正覺講堂一定有個處所。

現在說阿羅漢捨報入無餘涅槃，那無餘涅槃一定有處所吧？既然有處所，想必一定是在三界外某一個地方。可是問題來了，三界外如果是有一個地方叫作涅槃的境界，那不就是跟三界一樣有境界了嗎？而且是比無色界還差。涅槃若是有一個地方，那一定是色界；無色界都沒有處所了，怎麼出三界的涅槃還會有處所？所以，不能夠說涅槃有處所，當然涅槃也不可得。

可是話說回來，若說涅槃也不可得，那初機學人一聽又要毀謗：「這蕭平實胡說八道！若是眞的不可得，如來教導阿羅漢們證涅槃，又是證什麼？」但從我的現觀來看，涅槃眞的不可得。因爲五下分結、五上分結都斷盡以後，他很清楚知道將來死了入無餘涅槃是無所入，只是自己全部消滅掉，不再出現於三界中。如此而已，哪有涅槃可以入？但是對初機學人而言，不該說涅槃不可得，因爲那會壞了他的法身慧命，他會驚慌恐懼，不敢學了義法。所以剛開始要告訴他：涅槃是可證的，三界生死是可以出離的。

隨後要把正知見教導他，等到哪一天他斷了我見，慢慢再跟他說明：你要斷我執、斷我所執，將來入無餘涅槃時是我所全部都不要了，自己也不要了，就這樣把自己消失了，剩下你的本際存在；本際叫作如來藏，而如來藏的境界中無一切法，這樣就叫作無餘涅槃。他剛開始也不太接受：「原來這樣就叫作涅槃，你不是要騙我落入斷滅中嗎？」但你告訴他說：「沒有斷滅，你還有個本際，那個本際叫作如來藏，祂不見不聞不覺不知，離一切法。你如果還要再去取得一個覺知心，取得下一世的身體，就會繼續存在三界中，就會流轉生死，免不了生老病死苦。」他一時不能接受，心想：「眞的這樣嗎？」回家以後想了又想，最後還是不得不如此，才終於接受了。這時他才知道涅槃不可得，因爲涅槃沒有處所；既然涅槃沒有處所，有哪個地方可入？

也許有人這時想：「不對啊！涅槃是如來藏，我入如來藏就好了。」但你入了如來藏，不是跟現在一樣嗎？你現在就住在自己的如來藏裡面，又何必入？聽了又想：「既然我住在如來藏裡面，那我現在就應該涅槃了，可是涅槃在哪裡？」眾生就是這樣愚癡，眞的無明深重；你怎麼說明，他就怎麼出問題來，你眞的無可奈何。所以，你必須要從最基本的法義告訴他：什麼是五蘊、十二處、十八界，然後才會有六入……等。然後再告訴他：這些都是緣起性空，這些法存在時就會有苦……等。你一定要從最基本的來告訴他，不能一開始就告訴他說「入了涅槃是要滅盡五蘊十八界」，那你會把他嚇死了！

這時話題要拉回來說：既然本來就在如來藏裡面，何必還要入無餘涅槃？說的是啊！然而這是菩薩的現觀，對於菩薩的心境還是得要講清楚。因爲菩薩的所見是涅槃無可入，涅槃只是把自己滅盡了以後，剩下如來藏無形無色獨自存在，不再示現於三界中，就沒有後世的五蘊，因此就沒有生老病死。所以要滅掉的是五蘊自己，而不是如來藏。如來藏眞實存在，由於五陰滅盡了，所以說如來藏空，不是如來藏不存在；但如來藏是個空性，而涅槃之中就是如來藏獨存。當如來藏獨存時，如來藏自己不知道涅槃，不領受涅槃，所以說如來藏這個涅槃處亦不可得。因此從如來藏來看時，涅槃也只是名字，其實還是依如來藏的獨存而假名建立，所以才說：「是處亦不得，所謂涅槃；」今晚講到這裡。

《佛藏經》今天要從第十九頁第二段第三行中間繼續講，今天是一百〇三講了：「何以故？舍利弗！我尚不念涅槃，云何當說汝等當念涅槃，當得涅槃？舍利弗！若人得涅槃者，是人不隨如來出家，隨六師出家。」上一週最後講的是：見到了哪一個法而名爲見佛，就是見到了那個「無名相法」、「無分別法」名爲如來藏，這樣才能夠說是「見佛」，而祂是「無相、無分別、無戲論」，也不受一切法。雖然說這樣是「見佛」而證得涅槃了，其實也沒有所謂涅槃之可證，因爲涅槃的境界中無一切法，如是證涅槃。如果有的人證了涅槃以後，他老是說自己證得涅槃，是事可議；也就是說，他其實沒有證得涅槃。

就像十幾年前，我講了《邪見與佛法》，道理是一樣的；當年印了出去，佛教界是第一次聽到有人說阿羅漢沒有證涅槃；這個說法對當年的佛教界來講，是讓他們很震驚的一件事情。因爲諸方大師都說阿羅漢有證涅槃，《阿含經》中也說阿羅漢有證涅槃，偏偏今天來一個蕭平實說阿羅漢沒有證涅槃。那麼究竟有沒有矛盾？當然大家要去找出問題來，要去求證於四阿含兩千多部的阿含諸經，乃至於要從般若部諸經裡面去尋找聖教來作比對，看看這蕭平實是否胡說八道。然而佛教界被這樣子衝擊，經過了十幾年，終究也沒有人能夠找到什麼地方是矛盾的。

我這說法在當年是一個末法時代佛教界的創見，但其實 如來在四阿含中早就說過了；因為 如來說阿羅漢入涅槃時，叫作「我生已盡」，「我生已盡」的究竟位就是「不受後有」。既然初果人未來將入涅槃是「我生已盡」，未來修到阿羅漢位時他的五陰十八界全部滅盡，不再受生於三界中，這時的無餘涅槃中是誰證涅槃？已經完全無我了，所以就沒有人證涅槃了。因此，大家慢慢地發覺，其實 如來所說的法，依三轉法輪諸經的文字看似有異，其實迥然無二，只是他們自己誤會阿含與般若等聖教。後來咱們又出版了《阿含正義》，講得更明白了，所以《邪見與佛法》裡面講的「阿羅漢沒有證涅槃」，大家也就接受了。

其實阿羅漢有證涅槃或無證涅槃，從一個實證般若的菩薩來說，都沒有錯誤。說阿羅漢有證涅槃，是世俗層面的方便說，是度眾的方便，否則眾生修解脫道幹嘛呢？一定是有涅槃可證，所以捨壽時可以出離三界生死，當然不該說阿羅漢沒有證涅槃。但是若究其實，阿羅漢入了無餘涅槃以後不再有阿羅漢了，又哪有阿羅漢證到了涅槃呢？所以，現在大家都接受這樣的說法，也就相安無事了，表示臺灣佛教界的佛法知見水平提升了。但後來我發覺阿羅漢沒有證涅槃的事，過去世寫的論中也有講過。後來發覺以前早就講過了，那也無妨，就拿往世寫的東西來告訴大家：「古人有講過了。」於是大家都沒意見了。

但是不管怎麼說，這都只是依二乘法的實質來說阿羅漢沒有證涅槃。也就是說，從阿羅漢所證的涅槃實際來講時，他入涅槃是沒有證的。他證有餘涅槃時五蘊還在，但他還沒有轉入眞正的涅槃（無餘涅槃）中，所以如來就施設了一個有餘涅槃。但是到講《般若經》第二轉法輪時，如來說證涅槃者沒有涅槃可證，這個說法就不一樣了，這是從涅槃的本際來說的，就跟我當年從涅槃本際來說阿羅漢沒有證涅槃，道理是一樣的。凡夫們讀不懂《阿含經》，誤把意識的一念不生當作是涅槃，所以《般若經》也讀不懂，老覺得如來前後三轉法輪的說法互相矛盾，還寫在書中。那個人是誰？是達賴。那個老糊塗亂講話，他謗了佛，自己都還不知道。

那麼般若是從如來藏自身的境界來看涅槃、來看一切法，這時所見的境界沒有任何一法可得，六根六塵六識俱滅。如來藏自身的境界不了知任何一法。所以，實證了《佛藏經》說的「無名相法」如來藏之後，轉依於如來藏的境界而住，這時從如來藏的境界來看涅槃時，沒有涅槃可證。當你站在「無名相法」如來藏自己的境界中來看無餘涅槃時，確實沒有涅槃可證。所以，如果有人老是認定有一個覺知心住在無餘涅槃裡面，保證那個人是凡夫。正覺弘法二十來年的現在，以前那一些所謂的阿羅漢聖人全部都死光了；他們五陰都還在，活得好好地，爲什麼全死光了？因爲知道自己根本沒證涅槃，所以沒有人再敢自稱是阿羅漢了。現在《阿含正義》開始流通到南洋去了，南洋那一些所謂的阿羅漢，如今也正在一個一個死亡中。

所以菩薩之所見，是以如來藏的境界作爲自己的所見，雖然五蘊看見有阿羅漢證涅槃，也看見自己證得無餘涅槃、本來自性清淨涅槃，可是轉依如來藏的本來涅槃來看時，並無涅槃可得。所以我們上週講解 如來最後的兩句話說：「是處亦不得，所謂涅槃；」是因爲如來藏不了別一切法，所以祂自己的境界是無餘涅槃，祂卻不了知自己的境界，因此這個涅槃的境界或者處所，全都不可得。

那麼今天接下來要講解的，是 如來要解釋這個理由：「所以說，爲什麼涅槃不可得呢？舍利弗啊！我尚且不念涅槃，如何應當說你們也要憶念涅槃？如何可以說你們將來可以進入無餘涅槃？」換句話說，如來是依第八識的境界而住，第八識的境界中無一法可得；這時既然如是而依，就不憶念涅槃了。儘管平時可以繼續利樂眾生，儘管示現有五蘊在人間的生死，而其實沒有生死、沒有言說，也沒有五蘊可言。因此，在轉依如來藏第八識的境界以後，看到第八識從來不念涅槃，那麼五蘊當然也就同樣要不念涅槃。所以說：「**如來自己不念涅槃，爲什麼還說大家應當要憶念涅槃呢？爲何還說大家應當得涅槃呢？**」

同樣的道理，我們也都要求諸位：將來入地前，把安立諦的十六品心和九品心觀行完了，取證慧解脫果時不可以入無餘涅槃。因爲我度諸位，是要諸位成爲菩薩，不是要成爲聲聞人。我也常常告訴諸位說，你證得本來自性清淨涅槃，最後在入地前取證慧解脫果，但是不論是從涅槃的實際、或者從實相法界這「**無名相法**」的境界來看，其實你也沒有涅槃可證，因爲你連涅槃都無知。請問：你證得如來藏了，你的如來藏知不知涅槃？不知！如來藏不知，你也要跟著不知。其實你五蘊還是知的，也知道如何取證無餘涅槃，但你要當菩薩，不當聲聞人，所以你也應當轉依如來藏的不知，所以證涅槃後就不要念涅槃。

這個道理，我必須要求諸位先瞭解，然後把這個種子牢牢種在心中，否則五億七千六百萬年後，彌勒菩薩來成佛了，龍華樹下聲聞法三轉法輪時，你們證得慧解脫了，那時心裡面起了念頭說：「**看來入涅槃也不錯，免得再輪迴生死。**」那時涅槃就誘惑著你了，你可能就會常常念著涅槃。那時心智都變灰色了，不再像以前當菩薩時奮發進取，要復興佛教、要救護眾生。那時都沒想了，只想著入涅槃。那我就說，我這一世白度他了。所以這個道理，諸位要先種在心中，別忘了。但是光這樣講，其實也不足以讓諸位在 彌勒尊佛座下證阿羅漢果時，去把那個涅槃的正念捨棄。所以我還要請諸位再回憶一下，我們上一部講的是《法華經》，勝妙不勝妙？（大眾答：勝妙！）記住了呵！既然有更勝妙的，就不要去取那個無餘涅槃，這樣子就是轉依的成功。

如來是如是轉依，不能夠自己這樣轉依了，卻叫大家都要取涅槃。如果真是這樣，如來就變成心口不一了；然而如來是實語者，因此永遠都是不二語，不會說自己轉依了第八識的境界，然後叫大家證阿羅漢果都入涅槃去。所以如來都不念涅槃，當然不可能教導大眾念涅槃、取涅槃，當然也不應該告訴大眾說：「汝等當得涅槃。」因爲阿羅漢入了無餘涅槃以後，實質上並沒有得涅槃，只是他的五蘊消失掉而已；所以阿羅漢入無餘涅槃其實多此一舉，完全沒有必要。入涅槃的人都是自了漢，而且他們只顧自己，根本不顧念眾生，因爲想要逃避生死。

但 如來二轉法輪、三轉法輪時，那些不迴心的五十位阿羅漢，他們都沒有聽聞妙法嗎？不可能！可是如來早就講過了：入無餘涅槃時是剩下本際獨存，五蘊全部消失，未來不再受生了。而般若期 如來說得很清楚：這個非心心如來藏——就是這部《佛藏經》講的「無名相法」，祂就是無餘涅槃的本際，入了無餘涅槃就是祂獨存，既然入無餘涅槃是祂，而祂現前存在，祂自己所住的境界就是無餘涅槃。既然如此，無餘涅槃其實現前就存在，菩薩把祂稱之爲本來自性清淨涅槃；既然這個清淨涅槃是本來存在，又何必捨報再去取那個涅槃？眞的沒有必要！因此菩薩爲了眾生，也爲了勤求佛地的大寶，可以忍受無量劫中無量世的無盡生死。雖然生死過程中有很多的苦，但菩薩爲了悲心，同時也爲了得到如來地的究竟智慧與不可思議解脫，願意無量世領受這個痛苦，世世陪著眾生。這其實是因爲菩薩現見無餘涅槃本來就存在著，不需要去把五蘊滅掉才入無餘涅槃，所以說：如來「不念涅槃」，如來不授記說「汝等當念涅槃、當得涅槃」。

那麼這樣講，好像有點言重了，其實這話講得還不夠重，接著就更重了：「如果有人宣稱他證得涅槃，這個人其實不是隨於如來出家，他是隨六師外道出家。」如果我們有哪一位把如來這一句聖教，加以發揮演繹寫成一篇論文，印出去到處流通，讓那一些宣稱證得涅槃的人讀了以後說：「原來我是六師外道的徒弟喔！」確實他就是六師外道的徒弟，六師外道都在識陰的境界打轉，沒有一個人外於識陰六識的境界，正是六師外道的徒眾。

當代佛教界大師們每天都在識陰打轉，最有名的到底是誰？我們不談他們，談個附佛外道好了，他連識陰的境界都還談不上，都在識陰色陰的我所上面，那個人是誰？我把他簡稱為ＤＬ。對吧？對啊！達賴一天都在我所上面，不幸的是他遇到了蕭平實，所以現在走上窮途末路了。他很在意我們指稱他不是佛教徒，所以現在想要去證明：「我達賴是佛教徒，是佛教的僧人。」可是他永遠證明不了，因為落在六識境界中，成了六師外道的弟子。除非他把密宗假藏傳佛教的雙身法全部捨了，公開宣稱：「我們密宗藏傳佛教再也不要雙身法了，回歸佛教三乘菩提。」他才可以再度成爲佛教的僧人，否則就永遠不是佛教的僧人。

我把他頭上那個佛教的帽子摘了，他現在沒有僧寶的帽子可戴了，很苦惱！但是他也無可奈何，進退兩難，因爲如果要往前進，三乘菩提俱無其分——他根本無法實證。無法實證時，縱使他把密宗假藏傳佛教作了改革——把教義改了，終究只能成爲佛教中的凡夫僧。而且還有個前提，他得要先去找佛教中沒有犯過邪淫戒的法師，去受比丘戒，這樣才能夠說他是佛教的僧人。但當他要去受比丘戒時，問題來了：要先爲他羯磨。羯磨時還有得談呢！但是咱們可以給他開個方便門，依戒律而言，比丘犯了邪淫戒該怎麼辦？該怎麼辦？且不談捨報後，單說現在的戒罪就叫波羅夷——斷頭罪。

我開個方便門給他，他本來就不是佛法中的比丘，只是個附佛外道，一個俗人而已，所以他沒有羯磨這個問題，但有破法的問題。那是另一回事，但無妨幫他作了懺悔，讓他正受比丘戒。從此密宗假藏傳佛教全部翻轉，把原本由印度教性力派那個支派傳過來的雙身法全部捨棄，密宗假藏傳佛教一切法全部捨棄。但這下麻煩了，他以後要怎麼說法？這些勝妙法義他全然不懂，無法說法；連我們進階班一位同修說的法，他都聽不懂，要怎麼爲人說法？這就是他往前進的難處。如果要後退，退回到他原來的無上瑜伽大樂光明那個雙身法，那問題又回來了：「你達賴不是佛教僧人。」所以他現在進退兩難。

這就是說，他們的法都跟古時候六師外道沒兩樣，全部落在識陰裡面。識陰不過就是眼耳鼻舌身意六個識，這六個識的境界都是有生有滅之法，於是三乘菩提的修證俱無其分，你說他要怎麼弘法？所以現在的局面是他無法解決的。只要正覺同修會繼續存在，他進退兩難的窘境就會繼續存在，因爲他不脫識陰六識的境界，還加上了色陰十一個法的境界。不管誰，只要學個一、二年的眞正佛法，懂得五蘊十八界了，就可以瞭解他們所謂的無上瑜伽從來不離識陰六識，也不離色陰十一個法，是識陰六識處於色陰十一法中作文章，正是六師外道。

他們一定要藉著五色根加上住在六塵中，才能修那個雙身法，以雙身法中的六塵境界受樂，離了六根與六塵就完全沒辦法實修與受樂。所以我們這麼定義下來，達賴就好像被我們釘了喪門釘一樣（喪門釘知道嗎？風水學裡面有人壞心眼，去人家祖先墳上選個地方、弄個鐵釘釘到泥土裡面去，外面根本看不見；被他釘的那一戶將來可能絕戶，全家死光就絕戶了，那就是喪門釘），不巧達賴他們就被我在密宗假藏傳佛教祖先留下來的法墳釘了喪門釘。但我這個喪門釘，因為不作暗事，我在他們墳頭上釘著，刻意留十分之九在泥土外面給他們瞧見。我不怕他們看見，正要他們看見，要看他們拔不拔得了。

他們都知道這個喪門釘在那裡，可是他們拔不了；因為自古以來，沒有人像我這樣把密宗假藏傳佛教法義的見、修、行、果全部作了教判。老實說，古時要判他們也沒得判，因為古時密宗假藏傳佛教沒有這麼興盛，他們很多東西都隱藏著，不對外公開。元、明、清三代皇帝大部分都信喇嘛、修雙身法，以前平民要學雙身法還沒得學。近代他們為了取得更多的資源，所以不得不向洋人廣傳，否則他們哪來的政治資金？既然廣傳，咱們要取得他們教義的材料就太容易了，於是有體系的全部把他判定——無一是佛法，而他們無法具文推翻。

我們正覺這十年來，一直宣達的一個事實就是：達賴喇嘛不是佛教僧人。我們說他們密宗假藏傳佛教不是佛教，他很在意；但他也無可奈何，因爲事實如此，他們無法提出反證，不想默認也不行。如果哪天他願意公開聲明：「我們喇嘛教不再信這些外道法，歸依三乘菩提，從頭開始。」這麼一來，我倒是願意讚歎他，只是有一點：他得要脫離政治，別再搞政治。否則我會換一頂新的帽子給他戴。爲什麼我們不承認他們是佛教僧人呢？因爲他們都跟著六師外道在走，所以他們老是說「輪涅不二」。你們如果以前在密宗假藏傳佛教學過的，都聽過這句話，說輪迴跟涅槃不二。問題來了，「輪涅不二」是他們能說的嗎？咱們才有資格說輪迴涅槃不二。

這個道理我剛剛也說過了：菩薩看來還是在人間輪迴，但是輪迴的當下現見無餘涅槃的本際；涅槃就在當下，卻不是外道的五現涅槃，不是喇嘛教達賴等人說的外道涅槃，因爲那都是六師外道的境界，不脫識陰六識自性。所以，只有實證般若的菩薩才有資格說輪迴與涅槃不二，因爲入了涅槃剩下的就是這個如來藏，而輪迴時如來藏本身就存在而顯示無餘涅槃的境界了，所以輪迴與涅槃當然不二，涅槃的境界是本來就有的，證涅槃時是無所證的，因此菩薩不會想要入無餘涅槃。但是，那一些所謂證得涅槃的人有證有得，表示他們的意識還在，都落在識陰六識中，特別是落在意識裡面，因此都是跟著六師外道出家，不是眞正的出家，隨 佛出家不會是這樣的。

如來把這樣的人作了一個定義：「舍利弗！當知是人爲是法賊入我法中，」你看，如來說這樣的人叫作法賊，法賊進入佛法中目的爲了什麼？（有人答：盜法。）對！最重要的就是盜法，第二是藉著法來獲取名聞利養，這就是「法賊進入如來的法中」。可是這麼一說，糟了！正覺弘法之前佛教界好多的阿羅漢，他們現在還留著五陰未入無餘涅槃，卻都不再是阿羅漢了，結果變成法賊了；剔光頭，穿袈裟，還燙了戒疤，卻變成法賊了。可這不是我說的，是 如來講的，說這樣的人就是法賊。

如來又說：「當知是人汙辱我法，」對啊！他們都在汙辱 如來、汙辱 如來的法，爲什麼呢？因爲他們都說：「當我們坐到一念不生時，就是無餘涅槃，這是如來講的。」那是不是侮辱 如來？對啊！如來沒有這樣講過，他們隨隨便便就賴給 如來，就是汙辱 如來、也汙辱正法。如來說的是五陰滅盡，未來不再出生中陰身，就這樣成爲無餘涅槃，這樣才叫作證涅槃。結果他們講的是五陰全部具足、意識全部具足而一念不生在領受大樂光明中的六塵時，說那樣叫作涅槃。還把這個帳掛到 如來頭上說是 如來講的，那就是

誣賴和毀謗 如來，因爲 如來從來沒這麼講。所以說那個人是在侮辱 如來，同時也是侮辱了 如來所說的妙法，因爲 如來三轉法輪經中從來沒有這樣說過，他們在後來創造的僞經中推給 如來，說是 如來講的，所以他們也是汙辱了 如來的法。身爲佛弟子竟然敢汙辱 如來、汙辱 佛的正法，如來就說：

「**當知是人爲是大賊，如大城邑中有大賊。**」

我出來弘法以後檢點諸方大師，還沒有說過他們是賊，他們老是說我罵他們；但我從來沒有罵過他們一句話，我只是依法論法，現在看到經文中 如來明說他們是大賊；不曉得將來他們讀到我們整理出來流通的書本，心裡會怎麼想。就好像一個大城市中有一個很大的賊人，大眾皆曰可誅；大賊是怎麼樣呢？大戶人家、小戶人家、窮人家，他都要搶要偷，所以大眾皆曰可誅——應該殺，所以大賊的註腳就是該殺。換句話說，像這樣的大賊，他們的法身慧命不可能活轉過來，所以雖曰該殺，不必咱們動手，因爲他沒有法身慧命可以讓我們殺。但是 如來當然要解釋，爲什麼說這樣的人叫作大賊：「**所以者何？如是癡人尚不得涅槃，何況我人？**」

世尊眞的是一語道盡他們的落處：「**這樣的人叫作愚癡人，這種愚癡人**

尚且不得涅槃，更何況能知我與人的本質。」他們根本連涅槃都不懂，如何能證涅槃？既然涅槃都不懂，自以爲意識一念不生時就是無餘涅槃，諸位想一想就知道他們一定對五蘊這個我——一定是對於有情這個人——的本質不懂，所以「我」的眞義是什麼，更不可能知道了。因此，如來有時說我，有時說無我，他們如何能夠懂得 如來說的我與無我？

談到我與無我，我們十幾年前爲什麼會想到「我與無我」的題目來講，然後整理出版，這是有原因的。我這一世還沒有把往世的所學回復過來時，初學佛那幾年臺灣佛教界吵得一塌糊塗，老是爭論到底是我對、還是無我對？到後來我把這個「我與無我」講出來也印了出來，臺灣佛教界才發現他們講的都不對。因爲我與無我本來是一體的兩面，人們怎麼可以說「我」對或「無我」對，或者主張「我」錯、「無我」錯？

唯一佛乘函蓋三乘菩提，是整個函蓋的。在二乘法中，那是初轉法輪爲了度化有緣弟子成就阿羅漢果、得解脫生死，所以告訴他們五陰非我，告訴他們十二處、十八界、六入俱皆無我。可是到了第二轉法輪，告訴大眾這五蘊「**非我、不異我、不相在**」的詳細道理。這就是《般若經》所講的道理，

只是　如來講得太老婆了，大家尋枝摘葉，把那個粗枝、樹幹以及根柢給忽略了。可是聲聞阿羅漢們聽懂這個道理，但沒有實證而無法作現觀，他們結集四阿含時就只能把這主旨結集在經中，至於五蘊「**非我、不異我、不相在**」的法義就無法憶念和結集了。《阿含經》中已經有這個主旨明文記載著，因爲　如來早就講過了。

眾生由於無明，所以生死流轉不至「**實際**」；他們都知道這個道理，但沒有證得實際如來藏，所以他們聽了《般若經》時不懂，於是沒有勝解，不能成就念心所，結果他們只能記住一個梗概。那個梗概是什麼？就是五陰「**非我、不異我、不相在**」，就這樣結集在四阿含之中；其實那本來就是大乘經中的法義，就是般若部經典中的法義。那些不迴心的聲聞阿羅漢尚且不懂實相般若，何況那一些把意識一念不生當作是涅槃境界的大賊。所以他們對五陰我以及從五陰來說一切有情而稱之爲人，是不懂原因的；也不懂般若所說眞實的我，更不懂般若所說人的本質是什麼，因爲連五陰十八界的內涵都不懂了，他們還能證涅槃，眞是怪哉！

有人自稱證涅槃，自稱成佛，那一位活了一百零一歲的人叫作什麼？（大眾答：印順。）對！叫作印順，印順就是不懂「我」與「人」。不論是實相中說的我與人，或者二乘涅槃所說生滅性的我與人，兩邊他都不懂，才會有那樣的「印順佛」出現在人間。像他這樣的佛，我們出書說他錯了，而且在《正覺電子報》不斷地連載出來說明他的錯處，但印順終其一生不敢回應一個字。他那麼強勢的人，當年號稱臺灣佛教界的導師，那麼強勢的人，臺灣佛教界沒有一個人敢回應他一個字；但他和門徒們卻對我們的評議不曾回應過一個字，因爲他們知道自己是知己不知彼，那個彼是誰？是正覺啊！可是咱們正覺知己知彼，所以……（大眾答：百戰百勝。）你們男眾都不答話（大眾笑…），都不跟我交心（大眾笑…）。

也就是說，連聲聞解脫道都不懂的人，結果公開宣稱成佛了，卻落在識陰六識境界中，具足的一個凡夫！所以不論我們說他什麼，他都不敢回應。他過世幾年了？三年吧？不只呵？（有人說：七、八年了。）可是我《楞伽經詳解》第三輯，是以前還在中山北路那邊時就出版了，在他生前，我已經連續出書講了他大約十年，他那期間還在世，而且他一直到死都是耳聰目明的，結果竟然不敢回應。正因爲他是佛法中的大賊，對於「我」與「人」不懂，「如是癡人尚不得涅槃」——這種人就是佛說的癡人啊！我這樣講，算不算罵他？不算呵！所以我沒有罵人，是佛說的。

爲什麼我們〈正覺總持咒〉第一句是「五陰十八界」，這表示說，修學佛法的首要是對五陰十八界的內涵必須理解；能不能現觀是一回事，至少得要先能理解。只要瞭解了五陰十八界的內涵，然後試著加以理解——一一從自己身上去觀察：色陰的眼耳鼻舌身，加上六塵的色聲香味觸法，總共十一個色法先瞭解以後，再對五陰色受想行識一一理解了，再來檢查一下自己所謂的涅槃，有沒有落在這五陰十八界之中？能這樣檢驗，馬上就知道自己是不是大妄語了，何必勞動蕭平實來檢點？自己檢點不會失面子，讓蕭平實檢點了，還有面子可言嗎？釋印順最後那十年過得窩窩囊囊，因爲老是會有六識論的法師—他的門徒—會去問：「導師啊！蕭平實這樣說，您看怎麼樣？到底他錯在哪裡？」印順卻不敢公開說蕭平實錯在哪裡，他是否可以學如來面對外道那樣默然呢？不能啊！所以你看他最後那十年，豈不是過得窩窩囊囊。

可是這也沒輒，他的晚年就得這麼過日子，都因爲他年輕時太過聰明，去學宗喀巴的《廣論》，否則也不至於淪落到這個地步。我們就怕佛教界所有四眾弟子，對佛法的根基—最基礎的法義—不能理解，導致未來的大妄語，所以我們〈正覺總持咒〉第一句就是「五陰十八界」。老實說，這〈總持咒〉要把它講完也難！我有時候都想，假使哪一天（我說的是假使，因爲那是不可能的）有哪一所大學開了個佛學博士班，讓我去講〈正覺總持咒〉，我說：「**給我十年，我講前兩句。**」前兩句是什麼？（大眾答：五陰十八界，涅槃如來藏。）十年！這樣每週去講，十年。不要以爲說：「**哪有可能？十年你才講十個字，一年講一個字？**」咱們說正格的，一年講一個字，還得要壓縮時間，要省掉多少東西來說。

諸位看看，我講經說法這麼久了，我這如來藏講完了沒？還沒啊！（大眾笑…）而且我不是只有週二講經時說，我在增上班一講三個鐘頭，那也是講如來藏；單單一部《瑜伽師地論》，現在講幾年了？二〇〇三到現在二〇一五年過完了，我講了十二年，才講一半多一點，現在講到七十卷；看來再六、七年可以講完。這樣七年後把如來藏講完了嗎？也還沒有啊！所以我說一年講一個字，算客氣了，那得要壓縮在一年內才能平均一年講一個字，就是講得比較粗略一點。眞要講完，其實就是把種智都講完，就是「一切最勝故」一直講到最後才算講完，但可能嗎？如來講四十九年，我剩下的時間只有二十四年，怎麼可能講得完？那講不完，到底好不好？動一動腦筋，應該說好，講不完就不能走人，對吧？所以沒講完時，下輩子再來相聚！

這就是說，「我」的內涵有兩個層面，第一個層面是眞實我的內涵。這個眞實我，在《佛藏經》中說爲「**無名相法**」、「**無分別法**」，在《解深密經》中說祂叫「阿陀那識、如來藏、眞如」，在《楞伽經》裡面說祂叫阿賴耶識，在《如來藏經》說祂是如來藏，在《般若經》說祂叫非心心、不念心、無住心，還有一個無心相心，所以《佛藏經》中把祂叫作「**無名相法**」。那麼這個心才是有情眞正的我，這個眞正的我從來無我性。你可別說：「**老師啊！如來好像沒有說這如來藏叫作我。**」眞的沒有嗎？且不談第二、第三轉法輪，單說《阿含部》好了，那是聲聞阿羅漢們結集的，並且剛剛我也提過了：「**非我、不異我、不相在。**」那麼請問，色陰非我、不異我，那這個「我」是指什麼？（大眾答：如來藏！）對了，就是如來藏。

所以「我」有兩個義涵，如來藏才是眞實我，雖然祂沒有五陰的我性，而祂才是眞實的我，這個我跟色陰相提並論來看待時，就說色陰不是我，但是色陰也不異我。色陰既然不可說是「我」，而色陰又是不異「我」，這個「我」當然就是指如來藏我，不是色陰我，這是很清楚可以了知的事情。所以「我」有兩個層面，一個是五陰的我，這五陰「我」非眞我，無常故無我性，因爲是生滅的；但是又說「色陰不異我」，這個「我」指的自然是如來藏，而這個如來藏並沒有五陰的我性，所以叫作「法無我」。

宇宙中因爲有這個「我」，於是就有了「人」。「人」泛指一切眾生，包括地獄等三惡道有情，這個「人」總而言之就是有情。可是這些有情，不論什麼樣的有情，全部都從這個眞實不壞的「我」而出生了五陰或者四陰，所以成就爲一個「人」，但「人」這個表相是無我性的——沒有眞實不壞的常住性，因爲「人」不過是由六個東西組成——地水火風空識，就這樣而已。但是細分有十八界，十八界歸納起來有五蘊；可是從證悟菩薩的眼光來看，一切有情眾生的五蘊全都是眞實「我」的一部分，因爲「不異我」，所以有情眾生的五蘊其實是如來藏中的一部分；既然是如來藏的一部分，怎麼可以說他不是如來藏。譬如一個人，說這一隻手不異身體、不是身體，兩個要具足才行；可不能夠說這隻手不是身體，所以把手砍了吧！砍不得欸！因爲這手不異身體。所以手非身體、不異身體，只有單單看見手而沒看見全部身體的人，才會說手不是身體。同理：五陰非如來藏我，不異如來藏我；因此菩薩的眼光所看見的一切有情—也就是一切人—都是如來藏眞我。既然能夠這樣看見了，能不能看見無餘涅槃裡面是什麼？能不能？能啊！一定是如實了知「我」與「人」兩個層面的義涵了，他才能成爲菩薩。

那麼菩薩腳踏兩條船，一條船是實相法界，一條船是現象法界，所以阿羅漢們所證的無餘涅槃菩薩也看在眼裡，然後菩薩說：二乘涅槃是佛菩提道裡的副產品，不重要。所以沒有一位菩薩對涅槃很重視，因此你們看二轉法輪、三轉法輪諸經中，菩薩們見面論法時，他們有沒有誰在討論無餘涅槃？沒有！因爲那是成佛之道裡面的副產品，不值一提；菩薩重視的般若與一切種智，談論的法義都在這兩個層面。所以二乘涅槃是淺的，「我」與「人」的眞實義才是深妙難解難知，正因爲這個緣故，如來說：「**如是癡人尚不得涅槃，何況我人？**」

既然把這種愚癡人定義爲大賊了，如果你家裡有一個人被你定位成爲大賊了，你要怎麼對待他？這問題馬上就來了，所以如來說：「舍利弗！如是癡人，我以手遮；非我弟子，不入眾數，我非彼師。」意思是說：既然是個大賊混入我佛門裡來，這種愚癡人，我一定出手把他遮止，不許他進入我佛門眾僧之數中，也就是不承認他是佛法中的僧人。在佛教中出家，最怕的就是人家說我不是佛法中的出家人；因為在佛法中出家了，四事供養都來自於信眾。同樣是人，為什麼可以成為眾生的福田？因為他是佛法中的僧寶。如果他不是佛法中的僧寶，就不應該受佛弟子的任何供養。所以我們公開指稱達賴不是佛門的僧人，他很在意，原因現在大家瞭解了。

因為達賴既然不是佛法中的僧人——不是佛門的僧人，就不應該接受佛教徒的供養。他最在意的是在這裡，所以無論如何要去爭：「我真的是佛門中的僧人。」因為他不斷地接受佛教徒的供養，可是現在供養變少了。以前他的財源一半以上來自臺灣，現在他手頭有些窘了，因為現在臺灣的佛教徒漸漸知道：他根本不是佛門僧人，只是個冒充僧寶的騙子，所以他現在很在意。他在意之標的不是「是否為佛門僧人」的問題，而是背後那個孔方兄來不來？不是佛門僧人，佛教徒就會有許多人不供養他，孔方兄就來得不勤了，這是他最在意的地方。如來也說了：「像這樣的愚癡人，我用手遮止他；不讓他進入佛門僧寶的身分中來——不入眾數，」又說：「他不是我的弟子，」因爲他一天到晚毀謗 釋迦牟尼佛，也一天到晚毀壞 釋迦牟尼佛傳的法，怎麼可以承認他是 釋迦如來的弟子？道理一定是這樣。

假使有個大公司的老闆，他手下有一個經理，一天到晚都在罵老闆；其他的經理都不會，就他一個一天到晚罵老闆，這董事長久了總是會聽到。聽到一次、二次就算了，竟然接二還連三，當然得要處理他，免職趕出去了。那身爲佛弟子一天到晚在指責 如來：「如來講的涅槃就是覺知心一念不生，這是如來講的。」其實 如來不是這樣講的，但他每天就這樣毀謗 如來，這樣的人當然要趕出去，不再讓他處身於佛門中。

他一天到晚都在講：「我們這個意識覺知心就是眞實我，這是如來說的。」但 如來不論去到哪裡都說意識是生滅法、非我，有人偏偏一天到晚唱反調說「意識卻是不滅的」，後山那個比丘尼就這麼說，這是跟 如來唱反調，然後還說「這是佛法」。「這是佛法」的意思就是說，這是 釋迦如來說的。那她不是謗佛嗎？這樣的人還讓她成爲比丘尼？早該把她趕出佛門去，所以如來說：「非我弟子，不入眾數，」還說：我不承認是他的師父——「我非彼師」。

接著如來把話題拉回來說：「舍利弗！若知諸法無生無滅無念無相，得是法忍者尚不得涅槃，何況我人？」如來的意思是說：「如果有人知道一切法是無生無滅無念無相的，對這樣的法已經得忍的人，他尚且不見涅槃、不得涅槃，何況會有眞我眞人、假我假人？」諸法，或者說一切法，在初轉法輪四阿含中都說是有生有滅，因爲這時人間還沒有證道者，大家都因爲不知道五陰、十八界全都生滅不住，所以執爲眞實我而不免輪迴生死。世尊降世以前的外道們所謂的阿羅漢，其實沒有一個是阿羅漢，所以如來先要度這一些人成爲阿羅漢，才能建立佛教。

但成爲阿羅漢的首要，就是要觀察五蘊、六入、十二處、十八界，乃至輾轉所生一切諸法全部生滅不住，無我人可言，所以無我。可是等到他們成爲阿羅漢，應該讓他們成爲菩薩了，於是要教導他們實證這個「無名相法」；證得「無名相法」以後，要大眾轉依；轉依「無名相法」如來藏了，站在如來藏的立場來看一切諸法時，所見的「諸法無生無滅」。因爲諸法本是如來藏中的一部分，不能夠說它有生滅。就好像我們上週舉例說，那面明鏡中的影像譬如諸法，那些影像，你不能說它有生滅，因爲你是從鏡子本體來看它所擁有的鏡像。你如果不談或沒看見鏡子本體，只是看到鏡中的影像，當然那影像是生滅的，那就是聲聞法。如果從鏡子來看那個影像，你就說那影像不生不滅；除非那鏡子壞了，也就是說除非如來藏會壞，否則世世而有的五蘊十八界全部都會繼續存在。既然如此，它是如來藏的一部分，而如來藏永遠**無生無滅**，當然如來藏附帶的諸法就是「**無生無滅**」。諸法之中就有五蘊六入……等，於是就有念有相；有念有相時，這個念與相都是五蘊中的事情，但當這個念與相都收歸如來藏時，也就「**無念無相**」了，因爲如來藏心體「**無念無相**」。

又譬如說，有生有死是五陰的事，但是把五陰收歸如來藏時，五陰在如來藏中生了又死、死了又生，這些生死都在不生死的如來藏中，不曾離開過如來藏。那五陰是諸法所攝，所以五蘊與諸法有生有死，而如來藏無生無死，五陰諸法都在無生無死的如來藏之中，所以五陰等諸法無生無死。五陰無生無死，所以二十四年後我走人時，跟諸位 Say goodbye 就好了，不需要哭哭啼啼。那時可不許有誰幫我戴麻或披麻，否則我半夜來敲他的頭；因為在菩薩的身分來看，生死本是平常事，只是暫時分手換一個好的身體再來為大家服務，幹嘛為我掉淚？沒道理吧！應當如此。

我們臺中講堂詹老菩薩不就這樣嗎？他臨終時揮揮手說：「再見！」然後走了。多瀟脫！本來就應該如此，因為菩薩道是盡未來際的，一直到成佛以後依舊是盡未來際。那未來假使我成佛了，諸位後來也成佛了，能不能再聚一聚？可以啊！就學 觀世音菩薩、維摩詰菩薩、文殊菩薩那樣，再來 釋迦古佛成佛的世界來當妙覺菩薩，幫助 釋迦古佛弘化，這有何不可？所以這樣來看，有什麼生滅可言？因為你是依如來藏而住，而如來藏不生不滅，那麼諸法都在如來藏中，所以依如來藏來看時諸法就不生不滅，沒有生滅可說。

那麼諸法在如來藏中有念有相，可是從如來藏來看諸法時就屬於「無念無相」的如來藏中的局部，於是諸法也就「無念無相」。得到這個法忍的人，一定會住在實相法界來看待現象法界諸法，所以在他心中沒有涅槃可說，因為涅槃就是如來藏。諸位聽我說這些法，已經聽過很多遍了，我會常常三不五時就拿來講一遍。每講一遍時你覺得說：「唉呀！什麼涅槃就是如來藏？以前大師們都沒有人講過。」於是我要講第二遍又講第三遍，當我講上一百遍時你都信了，即使沒有實證，你也信；何況我們會裡現在有四百多人實證了，都可以現觀無餘涅槃其實就是如來藏，叫你不得不信。

我有時候想，現在還眞的是末法，沒辨法，跟像法時代畢竟還是大有不同。像法時代那一些大師小師說出來的，都還要跟佛法很相像，才叫作像法。如果不像就不能叫像法，所以那個年代不會有人說一念不生時就是涅槃；也不會有人說這意識是不滅的，一定說這是生滅的；也會說涅槃是五蘊全部滅盡而不受後有，問題只是他不能實證而已，但說出來的法還是正確的。

可是諸位看看，這兩、三百年來，大師們說的法有沒有哪一個人講的符合佛陀所說？不但不符，而且相違，所以才叫作末法時期。現在末法時期就只有我們第一個提出來：涅槃就是如來藏，如來藏就是涅槃。剛開始佛教界聽得很震撼，不能接受；不能接受無妨，我就繼續不斷地講，然後書籍一本一本印出來；他們想要知道蕭平實究竟在講什麼、究竟悟個什麼，就不得不讀我的書。願意讀我的書，我就一本一本、一遍一遍洗他們的腦，現在不就洗腦成功了嗎？包括那些在我書裡面要找碴的，找不到石頭那個碴，倒是找到了好喝的茶，所以他們知見也跟著提升了，這不是很好嗎？

我向如來祈求的兩件事，今生能不能成功？不知道！第一件就是密宗假藏傳佛教趕快揚棄外道法，回歸正教，我每天上香就是求這個。我求的第二件事：中國佛教趕快復興起來，然後在內地有很多人可以弘法了，開始走出去，那時中國就是全球知識分子的精神祖國。那時他們不去西藏朝聖了，他們要來北京或臺灣朝聖了。就是要這樣，我求的就只這兩件，每天如是求。上香時我不求什麼，從來不爲自己求。但這兩件事情能不能成功？（大眾答：能！）能呵？那我就托諸位的福了。這兩件事情假使眞的成功了，我三、四千年後想要達到的層次，大概就可以成功。如果成功的話，我是不是飛了就走了？（大眾答：不會。）對我這麼有信心呵！

可不可以走人？（大眾答：不可以。）看來這擔子還眞重。但是無妨，本來就是要這樣行道的。像這樣子就表示諸位有這個法忍，因爲你們基本的知見都夠了，所以去到禪三道場拿到金剛寶印時，你就一定有這個法忍；雖然還不叫無生法忍，至少這個大乘法無我的無生，當你實證了就有這個法忍。你得這個法忍時，從如來藏的境界來看一切法——包括無餘涅槃在內，那時還有一切法嗎？有涅槃嗎？沒有！所以 如來說的都是眞實語，如來也不會現在這麼說、未來那麼說，所以永遠不二語。既然「不得涅槃，何況我人？」從如來藏來看五陰的我，那時有沒有五陰這個我？沒有了！從如來藏來看一切的有情時，根本都沒有有情了；從如來藏來看如來藏這個眞我時，有沒有呢？也沒有，因爲如來藏不知不見。從如來藏來看一切眾生的眞我時，能不能看得見？不能，因爲如來藏無見——沒有看這回事。所以 如來說的是誠實語：「得是法忍者尚不得涅槃，何況我人？」

然後 如來又把它歸結到原來的題目：「舍利弗！佛亦說言如是名爲見法，能見是事名爲見佛。」所以「見佛」得要如是見，不能夠以五蘊來見佛，不能以音聲來求佛。這樣看來，整個地球上的現代佛教，已經看見佛的就這麼四百多位。我們努力繼續再生，好歹也生一千個；人家轉輪聖王生一千個兒子，我要是生了一千個法子，不輸給轉輪聖王。那金輪王又算什麼？因爲他生的是世俗兒子，我生的是法子。這樣一來，何愁佛門不興？「見佛」應當如是見，以見如來藏爲「見佛」。所以五億七千六百萬年後，大家在龍華

樹下見到　彌勒菩薩成佛了，還未離胎昧也無妨，先成阿羅漢再說。這龍華三會完了，緊接著就開始演說般若，因爲聲聞法就只有那三會，之後緊接著就會演說般若。

諸位在這末法時期證悟了，到那時　彌勒尊佛演說般若，你自然而然就會把往昔的所證再恢復過來，於是你就聽懂了。那時你看見　彌勒尊佛，就說：「彌勒尊佛是這個，我也是這個。」這個是什麼？是如來藏。同樣是這個如來藏，這樣你就是眞正的「見佛」了。在龍華樹下聞法成爲阿羅漢時，你還不算眞的「見佛」，因爲那只是見到　彌勒佛的五蘊，還沒有見到眞實如來；等祂演說般若時，你往世的所證隨著聞法而回來了，這時你就說：「彌勒佛啊！我眞的見到您了。」彌勒菩薩成就了如來果位，這時看見諸弟子回復了往昔的所證，說起般若來就可以講到很細了，每一個微細的地方都可以不放過。當你說：「世尊！我已經眞的看見您了。」祂一定說：「乖孩子！你終於回來了。」這樣才能夠說是眞的「見佛」，爲什麼說這樣叫作「見佛」呢？因爲你看見了眞實法。所以　如來總結說：「佛亦說言如是名爲見法，能見是事名爲見佛。」

因此，「見佛」就是「見法」，「見法」就是「見佛」。你沒有看見這個勝妙之法，就不知道諸佛的本際；不知道諸佛的本際，如何能說你看見了眞正的佛？只能說是看見了應身佛，落在祂的五蘊上面說之爲「見佛」。然而佛法中不說那樣叫作眞正的「見佛」，說那樣只是聲聞人所謂的「見佛」，不是見眞實如來，因此得要見到眞實如來時，才是眞正的「見佛」；而這樣「見佛」的人一定是同時「見法」的人，因爲他得要先看見這個法，然後他才能夠看見諸佛的本際而說爲眞正的「見佛」。所以說，佛與法無二、無二分，本來就是一體的。

依據這個正理，我們就說佛與眾生不二。聽到這句話，有沒有想起經中說的「心、佛、眾生」怎麼樣呢？「三無差別」。因爲心就是佛，佛就是心；眾生都由這個心成就，佛也由這個心成就，那麼「心、佛、眾生」不就是一體嗎？所以這樣子的人就是眞正看見法的人，看見法的人就是看見佛的人。如果沒有這樣子看見法而不懂得這一些境界，對人說他「見佛」了，那只是一種感應，不是佛法中說的「見」佛。

但是「佛」究竟是什麼？如來得要畫龍點睛把祂點出來：「舍利弗！云

何名為如來？」佛告舍利弗：「一切法如，不異不壞，是名如來。若人於是法中無有疑悔，是名聖眾。」怎麼樣叫作「如來」？換句話說，如來的本質是什麼？如來的實際究竟是什麼？佛告訴舍利弗說：「一切法都如。」也就是說，一切法無生無死、不生不滅、不逆不順、不厭不愛，沒有垢與淨，沒有是與非，於一切法中永遠是「如」；從無始劫之前本是如此，現在如此，盡未來際依舊是「如」；而且「一切法」與這個「如」「不異不壞」。一切法都是生住異滅，但是依於「如」而生而住而異而滅，所以「一切法不異不壞」就是不異於如、永遠不壞。當「一切法如，不異不壞」，一切法都如、都不壞時，就說這就是如來。

如果沒有看見這個法，你就不知道如來聖教說的是什麼道理了。所以，眞正的法不是靠意識思惟、學術研究、文字訓詁或者作考證所能夠理解的。那一些愚癡人竟然敢主張說：學術研究勝過實證。他腦筋是壞掉了！學術之所以能夠成為學術是由於他有體驗，否則學術有什麼用？譬如有一個人說：「我這個學術勝過那個設計太空梭的人，勝過那個建造潛水艇的人。」他若是這麼說，那叫作愚癡人；因為他只是靠構想的，自己在那邊畫圖。

有句成語叫作閉門造車，根本不知道人家路多寬，他隨便弄一輛出來，結果不是太寬就是太窄，沒辦法用。人家實際上在製造太空梭，可以飛到太空再回來；實際上造了潛水艇，可以潛到深海再浮上來自由自在。他只是在那邊想這裡需要什麼、那邊需要什麼，想完了就說他比人家行。讓他去造造看，縱使他造得成，一下水就沉到海底去了，還說比人家行。所以，佛學學術界那一些人宣稱比人家實證的更高，罵人家實證者叫作教徒觀點，說他們學術觀點比教徒觀點好。可是問題來了，我用教徒觀點寫出來的書責備他們錯了，他們十幾年爲什麼不敢回應？結果現在各個都偷偷買了我的書，私下再去讀，所以他們的腦袋是有問題的。

因此說，般若聖教一定得是實證，若非實證就不能夠從自心中直接流露出來演述給大家明白。所以當我們開始演說般若時，他們嘴巴都遺失了，沒辦法講話了。一定是嘴巴丟了才沒辦法講話，無嘴可說了。這就是說，如來的聖教不可思議，假使能夠用思惟議論而得之，那如來明講讓大家知道不就得了，何必還要規定必須是要菩薩才要傳授？那聲聞法中的三寶弟子還不肯給他，不但三寶弟子不給，連阿羅漢都不給他；所以那些不迴心的阿羅漢們，如來不幫他們證悟，偏偏幫這一些還沒有證阿羅漢果的菩薩性弟子們證悟。這是什麼原因呢？因為他們是菩薩！

所以我出來弘法，也是依照這樣的理念來作。假使我要依照三轉法輪的方法來度化諸位，我想我今天不要說臺北六個講堂（其他地方的講堂不談），我說連一個小小的房間來說法的機會都沒了；因為我得要先度諸位成阿羅漢，諸位要成阿羅漢需要修多久，我也不知道，那要怎樣幫諸位再來講般若？沒機會了。但現在畢竟是末法時代，咱們復興佛教需要很多人；而諸位很可喜，不辭勞苦，不計所得，辛苦奉獻，我當然不能怕辛苦，所以不斷地演說、不斷地提升大家的知見水平和功夫。因此正在計畫禪三時，每一回要辦三個梯次，這裡順便跟大家宣布一下。

但我得要延期，再延半年開始辦三梯次，因為我們祖師堂要整修，二樓要改變，東西單也得要對調，所以要等到十月才會有三個梯次禪三。（有人說話，聽不清楚。）當然累，累也得作；因為諸位都不喊累了，我就不能喊累。這就是說，要怎麼樣讓大家得以實證，不能要求大家先成為阿羅漢，然後我再來幫大家開悟。如果這樣要求，恐怕我得要一個人挑重擔四十年，那就挑得有限了，不如把諸位拉上來，讓諸位共同來挑，因爲諸位也不嫌勞苦。大家不辭勞苦，咱們就共同來努力。

總結起來說，如果有人像諸位這樣，「於是法中無有疑悔」，心中不疑；你們看，我們四百多位增上班的同修沒有懷疑，也沒有後悔說：「原來我證得的是這個。」都沒有後悔，如來說「這樣的人叫作聖眾」。這時所定義的「聖眾」層次是拉低一點，不必有無生法忍；但依然叫作「聖眾」，因爲至少同時是個初果人，依聲聞教來說也是個「聖眾」，未嘗不可。如果依前面講的、比較高規格來說，那得要等到將來彌勒佛成佛了，諸位入地時才稱爲「聖眾」。今天說到這裡。

冬天終於來了，這到底該算是今年的冬天，還是去年的冬天？因爲去年（編案：二〇一五年）沒有冬天。《佛藏經》上週講到第二十頁第二行，但是最後那一句，因爲時間來不及，所以我們就沒有加以說明。這一句是說：「若人於是法中無有疑悔，是名聖眾。」那麼這裡就必須談到有疑悔或者無疑悔，以及爲什麼會疑、會悔。當然，要先說明的是，後悔而認爲自己的所證不眞，這是一個佛菩提道中很正常的現象。如果有人說：「你們正覺同修會，才不過二十年，已經有三批人退轉了，可見你們的法有問題，不正確。」一般人乍聽之下會認同，可問題是：正覺同修會這個證眞如的法，祂不屬於世間；雖然在世間可證卻不屬於世間，因此難可思議，很難令人信受，這樣才會有疑，才會悔退。

假使有一個人去買了一件紫磨眞金做的藝品，因爲老闆覺得和他很有緣就賣得便宜；紫磨眞金知道嗎？有一種黃金帶有一點點紫色，那是渾然天成的，因爲黃金沒辦法染色；那一種黃金很貴，但是他買了紫磨眞金，去打造出來的一座精雕細琢的黃金宮殿，帶回家欣賞時很歡喜。可是有一天來了一個大師級的人物告訴他說：「你這個可能不是黃金打造的，一定是什麼金屬冒充的黃金，所以沒有那個價值。」一開始他也不懂，他想：「這是大師級的黃金專家，他這麼講，我應該信受。」於是他心裡面開始懷疑，後來見了人就說：「這不是眞金，這是假的。」後來他忍不住，去跟老闆理論：「你怎麼用假黃金騙我說是眞正的黃金，而且是比黃金更高價錢，我不能接受，你退錢給我。」可是他那座紫磨眞金的宮殿又不還人家。那座宮殿譬喻什麼？如來藏。

就好像我幫人家證得如來藏，然後他生疑說這個不是如來藏，堅持說這不是如來藏。但他否定了以後總得把智慧還給我吧？又不肯還給我，然後說我這是假的，叫我退錢。以前曾經有人這樣，當年我們還眞是頭痛。這要怎麼退錢，錢又不在我口袋裡；同修會收了他的捐贈，入帳很多年，這帳要改也沒得改；而且錢也用在正法上，他也享用了。後來他沒有繼續要求，但終究也是退轉了。比如否定（退轉）了以後，這老闆說：「你又沒有把那件藝品還給我，我憑什麼退錢給你？就算你能夠還給我，我也不退錢給你，因為我賣的是最頂級的黃金，叫作紫磨眞金。這可不是普通的黃金，你聽了那些有名氣的、一天到晚在電視臺講黃金的大師，他又不懂眞的黃金，他連普通的黃金都不懂，總是把鍍金當作黃金；而你憑他講的話，就來跟我爭執理論，要我退錢，這沒道理啊！」但那個人不聽，這個老闆能怎麼辦？只好寫書說明：什麼是黃金，什麼是鍍金，什麼是紫磨眞金，一一羅列出來給大家比較而瞭解。因此那些黃金大師就不敢再講話了。

那麼諸位想想，佛法中也是如此，當年就只有我一個人出來說：這個才是紫磨眞金，普通的黃金譬喻二乘菩提——聲聞緣覺菩提；但我這個是佛菩提——紫磨眞金。結果大家少見多怪，都說我這個法不對。我不說他們錯，他們倒是異口同聲說咱們正覺的法錯了。那怎麼辦？我沒辦法了，就寫書回應，證明：「我這個的確是紫磨眞金，你們連二乘菩提那麼普通的黃金都沒有，全都是鍍金，內裡或許是銅、或許是鉛不等，而你們硬說是紫磨眞金，反說我這個是鍍金。」咱們把它理論清楚，說清楚以後他們都閉嘴了。這就是說，由於無知所以心中有疑，被世俗法中的那一些假名大師給籠罩了以後，就信受錯誤的說法，然後回過頭來說：「你蕭平實幫我悟的這個不對。」所以一定是因疑而生悔。

那麼有疑而生悔了，表示他心中不認定這個就是紫磨眞金——他認爲你這個不是眞正佛菩提的證悟，所以他懊悔說：「我跟你學了這麼多年白費精神。」因此他們就要否定。但是，心中有悔是因疑而生，疑究竟是怎麼來的？得要去探究一下。生疑的原因，首先是因爲他的智慧不夠，沒有能力來判斷、沒有能力來分析：到底這個法對或者不對。下至沒有能力去分析：那一些所謂的大師們所說眞正的開悟究竟對或不對。因爲有這樣的無知—無知就是無明—所以被大名氣的大師所誤導、所籠罩，因此就懷疑眞正的佛菩提道開悟是悟錯了，反而回去認同那一些假名大師所墮的識陰境界離念靈知，說那才叫作眞如；或者信受有一個可以時時作主、處處作主的心才是眞如。這就是無明，也就是無知。

那麼疑的第二個原因，就是他沒有好好降伏心性；心性沒有先降伏，因此他心中只要生疑就退轉了。那麼沒有好好降伏的原因，是他的定力不夠；一定要有基本的定力，也就是未到地定來支持。當他有了未到地定時，就不會亂攀緣。沒有未到地定支持時，幫他證悟了，他會去攀緣那一些大師們，或者去尋找那些大師的著作想要求印證。

我也講過，以前有個師兄，他有一個精舍；我幫他證悟了以後，他跑去大陸找元音老人求印證。他問了元音老人說：「請問蕭平實有沒有開悟？」這就是個疑了。蕭平實有沒有開悟？「你都證得蕭平實所指導的眞見道的內涵了，還不能判斷。」這表示他的慧力是有問題的，這就是無明。可沒想到那元音老人答覆說：「有啊！蕭平實有開悟啊！」當然他得這麼講，因爲他還拿了我的書努力讀，還畫重點，並且用紙寫下重點。這資料我曾公布過，那是元音老人的親筆，而他的後人會把它當作墨寶。所以元音老人只能說：

「有，蕭平實有悟。」他去求沒有悟的元音老人印證，我不曉得那元音老人要怎麼跟他印證。回來臺灣了，他告訴我這件事情。他是聰明、不聰明？是不聰明。作了這種事情時應該隱藏起來，還跑到蕭平實面前主動招供。然後他問我：「老師！您看那元音老師有沒有開悟？」都去那邊問我有沒有悟了，回來還問我說元音老人有沒有悟。你看，他有誰可以信受的？天下就沒有一個人是他可信受的。他也沒想到，我一開口就說：「他沒悟。」

這就是疑根未斷，而本身的未到地定又不夠好，所以去大陸攀緣凡夫大師。如果你的未到地定修得很好，當你無相念佛可以淨念相繼時，你普觀天下大師們，會看清楚沒有一個大師有這個功夫，那你就知道教會我這功夫的人一定是善知識，心中得定不再攀緣了，然後他的眞見道智慧就不會被蒙蔽。在這樣的狀況下，他就不會生疑、不會退轉，結果因爲他的定力不夠，到處攀緣，因此他退轉了。

還有第三種人會退轉，就是次法沒有修好。次法沒有修好，他的心不能得定，就算你幫他證悟了，由於他沒有這一些次法的福德作資糧，不足以支撐他的證悟，所以有一天還是會生疑，然後就後悔退轉。因此「疑悔」這個

「疑」，它的產生有這三個大項。

如果這三個大項目沒有去留意到，沒有把它作好，那麼悟了也沒用，早晚會退轉。如果悟後沒有生疑後悔，沒有退轉而原地踏步，這都算是好的。怕的是後悔而且退轉了，無惡不造，果報嚴重。《菩薩瓔珞本業經》中就講過，舍利弗的往昔以及淨目天子、法才王子，退轉之後無惡不造；那是又經過多少劫以後從三惡道回來，遇到了釋迦牟尼佛才回歸正道的，那個經歷是很慘痛的。所以疑悔的原因，我們要弄清楚。

那麼假使有人，證悟後拿到我的金剛寶印，進入增上班了，有時生起疑心，這個疑掛在心中，兩天三天揮之不去：「這是眞的嗎？」在那兩天三天的時光中，他就不是「聖衆」，因爲他悔退了。退有很多種：信不退，位不退，行不退，念不退，究竟不退。他這時算什麼退？位退。他對三寶還是信的，但他這個位階是後退了——退到六住位去了。到了第四天、第五天，不斷地思惟整理，又去尋找聖教比對，後來證明：「這個還是對的，我這個疑不應該。」去佛前懺悔過後，他依舊是聖衆，稱爲菩薩摩訶薩。所以只要有疑，對所證的第八識妙法信受之後，而生悔說：「我不應該信受這個法。」

當他這樣悔退時就不叫作「聖眾」了，就已經不是摩訶薩。所以，為什麼「真見道」之後要施設「相見道」？就是為了幫助大家從真如法在各種法中——也就是在世間法、出世間法、世出世間法中，在大乘的三十七道品中一一加以觀察祂的法相，最後可以通達而入地。七真如中不是有一個「相真如」嗎？要從這裡去瞭解，然後勤修到了通達位，就成為行不退的菩薩。所以說，真見道看來好像是一剎那就過去了，為什麼要施設這個真見道完成才算第七住位？因為會有悔退的情況出現；而悔退的原因就是心中有疑，心中有疑的情況則是有這三個大項目。

所以我們禪三報名表背後有那麼多的審核項目，絕非無因。以前是沒有那一些施設的，我弘法早期是不管大家有無伏除性障、有無福德資糧、有無修好次法，直接就幫大家證悟，才會有那麼多人退轉。到後來為什麼要作這一些施設？因為發覺如果沒有這一些施設，每一個人都可以去打禪三而且統統證悟，悟了以後他出來毀謗正法，說：「我這個離念靈知才對，才是真如；你教我證的阿賴耶識不是真如、不是如來藏，你們正覺要關門，不許再弘法。」那到底我是幫助他還是陷害他呢？所以在那個時節讓他們去打禪三又幫他們開悟，其實是陷害他們。

在這裡我得要說明一個現象，算是機會教育。我們會裡總是有人抱怨說：「**我報名禪三好幾次了，都不錄取我。**」但我現在要說：他的報名表遞出去以後，親教師在每一個項目的審核都是否定的，勾了個落選。後面行政組、福田祖、財務組、推廣組，還有什麼組？香積組；很多的組，總共六個組的審核，每一組的評語都是掛零；若不是空白，不然就是說沒有任何發心。這證明他根本就不是菩薩，只是個求自己利益的世俗人。這樣的人算不算很差了？算呵！其實還不算，還有人來同修會五年了，除了讀進階班那三年不得不繳了會費以外，沒有護持過一毛錢，五年之中吹了冷氣、喝了水、用了洗手間，護持個五百塊錢也行吧？也沒有。然後每一組的事務都不肯去幫忙——各組的義工都不作。而親教師那些審核欄，總括一句話就是：「**不曾跟我小參，我不知道他的情況。**」所以勾在落選那一欄。

而別人的報名表中各有不同的護持正法的發心，從那些過程可以看得出來：這樣的人有菩薩性。像這樣的人很多，如果我把這樣的人刷掉，錄取那個完全沒有菩薩性的人上山去，萬一他開悟了怎麼辦？終有一天心中疑悔，造下否定正法的大惡業，結果我例外幫忙他證悟的結果，是害他來世下墮三塗。然後從另一個層面，我一定很過意不去，爲什麼呢？因爲這個人從來不肯爲正法、爲眾生來發心作事，而我錄取了他；其他很多人都很發心，排在他前面而我不錄取；這要是世俗法中的老人家聽到了，一定會罵我說：「你這個蕭平實沒天良。」一定會這樣罵。

所以有時我總是說禪三審核後都會有遺珠之憾，這都是難免的。有時連珍珠都不得不遺落掉，因爲名額就是這麼多；何況那幾顆魚目，我還硬要把他推上山嗎？這講不通啊！再醜的珍珠至少還是珍珠，而他這一顆不論長得再怎麼圓，終究是個魚目，我能拿魚目來跟那個被遺漏掉的珍珠相比嗎？眞的不能比啊！所以這一類人是悟後一定會生疑，也一定會悔退的；怎麼說呢？因爲他根本就不懂證悟之時一定要有一些條件來支持，否則我幫他悟了以後他一定會退轉、會造惡業，那其實是害了他。但那一類人老是不服氣而在私下毀謗我，所以有一些事情有時也不得不說明一下。

有的人口德不很好，說他們「不很好」是因爲他們的知見有問題。也曾經有人說：「你們都不用報名禪三了，如果沒有捐上一百萬元，你別想上山啦！」也有這樣說的。這樣說的人，其實當他正在講這句話時，也正是我正在審該報名表時，其實已經把他放在錄取那一疊了；正要把審核結果移給教學組時，這個消息一傳過來，我就把他抽掉，因爲他說話不如實，心性有問題。我們現在增上班的同修們，護持同修會超過一百萬元的人不到四分之一；諸位都知道增上班的同修都是證悟的人。被錄取上山打禪三者的護持比例，大致上也是和增上班一樣。所以那種人的說法是不如實說，是依於惡心所而作的言語。

這是一種不好的心態、不好的想法，還企圖影響別人。在這種心性之下，咱們想想看：布施、持戒……，在布施上也許他修得還好。我說的是「還好」，不是說頂好，但持戒就有一點小問題了；修忍，顯然他沒有修好，就差那麼一點點，我正要錄取他，結果聽到他的言語以後又把他刪掉了，因爲他講了這個話傳了出來。而我的立場很簡單，就是要具有足夠的菩薩性，肯爲眾生、爲正法作事，不是自私自利的人。況且努力作事時是爲眾生、爲正法作，不是爲我作；捐款護持同修會，是護持正法道場，全都用在眾生、用在正法上面，沒有一絲一毫落在我或幹部們、親教師們的口袋中，縱使有人捐來一百億元給同修會，我照樣收下用在正法中，一點都不覺得有何不對。我依這樣的標準來審核禪三報名表，作爲錄取的審核標準，又有什麼過失？難道菩薩道所證的勝妙法要傳給自私自利的俗人，不是傳給菩薩心性的人？

所以，證悟的事永遠都不是多數人的事，因爲難知難解難證；而悟後懷疑乃至退轉毀謗正法，也是正常的事，因爲不是我見我執的人相應的境界——不同於世俗人所寶愛的有念或離念的靈知心自己。自古以來，每一個禪師手下證悟的人都不多。以中國禪宗爲例，度弟子證悟最多的禪師只有兩個人，一個是大慧宗杲，一個是雪峰義存。雪峰義存是因爲他悟得很艱難，所以他對弟子們很體恤，費盡心思去幫忙徒弟們，他座下有一百多位弟子證悟。大慧宗杲也有一百多人，這是表面上的，實際上還更多。

除了這兩位以外，想要遇到一位肯放手的禪師，那是很難的。所以很多禪師度了一個徒弟悟了可以傳承法脈，他就不再度人了，這在禪宗很平常的。諸位這一世遇見了我，算是好運氣，因爲我剛開始只是不願意這個法失傳，是很簡單的想法，所以當年我沒有想要廣度眾生，就是隨緣度眾。但後來發現密宗假藏傳佛教這個壞法的根本不處理的話，佛教終究未來還會壞在密宗假藏傳佛教手裡，所以必須要處理。但我想要處理密宗假藏傳佛教就必須要復興佛教，可是復興佛教不能侷限在臺灣這個小島，也不能只靠這麼幾個人。不要以爲臺灣很大、人口很多，臺灣這麼一個地方的人口兩千三百萬，大陸呢，單是上海就超過了，而且超過很多，北京也都超過臺灣人口。不說那些大城市，稍微小一點的重慶、武漢都比臺灣的人多，光是沿海的深圳就有一千五、六百萬人；如果密宗假藏傳佛教繼續在大陸生存擴張，佛教還有未來嗎？

所以後來我想，得要多度一些人眞的證悟，我才有人可以用。如果你們跟著我、來幫正法作事，各人全都在凡夫位，能幫得了多少事？這就是我這幾年的看法。所以逢遇這樣的機運，算是諸位的福報，也算我有福報遇見了諸位。如果你們都不來，我也沒奈何。因此我們要作的事，就是不浪費人力、時間，意思是說，我每幫一個人實證了以後，他一定得要不退轉才行。如果幫他悟了，又退轉了，我是白花力氣。我一個人白花力氣倒無所謂，兩位監香老師、糾察菩薩和那麼多護三菩薩們，也都跟著白花力氣，那可不行！所以我今天特地要講這個部分：爲什麼會有疑悔？

有疑悔的原因一定要弄清楚，如果自己的基礎沒有打好，或者一樓、二樓都沒有蓋好，三四五樓、六樓也都沒有蓋，就想要蓋第七樓，很不切實際。一樓到六樓是指什麼？是六度波羅蜜得要實修。但六度波羅蜜之前要先作什麼？打地基！地基是指什麼？就是次法要好好修，十信位要滿足才行。然後這樣從布施行開始修，次第終於蓋到六樓了，就是持戒等五度也修好了，終於把第六度般若學習了，這就是六樓蓋好了，但還不能讓他蓋七樓，先要等結構乾了才行。如果他的六樓頂板還沒有乾，我不能幫他蓋第七樓；得等全部乾了也很堅固了，表示他對於六度波羅蜜絕對不會退轉而很堅固，這時才可以幫他蓋第七樓。終於蓋了第七樓，那七樓蓋了就算數嗎？也不行！還得要等上二十天，才能夠把第七樓的模板拆下來。你今天蓋好，明天就拆，篤定要垮的。

你看，蓋房子都有這麼多講究，而我們這個不是世間法，是難解難信的世出世間法，悟了以後都不一定能具足信，所以才會退轉；如果那三個大項目以及六度還沒有眞的修好，他的信具不具足都要講究的。如果次法沒修，鐵定信不具足，未來萬一疑悔退轉了，這不是好玩的事。假使二〇〇三年他們退轉，我不寫書告訴他們道理，只是把心打橫了不理他們：他們要退就讓他們退轉，不救他們。我若是這樣想，而只在增上班裡面演說正法；至於他們錯在何處，我都不講，那他們會怎麼樣？會繼續認爲他們否定阿賴耶識的行爲是正確的作法，那麼死後怎麼辦？（有人答話，聽不清楚。）不要講，那不是好玩的事。

所以我一開始就說「**我一定要救他們**」，凡是聽到他們的說法有什麼過失我就講，一傳聞過來我就講解。等到他們有人寫了信來，具足告訴我說他們在講什麼道理，這時我有個資料可以作法義辨正了，於是出了本《燈影》；在那之前他們出了兩本書，我們的老師們都說「那是經文剪貼簿，不是書」，因爲只是貼上一些經文、論文印成書來否定我們，沒有講解也沒有提出他們的看法。我請臺南的同修們出了兩本書回應，但我怕這樣不夠，救不了他們，我還在新成立的臺南講堂講了《眞假開悟》，所以他們後來懂得懺悔，就像九百多年前他們懂得懺悔而沒有下墮。

我說這件事情是因禍得福，我們藉著那個惡緣把它轉成佛事，反倒利樂了臺灣佛教界。所以臺灣佛教界從二〇〇三年之後，就認定正覺的法是眞正的正法。這樣子也省得他們繼續造口業，所以這是好事。但我們從那時開始，每一回禪三就是要預防退轉的人，不允許度了任何人給了他金剛寶印以後可能會退轉，所以考得很嚴格；也就是因爲看見退轉以後謗法而間接謗佛，那個惡業是很重的，不想再看見這樣的現象。

但他們會退轉的原因就是有疑所以生悔，有疑而生悔以後就不叫作「聖眾」。他們當初宣揚說自己證得佛地眞如了，那代表什麼意思？（有人答話，聽不清楚。）對！就是大妄語。所以他們說證得佛地眞如時，我們就公開說明佛地眞如是什麼境界；講完以後下一週消息傳回來，他們改口說：「還沒證得佛地眞如，是證得初地眞如。」那他們的大妄語業不就變小了嗎？但終究還是大妄語，所以我又說明證初地眞如需要什麼條件、是什麼境界。再下一週我講經前又有消息傳回來了，我就說他們喝了龜苓膏，因爲他們說：「我們沒有證初地眞如，一切歸零，從頭開始。」那大妄語業不就滅了嗎？這就是我救他們的方式。

但是他們的疑根並沒有徹底滅除，所以我得要出書。因爲從我嘴裡講出來的法義，傳過去時總是多少會失眞，說服力會稍微差一點；所以我用文字說明最精準，不會改變，自然就會把那些書送去給他們，他們不就是照我授記的第一條路走完，接著走第二條路－就是回歸正法－偷偷回歸，那就不墮地獄了。他們一定會懂得在捨壽前，於 如來聖像前對眾懺悔，那就像九百多年前不下地獄，道理是一樣的。

從這裡來看：我度一個人開悟，又把他們帶在身邊，讓他們在增上班學了十幾年以後都還會疑悔。如果學法者的基礎完全沒有，你就幫他蓋了第七樓，當你把手拿開——那些支架都拿開，而他已經住在裡面了，當你這一拿開時他會怎麼樣？被砸死了！所以不能勉強。因為他的一樓到六樓還沒有蓋好，地下室或者地基也沒有打好，結果你就幫他蓋到第七樓而幫他扶著，然後以為沒問題了，模板就拆了；這一拆，把他壓死在裡面。這時你動作得要快，儘快把他挖出來，要作什麼呢？CPR！趕快把他救回來。

所以千萬不要再有人抱怨說：「唉呀！我報了幾次禪三了，都不跟我錄取。」不要這樣抱怨，沒有被錄取一定有原因。現在比較大的原因，是因為可以錄取的人太多，所以遺珠越來越多。因此，我計畫要增加一個梯次，但是要等到我們四月禪三辦完了，就會馬上動工修改祖師堂，把東單西單對調，然後有些不很好用的地方趕快改好，到了十月以後我們就會辦三梯次的禪三。以我現在的年紀來講，辦三次禪三是很累的，但是也得作。作完了回家好好學著豬一樣去睡覺，不然怎麼辦？因爲畢竟佛教的復興比較重要。你們很多人現在其實都是託了這個復興佛教的目標的福氣，否則我編個託詞說：「現在年紀大了，一年辦兩次就好，每次辦一個梯次。」那我就不用那麼辛苦了。眞要這樣作了，諸位能夠跟我抗議嗎？不行！你抗議會被大眾罵的：「人家老師年紀那麼大了，你還要求要辦兩次、三次。」可是我主動開口說要辦三個梯次，就不會有人罵你了。

這些道理就當作閒話家常，跟諸位聊一聊；但你們看，從疑悔二個字衍生出這麼多的廢話。但其實不算廢話，因爲如果大家都能夠接受我今晚這些說法，對審核禪三的認知改變了以後，就會努力去把自己所欠缺的那一些條件圓滿起來，將來每年三個梯次禪三，要證悟就會比較快。而且雖然考驗依舊那麼嚴，但我總是會放繩子來拉你，因此以後每個梯次通過禪三的人數會增加。如果每回人數增加三分之一，是不是等於又多辦了一次禪三？那就相當於半年就辦四個梯次禪三了，不是嗎？這是我的想法，但是我光有想法不行，還要諸位配合，因爲你的地基要打好，你的六樓要蓋得很堅固；這六樓已經乾涸堅固了，我才能幫忙你把七樓蓋起來，這是諸位要配合我的地方。

那麼這個疑悔的道理說過了，如果再有誰在那邊抱怨說他應該錄取禪三，結果都沒錄取，我就說他要歸類在疑悔之數中，他永遠沒有資格當「聖眾」的。那疑悔的原因往往是被大師所籠罩，籠罩眾生的大師在像法時代比較少，末法時代可就漫山遍野了。這樣的大師譬如什麼樣的人？請大家來恭聆 如來的開示：

經文：【「舍利弗！過去世中有一癡人不識獼猴，入一大林見獼猴群，叢聚一處；是人曾聞有忉利天，便謂爲是忉利諸天。即出樹林還本聚落，多人眾中作如是言：『汝等曾見忉利天不？』眾人答言：『未曾見也。』即時語言：『我已得見。汝欲見不？』皆言欲見，即將大眾詣彼林中示獼猴群：『汝等觀此忉利諸天。』眾人皆言：『非忉利天，此是獼猴樂住林中。汝癡倒故，不識獼猴，又亦不識忉利諸天。』舍利弗！是人空將大眾詣彼林中。」】

語譯：如來說了：【「舍利弗！過去世中曾經有一個愚癡的人，他沒看見過獼猴，對獼猴無所認識。有一天他進入大樹林中看見一群獼猴，很吵鬧地聚集在一個地方，這個人曾經聽聞說有忉利天，他自以爲那些獼猴就是忉利諸天，隨即離開了樹林回到他居住的聚落中，在很多人的大眾之中這樣子說：『你們曾經看見過忉利天沒有啊？』眾人就答覆說：『我們都沒有看見過。』這個愚癡人立刻就說：『我已經看見了，你們大家想要見嗎？』大眾都說：『我們也想要看見啊！』這個愚癡人就帶著大眾去到那個樹林之中，指出了那個獼猴群說：『你們大家來看，這就是忉利諸天。』眾人都說：『這不是忉利天，這是獼猴喜歡住在樹林之中活動。你是愚癡顚倒的緣故，根本就不知道什麼叫作獼猴，而且你也不認識忉利諸天。』舍利弗！這個人其實是白白的帶著大眾去到那個樹林中白忙一場。」

講義：忉利諸天譬喻什麼？在佛法中忉利諸天譬喻什麼？是如來藏，就是證眞如。那獼猴呢？獼猴是譬喻能與定境相應的覺知心。就譬如說，咱們正覺還沒有弘法之前，臺灣島北部有人開悟，中部有人開悟，南部有人開悟，連東部也有人開悟。那時一個臺灣島，可以說東西南北除了玉山上面沒有，到處都有阿羅漢，因爲他們開悟了都說是證得阿羅漢果。臺灣如此，大陸亦復如是。後來我們開始弘法時，我們都不說他們悟錯了；我們只是直接說證法應當如此：「開悟是證第八識如來藏，要能現觀祂的眞實與如如，這樣叫作證眞如，這樣叫作開悟。」我們從來不指說他們誰沒有悟。可是我們這樣弘揚了五、六年以後，從各個山頭傳過來的訊息都說我們沒有開悟、我們悟錯了，理由是我們說的開悟跟他們都不一樣。

這也可以當作理由？如來從來沒有開示說你悟的跟人家不一樣就是悟錯了，而他們用這個理由說我們悟錯了。本來我還想：我這個法可以傳給某一個大山頭、某個大法師，傳給他們以後我就退隱歸鄉養老。最早是想說：「那個淨〇法師可以，聽說他不貪錢財，也聽說他不跟人家和稀泥。」沒想到去見了面，眞是話不投機三句多。我不甘心白白來這麼一趟，我總是想：能不能說服他。沒想到他高高在上對我扣帽子。扣了帽子，我不能被扣就算數，否則我離開以後，他就會說：「這個蕭平實根本亂說法、根本不懂佛法。」那正法不就完了嗎？我們才剛剛冒出芽，連小草小樹都還不算，如果被他這麼一踩不就完了嗎？所以我就不得不針對他的話作了回應。

因爲他說：「不要講什麼體究念佛、實相念佛，我這些出家弟子之中，假使有一個人可以下品下生，我就很歡喜了，你跟我談什麼實相念佛。」我這麼一聽，心想，這邪見很嚴重！所以我就抓著他這一段話，從下品下生講到上品上生，總共講了二十幾分鐘，然後供養了他一個紅包。那時還請張老師幫我寫了個字，用鏡框鑲起來送給他：「您老牆壁若是髒了，拿來補壁吧！」就這樣，我們客客氣氣、恭恭敬敬頂禮三拜離開。要把法送給他，他姿態老高，把我踩在腳下。他大概是想：「這是哪來一個鄙處的野人，跑到我這兒來獻曝。」所以沒辦法度他。

後來有人又建議誰？建了最高寺院的那個人——天下第一高的寺院。但他的出家徒弟在接受新聞媒體採訪時說話很不好，人家問說：「爲什麼你們師父要蓋那麼高的寺院？」她回說：「因爲我們師父證量最高，所以要蓋天下最高的寺院。」唐湘龍反問說：「假使有一天人家蓋了比你們師父建的更高寺院，那怎麼辦？」這是我後來聽說的。但還有一個原因使我打消了念頭，那時他的中臺山寺院還沒蓋，有一次選舉時，他帶了一群出家弟子去托缽，托什麼缽呢？人家托缽是托了食物，至少也托了鈔票回去，他是出來幫某人托選票。我說：「啊！這個沒救了！這個沒救了！」放棄他了。

剩下來就是我一直在等待的這一世三歸的師父，他誤導我所有的佛法，但是我想他畢竟傳了三歸給我；雖然我往世就有三歸，但畢竟他爲我特地破例傳五戒給我；就在人家打七打完了以後，開放一個時段讓我進去和打七的禪子們一同受了五戒；他們從來沒有單獨傳過五戒，我是第一個例外。畢竟我也在他那裡受了菩薩戒，雖然頂多只是下品戒，就因爲這個緣故，我想還是得報恩。雖然他誤導我佛法知見，也沒有教我修成什麼功夫，但我還是得報恩。所以當年我跟張老師說：「等吧！我們每一本新書出來就寄給他，」不管新出的書有沒有講他不對，我都照樣寄：說他對的寄，說他不對的也寄，「看他會不會回心轉意。如果他回心轉意了，我可以額外開恩，就派張老師妳去農禪寺開個禪淨班，他跟著出家眾一起聽課，禪三到了讓他去打三。」可是始終沒有等到。

後來還陸陸續續有一些抵制正覺的聲音傳出來，我跟張老師說：「如果他現在要得這個法，由於我們現在也有些名氣了，他也作了那麼多私下抵制的行爲，至今也繼續在作，如果他將來有一天想要得這個法，我不派妳去那邊開班，他得要來正覺講堂禪淨班上課才行。」我把條件拉高，這樣一來就等於沒有機會了；那機會只剩下一萬分之一，叫作萬一。所以後來我就全部放棄了，我說：「臺灣沒有可度的法師了，那一些老一輩的都不要寄望，我們寄望新出家的法師們，希望還濃一點。」就這樣子，我們就不理他們怎麼抵制，繼續演說我們的法，繼續把書印出去流通。後來臺灣這些法師們知道這是正法，知道毀謗了正覺這個法等於謗三寶中的法寶，他們想到這一點就不毀謗了。

剩下的，那是差不多八、九年前的事，大陸有些所謂八大修行人的徒弟們，他們以前各個都有光環——頭上都戴著光環，那個光環表示他們是開悟的阿羅漢。正覺的書流通過去以後，一個個光環都不見了，氣不過，便在網路上不斷地誣蔑謾罵。甚至於他們有人無知地說：「你蕭平實老是說離念靈知的境界不對，說是悟錯了，那是因為你不懂離念靈知的境界。」（有人聽了忍俊不禁⋯⋯）諸位聽了覺得好笑，可是他們講得義正辭嚴，理所當然振振有辭。後來我把他們破了：「等你們會無相念佛了，再來看是離念靈知的層次高，還是淨念相繼的層次高？」所以他們後來不講話了。

這等於是說我沒有看見過忉利諸天，而他們是看見過忉利諸天的。結果他們看見的忉利諸天，就是離念靈知這個孫悟空，這不就是獮猴嗎？《西遊記》讀過吧？《西遊記》不是有個豬八戒嗎？他不就是不斷攀緣五塵嗎？這就是豬八戒，就是前五識；第二個最會辨別善惡的不就是孫悟空嗎？那離念靈知看見誰在幹惡事，一看就知道了，都不需要語言文字說誰正在幹惡事；看見人家在行善時也是一看就知道了，就知道應該幫忙，離念靈知意識心都不用語言文字思惟。有時晚上好好睡一覺，有時吃飯就吃飯，不關善惡，那不就是無記嗎？正是意識離念靈知的境界。所以你看，善、惡、無記都有，而離念靈知正是如此，那不就是孫悟空嗎？

可是孫悟空不能離開沙悟淨，因爲他所有的行李都是沙悟淨挑著，所以孫悟空其實不是最厲害的；沙悟淨即使晚上睡著了，還是把所有的行李都抱在身上，他從來不曾丟失。你孫悟空多厲害？沒有那些行李你能幹嘛？所以你看，他們落在離念靈知裡，都還不知道後面還有一個意根沙悟淨。你看見孫悟空什麼時候在跟這個沙悟淨吵架吵鬧的？有沒有？沒有啊！但沙悟淨，如果孫悟空要幹嘛！他總是會配合，絕大多數都是會配合。你們看看，意根不是大部分都被意識牽著走嗎？意識正是孫悟空，不就是這經文中說的獮猴群嗎？離念靈知正是獮猴群。

可是這離念靈知獮猴再怎麼厲害，逃不出唐三藏的手掌心。唐三藏雖然都不分別善惡，一心都要幫人——惡人也幫。你們看看那些惡人，他們身中的如來藏不也是繼續幫著嗎？如果《西遊記》寫說唐三藏都不幫惡人，那他就寫錯了。唐三藏不分別善惡，所有眾生他都要幫忙，只要是有情就幫忙。可是孫悟空那麼厲害，逃不出這個癡癡呆呆的唐三藏。他只要亂搞鬼，這緊箍咒一唸起來，他就頭痛欲裂只好投降。你們證如來藏的人可以如是現觀。所以那獮猴再厲害，終究只是獮猴——離念靈知的境界層次就是如此而已。

那一些愚癡人看見了獮猴，也就是看見了離念靈知，就說「這個是眞如」。大法師們這樣的作為，不就是等於看見了獮猴就說「這叫作忉利天」？然後四處張揚說：「我看見忉利天了。」有一天幾個徒弟跑來正覺，遇見我們進階班、禪淨班的同修們，誇口說：「我們看見忉利諸天了。」也就是來宣稱說：「我們都證眞如了，你們有沒有證眞如啊？」我們禪淨班的同修當然說：「沒有啊！我們還沒有證眞如。」他們就問：「你們想不想看忉利諸天啊？」意思是：想不想證眞如啊？有的人好奇說：「想啊！你帶我們去看吧！」

看了以後，原來是離念靈知那一隻潑猴。我們禪淨班的同修們一定會告訴他們說：「你們這些愚癡人，只是看見了潑猴，這些都是獼猴群，你們哪裡看見過眞如？」我這樣譬喻好不好？（大眾答：好。）好喔！正是如此。

所以不懂的人誤會般若很嚴重，這種嚴重的狀況，如來早就預見了，所以這麼講出來，今天正好應驗了當代佛教的景況。因此以後再也不要被人家騙了、被拉去看見獼猴時就說那是忉利天。不管誰說離念靈知就是眞如，你就要告訴他：「那是獼猴，不是忉利天。」他一定很奇怪：「我明明是跟你講佛法，你幹嘛跟我講世間的什麼獼猴、忉利天？」然後你就解釋這段經文給他聽，搞不好你就度了他。那麼這一段經文，我講完了。接下來的經文應該會講得很快，因爲前面講得很慢，我們花掉了很多時間解釋經文中的法義，後面這一些屬於譬喻的部分就容易講。我們接著再來聆聽 如來的開示：

經文：【「如是舍利弗！於未來世當有比丘至白衣家作是言：『汝欲見佛聖眾，聽佛法不？』中有白衣信佛法者，皆言欲見、聽受佛法。舍利弗！中有白衣貪樂語言，入於塔寺；有諸比丘好於言說，能通諸經，依止語言，樂於

文飾；是諸沙門隨順為說，謂是眞道；但充眾數，如牧牛人俱樂讀經，不入眞際；但悅人意貴於名利，善巧世事不淨說法；但能巧語行世間道，無有威德，破涅槃因；捨聖默然不樂禪定，晝夜常好談論諍訟；臥厚被褥，尚無一念隨順禪定，何況能得成沙門果？是人睡眠常與俗心相應，初夜後夜不修順忍，樂於下法。是人亦多得供養衣服飲食，何以故？是人常為惡魔所攝，樂淺近語，於第一義不能勤學，不能誦持第一深經；聞則驚畏，捨於淳濃而取糟粕。有諸凡夫見得利養，生貪著心，作是念言：『我等亦當習是言論。』舍利弗！是人捨於無上法寶，墮在邪見，是沙門旃陀羅。有諸白衣往詣其所，如此惡人而為說法，以利養故稱讚於佛及法與僧；但求活命，為財奴僕；貪重衣食，讚己所樂：『若行布施，得生天上。』於佛法中，施為下法，讚以為最，而作是言：『大施因緣得生天上。』不知語言、不解義趣，但知初入淺近下法，貪著我人，捨第一義。」

語譯：如來又開示說：【「就像是這個樣子，舍利弗！於未來世將會有比丘去到白衣的家裡這樣子說：『你們想要看見如來的聖眾，聽聞佛法嗎？』其中有的白衣是信受佛法的人，都說想要看見如來的聖眾，去聽受佛法。舍利弗！其中有一些白衣貪樂於語言，所以進入塔寺中；那塔寺中有一些比丘很喜歡言說論法，他們也能夠通於諸經，但只是依止經中的語言，可是他們很樂於作各種文字上的修飾來與人論法；這一些沙門隨順在家人而爲他們演說佛法，說那樣就是眞正的佛道；其實只是濫竽充數，猶如牧牛人都喜歡讀經，但是只能依文解義，不能入於眞正的本際；這一些比丘們只是讓這一些人覺得歡喜，他們看重的其實是名聲和利養，於世間事有許多的善巧，但是卻用在不淨說法之中；只能夠用各種巧妙的言語而行於世間之道，沒有什麼威德，也毀破了涅槃的正因；他們捨棄了聖衆的默然，而不樂於修學靜慮和禪定，白天和夜裡始終都是喜好談論和諍訟；晚上睡在很厚的被褥之中，修習佛法時尚且不曾有一念隨順於禪定，何況能夠成就出家人所證得的果位？這一些人睡眠時常常與世俗心相應，在初夜、在後夜都不能修學順忍，樂於低下之法。這些人也能夠多得供養、衣服和飲食，爲什麼呢？因爲這一些人永遠都是被惡魔所攝受，他們愛樂淺近的說法言語，對於第一義諦不能夠精勤修學，也沒有能力誦持第一深經；假使有因緣聽聞第一義的深經，心中就覺得很驚惶畏懼，於是捨於淳厚味濃的法味而攝取了不重要的糟粕。有一些凡夫看見他們得到了利養，於是跟著生起貪著之心，就這樣子想而說出來：『我們也應當和他們一樣學習這樣的言論。』舍利弗！這樣的人是捨棄了無上的法寶，下墮在邪見之中，這就是出家人中的不淨者。有許多在家人前往他們的所在，像這樣的惡人就爲那些在家人說法，爲了想要獲得利養的緣故而稱讚於佛及法以及僧眾；其實只是爲求活命，成爲財物的奴僕；這些人貪重好衣服以及好的食物，讚歎的是自己所喜愛的，就這麼說：『如果能夠行於布施，死後可以生到天上。』在佛法中，布施是最低下之法，他們卻讚歎爲最高的佛法，而這樣子說：『如果作了大布施，以這樣的因緣可以往生天上享福。』他們不懂得說法的語言，更不理解經中的眞實義以及所應當趣向的目標，只知道剛入門時淺近而低下的法，而且貪著於自我、貪著於眾生，然後捨棄了第一義諦。〕

講義：這一段經文中，所說的不正是二十世紀末的佛教狀況嗎？二十一世紀初的現在，算是稍微好一些些。不是好一些，是好一些些。但好一些些，也只是不再明目張膽求財求利而已，卻乾脆轉個彎作生意去了。臺灣四大道場，現在只剩下一個沒有在作生意，就是我們這邊那個鄰居，其他都在作生意了。蓋了最高的寺院，買了很多精品放在寺院裡面，這裡一個功德箱，那裡一個功德箱。臺灣旅遊界都知道，這寺院是陸客必到的景點。是景點，不是佛法勝地。到臺灣南部去，還有一個佛教景點不能不去，不去會被大陸客罵。所以到裡面總要捐點錢的，有個導遊說得好：「**不管誰進到裡面逛一圈出來，最少要花三千塊臺幣。**」一個人三千塊，每天幾百上千個人去觀光，那導遊說的是每天最少三千人，多的就別提了。

不單是買紀念品，而且也是到處功德箱，作生意。還有一個山頭作什麼生意？開工廠，跟那些拾荒者搶資源，然後來做毛毯，還開了很多公司，對不對？開設很多公司，這不也是作生意嗎？比丘、比丘尼戒有允許出家人作生意嗎？諸位比丘、比丘尼？沒有啊！但他們在作生意。這樣看來，咱們這個鄰居（編案：法鼓山）倒也還好，只要他們不抵制正法。所以到末法之世，這些人穿著僧衣、剃頭燙了戒疤住到寺院裡，然而所言所行是出家還是在家？（有人回答，聽不清楚。）是在家。既然言行都是在家，心也是在家，而他們衣服穿黑色的，但是從你們的眼光看來是什顏色？白色的。我們親教師們穿白色的唐裝，你們看他們的衣服是黑的、白的？（大眾答：黑的。）是黑的！

所以說佛教界眞的需要教育，因此我們才請蔡老師寫《眞假沙門》，不過因爲他現在有比較緊急的任務，連載了一段時間便暫時中止。他現在眼睛沒有很好，緊急的先作，就把這本書的寫作先放著。也就是說，沙門與白衣應該怎麼判定？譬如說白衣觀音，是穿黑的還是白的？（大眾答：黑的。）白衣觀音怎麼是穿黑的服裝？我不是問你們他的本質是白衣、黑衣啊！（大眾笑…）你們答得習慣了。白衣觀音一身雪白，但他的本質是黑衣。又譬如《觀經》裡面，你要觀想觀世音菩薩時，那長髮飄逸、有很多的配飾，天衣飄飄非常華麗，舉足下足非常莊嚴，因爲腳下蹦出無量無邊金星，太莊嚴了。他穿的是天衣不是黑衣，天衣是五顏六色渾然天成而且沒有縫，所以叫天衣無縫；不是人工縫的，那是應念而有的。這樣看起來，外表上他是一個在家人，但他到底是出家還是在家？是出家。佛世他奉侍如來時就是這個樣子。

有人老是抱怨見不著彌勒菩薩，那天軍阿羅漢起了善心說：「我帶你去朝禮好了。」用神通帶著他去到兜率內院，見到彌勒菩薩時，看見彌勒菩薩坐在法座上，那天冠好莊嚴，當然也有髮髻，身上穿的是天衣。那個愚癡僧人笨到想在兜率天看見穿僧衣的出家人，但兜率天不會有人間的出家人，全都是天人。所以他看見 彌勒菩薩那個樣子，就說：「那是個在家人，我不禮拜。」佛教出家人中竟有這樣的愚癡人，一生補處當來下生成佛，他竟然見了不禮拜，只因爲 彌勒菩薩沒有剃髮著染衣。於是他問了好多的法，彌勒菩薩就是依他的層次回答他，因爲他只是個表相的僧人，不是眞出家，所以只依表相佛法回答他。

他告辭回來依舊不懂，又抱怨，天軍阿羅漢又帶他去；這樣前後來回三次，他都不禮拜 彌勒菩薩。有這種愚癡人，只看表相。所以兜率天來回三次，什麼法也都沒有證得，眞是愚癡人。佛陀在世時，文殊菩薩一樣是天衣飄飄，就這樣來來去去，卻是眞正的出家人。但現在有許多出家人都不懂佛世的情況，都只看後世誰有沒有剃髮，有沒有燙戒疤，有沒有穿黑衣，有沒有住在寺院。他們從來不想現在有些寺院是幹什麼用的？（有人答：觀光。）觀光是白天，晚上呢？修雙身法啦！那還能叫作黑衣嗎？所以白衣與黑衣的定義，末法時代的學佛人是弄不懂的，我們才得要教育大家說：僧，不但有啞羊僧、粥飯僧、勝義僧，其實還應該從另一個層面來說，僧有凡夫僧，有勝義僧。出家眾中有凡夫僧也有勝義僧，在家眾中有凡夫菩薩也有勝義僧。

（未完，詳後第十二輯續說。）

佛教正覺同修會〈修學佛道次第表〉

第一階段

* 以憶佛及拜佛方式修習動中定力。
* 學第一義佛法及禪法知見。
* 無相拜佛功夫成就。
* 具備一念相續功夫—動靜中皆能看話頭。
* 努力培植福德資糧，勤修三福淨業。

第二階段

* 參話頭，參公案。
* 開悟明心，一片悟境。
* 鍛鍊功夫求見佛性。
* 眼見佛性〈餘五根亦如是〉親見世界如幻，成就如幻觀。
* 學習禪門差別智。
* 深入第一義經典。
* 修除性障及隨分修學禪定。
* 修證十行位陽焰觀。

第三階段

* 學一切種智真實正理—楞伽經、解深密經、成唯識論…。
* 參究末後句。
* 解悟末後句。
* 透牢關—親自體驗所悟末後句境界，親見實相，無得無失。
* 救護一切衆生迴向正道。護持了義正法，修證十迴向位如夢觀。
* 發十無盡願，修習百法明門，親證猶如鏡像現觀。
* 修除五蓋，發起禪定。持一切善法戒。親證猶如光影現觀。
* 進修四禪八定、四無量心、五神通。進修大乘種智，求證猶如谷響現觀。

佛菩提二主要道次第概要表——二道並修，以外無別佛法

佛菩提道——大菩提道

遠波羅蜜多

資糧位

十信位修集信心——一劫乃至一萬劫

初住位修集布施功德（以財施爲主）。

二住位修集持戒功德。

三住位修集忍辱功德。

四住位修集精進功德。

五住位修集禪定功德。

六住位修集般若功德（熏習般若中觀及斷我見，加行位也）。

外門廣修六度萬行

七住位明心般若正觀現前，親證本來自性清淨涅槃。

八住位起於一切法現觀般若中道。漸除性障。

十住位眼見佛性，世界如幻觀成就。

一至十行位，於廣行六度萬行中，依般若中道慧，現觀陰處界猶如陽焰，至第十行滿心位，陽焰觀成就。

一至十迴向位熏習一切種智；修除性障，唯留最後一分思惑不斷。第十迴向滿心位成就菩薩道如夢觀。

內門廣修六度萬行

見道位

初地：第十迴向位滿心時，成就道種智一分（八識心王一一親證後，領受五法、三自性、七種第一義、七種性自性、二種無我法）復由勇發十無盡願，成通達位菩薩。復又永伏性障而不具斷，能證慧解脫而不取證，由大願故留惑潤生。此地主修法施波羅蜜多及百法明門。證「猶如鏡像」現觀，故滿初地心。

二地：初地功德滿足以後，再成就道種智一分而入二地；主修戒波羅蜜多及一切種智。滿心位成就「猶如光影」現觀，戒行自然清淨。

解脫道：二乘菩提

→ 斷三縛結，成初果解脫

→ 薄貪瞋癡，成二果解脫

→ 斷五下分結，成三果解脫

入地前的四加行令煩惱障現行悉斷，成四果解脫，留惑潤生。分段生死已斷，煩惱障習氣種子開始斷除，兼斷無始無明上煩惱。

圓滿成就究竟佛果

近波羅蜜多 ／ 大波羅蜜多 ／ 圓滿波羅蜜多

修道位 ／ 究竟位

三地：二地滿心再證道種智一分，故入三地。此地主修忍波羅蜜多及四禪八定、四無量心、五神通。能成就俱解脫果而不取證，留惑潤生。滿心位成就「猶如谷響」現觀及無漏妙定意生身。

四地：由三地再證道種智一分故入四地。主修精進波羅蜜多，於此土及他方世界廣度有緣，無有疲倦。進修一切種智，滿心位成就「如水中月」現觀。

五地：由四地再證道種智一分故入五地。主修禪定波羅蜜多及一切種智，斷除下乘涅槃貪。滿心位成就「變化所成」現觀。

六地：由五地再證道種智一分故入六地。此地主修般若波羅蜜多——依道種智現觀十二因緣一一有支及意生身化身，皆自心眞如變化所現，「非有似有」，成就細相觀，不由加行而自然證得滅盡定，成俱解脫大乘無學。

七地：由六地「非有似有」現觀，再證道種智一分故入七地。此地主修一切種智及方便波羅蜜多，由重觀十二有支一一支中之流轉門及還滅門一切細相，成就方便善巧，念念隨入滅盡定。滿心位證得「如犍闥婆城」現觀。

八地：由七地極細相觀成就故再證道種智一分而入八地。此地主修一切種智及願波羅蜜多。至滿心位純無相觀任運恆起，故於相土自在，滿心位復證「如實覺知諸法相意生身」故。

九地：由八地再證道種智一分故入九地。主修力波羅蜜多及一切種智，成就四無礙，滿心位證得「種類俱生無行作意生身」。

十地：由九地再證道種智一分故入此地。此地主修一切種智——智波羅蜜多。滿心位起大法智雲，及現起大法智雲所含藏種種功德，成受職菩薩。

等覺：由十地道種智成就故入此地。此地應修一切種智，圓滿等覺地無生法忍；於百劫中修集極廣大福德，以之圓滿三十二大人相及無量隨形好。

妙覺：示現受生人間已斷盡煩惱障一切習氣種子，並斷盡所知障一切隨眠，永斷變易生死無明，成就大般涅槃，四智圓明。人間捨壽後，報身常住色究竟天利樂十方地上菩薩；以諸化身利樂有情，永無盡期，成就究竟佛道。

七地滿心斷除故意保留之最後一分思惑時，煩惱障所攝色、受、想三陰有漏習氣種子全部斷盡。 ←

煩惱障所攝行、識二陰無漏習氣種子任運漸斷，所知障所攝上煩惱任運漸斷。 ←

斷盡變易生死
成就大般涅槃

佛子蕭平實 謹製
（二〇〇九、〇二 修訂）
（二〇一二、〇二 增補）

佛教正覺同修會 共修現況 及 招生公告 2021/03/17

一、共修現況：（請在共修時間來電，以免無人接聽。）

台北正覺講堂 103 台北市承德路三段 277 號九樓 捷運淡水線圓山站旁 Tel..總機 02-25957295（晚上）（**分機：九樓**辦公室 10、11；知客櫃檯 12、13。 **十樓**知客櫃檯 15、16；書局櫃檯 14。 **五樓**辦公室 18；知客櫃檯 19。**二樓**辦公室 20；知客櫃檯 21。） Fax..25954493

第一講堂 台北市承德路三段 277 號九樓

禪淨班：週一晚班、週三晚班、週四晚班、週五晚班、週六下午班、週六上午班（共修期間二年半，全程免費。皆須報名建立學籍後始可參加共修，欲報名者詳見本公告末頁。）

增上班：瑜伽師地論詳解：單週六晚班。雙週六晚班（重播班）。17.50～20.50。平實導師講解，2003 年 2 月開講至今，僅限已明心之會員參加。

禪門差別智：每月第一週日全天 平實導師主講（事冗暫停）。

解深密經詳解 本經從六度波羅密多談到八識心王，再詳論大乘見道所證眞如，然後論及悟後進修的相見道位所觀七眞如，以及入地後的十地所修，乃至成佛時的四智圓明一切種智境界，皆是可修可證之法，流傳至今依舊可證，顯示佛法眞是義學而非玄談，淺深次第皆所論及之第一義諦妙義。預定於 2021 年三月下旬起開講，由平實導師詳解。每逢週二晚上開講，第一至第六講堂都可同時聽聞，歡迎菩薩種性學人，攜眷共同參與此殊勝法會現場聞法，不限制聽講資格。本會學員憑上課證進入第一至第四講堂聽講，會外學人請以身分證件換證進入聽講（此爲大樓管理處安全管理規定之要求，敬請諒解）；第五及第六講堂（B1、B2）對外開放，不需出示任何證件，請由大樓側門直接進入。

第二講堂 台北市承德路三段 267 號十樓。

禪淨班：週一晚班。

進階班：週三晚班、週四晚班、週五晚班、週六早班、週六下午班。禪淨班結業後轉入共修。

解深密經詳解：平實導師講解。每週二 18.50~20.50 影像音聲即時傳輸

第三講堂 台北市承德路三段 277 號五樓。

禪淨班：週六下午班。

進階班：週一晚班、週三晚班、週四晚班、週五晚班。

解深密經詳解：平實導師講解。每週二 18.50~20.50 影像音聲即時傳輸

第四講堂 台北市承德路三段 267 號二樓。

進階班：週一晚班、週三晚班、週四晚班（禪淨班結業後轉入共修）。

解深密經詳解：平實導師講解。每週二 18.50~20.50 影像音聲即時傳輸

第五、第六講堂

念佛班 每週日晚上，第六講堂共修（B2），一切求生極樂世界的三寶弟子皆可參加，不限制共修資格。

進階班：週一晚班、週三晚班、週四晚班。

解深密經詳解：平實導師講解。每週二 18.50~20.50 影像音聲即時傳輸。第五、第六講堂爲**開放式講堂**，不需以身分證件換證即可進入聽講，台北市承德路三段 267 號地下一樓、地下二樓。每逢週二晚上講經時段開放給會外人士自由聽經，請由大樓側面梯階逕行進入聽講。**聽講者請尊重講者的著作權及肖像權，請勿錄音錄影，以免違法；若有錄音錄影被查獲者，將依法處理。**

正覺祖師堂 大溪區美華里信義路 650 巷坑底 5 之 6 號（台 3 號省道 34 公里處 妙法寺對面斜坡道進入）電話 03-3886110 傳眞 03-3881692 本堂供奉 克勤圓悟大師，專供會員每年四月、十月各三次精進禪三共修，兼作本會出家菩薩掛單常住之用。開放參訪日期請參見本會公告。教內共修團體或道場，得另申請其餘時間作團體參訪，務請事先與常住確定日期，以便安排常住菩薩接引導覽，亦免妨礙常住菩薩之日常作息及修行。

桃園正覺講堂（第一、第二講堂）：桃園市介壽路 286、288 號 10 樓（陽明運動公園對面）電話：03-3749363（請於共修時聯繫，或與台北聯繫）

禪淨班：週一晚班（1）、週一晚班（2）、週三晚班、週四晚班、週五晚班。

進階班：週四晚班、週五晚班、週六上午班。

增上班：雙週六晚班（增上重播班）。

解深密經詳解：平實導師講解。每週二晚上，以台北正覺講堂所錄 DVD 放映；歡迎會外學人共同聽講，不需出示身分證件。

新竹正覺講堂 新竹市東光路 55 號二樓之一 電話 03-5724297（晚上）

第一講堂：

禪淨班：週五晚班。

進階班：週三晚班、週四晚班、週六上午班。由禪淨班結業後轉入共修

增上班：單週六晚班。雙週六晚班（重播班）。

解深密經詳解：平實導師講解。每週二晚上，以台北正覺講堂所錄 DVD 放映。歡迎會外學人共同聽講，不需出示身分證件。

第二講堂：

禪淨班：週一晚班、週三晚班、週四晚班、週六上午班。

解深密經詳解：每週二晚上與第一講堂同步播放講經 DVD。

第三、第四講堂：裝修完畢，即將開放。

台中正覺講堂 04-23816090（晚上）

第一講堂 台中市南屯區五權西路二段 666 號 13 樓之四（國泰世華銀行樓上。鄰近縣市經第一高速公路前來者，由五權西路交流道可以快速到達，大樓旁有停車場，對面有素食館）。

禪淨班：週四晚班、週五晚班。

進階班：週一晚班、週三晚班、週六上午班。由禪淨班結業後轉入共修

增上班：單週六晚班。雙週六晚班（重播班）。

解深密經詳解：平實導師講解。每週二晚上，以台北正覺講堂所錄 DVD 放映。歡迎會外學人共同聽講，不需出示身分證件。

第二講堂　台中市南屯區五權西路二段 666 號 4 樓

禪淨班：週一晚班、週三晚班。

第三講堂台中市南屯區五權西路二段 666 號 4 樓

禪淨班：週一晚班。

第四講堂台中市南屯區五權西路二段 666 號 4 樓。

進階班：週一晚班、週四晚班、週六上午班，由禪淨班結業後轉入共修

解深密經詳解：每週二晚上與第一講堂同步播放講經 DVD。

嘉義正覺講堂　嘉義市友愛路 288 號八樓之一　電話：05-2318228

第一講堂：

禪淨班：週四晚班、週五晚班、週六上午班。

進階班：週一晚班、週三晚班（由禪淨班結業後轉入共修）。

增上班：單週六晚班。雙週六晚班（重播班）。

解深密經詳解：平實導師講解。每週二晚上，以台北正覺講堂所錄 DVD 放映。歡迎會外學人共同聽講，不需出示身分證件。

第二講堂　嘉義市友愛路 288 號八樓之二。

第三講堂　嘉義市友愛路 288 號四樓之七。

禪淨班：週一晚班、週三晚班。

台南正覺講堂

第一講堂　台南市西門路四段 15 號 4 樓。06-2820541（晚上）

禪淨班：週一晚班、週三晚班、週四晚班、週五晚班、週六下午班。

增上班：單週六晚班。雙週六晚班（重播班）。

第二講堂　台南市西門路四段 15 號 3 樓。

解深密經詳解：每週二晚上與第三講堂同步播放講經 DVD。

第三講堂　台南市西門路四段 15 號 3 樓。

進階班：週一晚班、週三晚班、週四晚班、週五晚班（由禪淨班結業後轉入共修）。

解深密經詳解：平實導師講解。每週二晚上，以台北正覺講堂所錄 DVD 放映。歡迎會外學人共同聽講，不需出示身分證件。。

高雄正覺講堂　高雄市新興區中正三路 45 號五樓 07-2234248（晚上）

第一講堂（五樓）：

禪淨班：週一晚班、週三晚班、週四晚班、週五晚班、週六上午班。

增上班：單週六晚班。雙週六晚班（重播班）。

解深密經詳解：平實導師講解。每週二晚上，以台北正覺講堂所錄 DVD 放映。歡迎會外學人共同聽講，不需出示身分證件。

第二講堂（四樓）：

進階班：週三晚班、週四晚班、週六上午班。由禪淨班結業後轉入共修

解深密經詳解：每週二晚上與第一講堂同步播放講經 DVD。

第三講堂（三樓）：

進階班：週四晚班（由禪淨班結業後轉入共修）。

香港正覺講堂

香港新界葵涌打磚坪街 93 號維京科技商業中心A 座 18 樓。

電話：(852) 23262231

英文地址：18/F, Tower A, Viking Technology & Business Centre, 93 Ta Chuen Ping Street, Kwai Chung, N.T., Hong Kong.

禪淨班：雙週六下午班、雙週日下午班、單週六下午班、單週日下午班

進階班：雙週五晚上班、雙週日早上班（由禪淨班結業後轉入共修）。

增上班：每月第一週週日，以台北增上班課程錄成 DVD 放映之。

增上重播班：每月第一週週六，以台北增上班課程錄成 DVD 放映之。

大法鼓經詳解：平實導師講解。每週六、日 19:00～21:00，以台北正覺講堂所錄 DVD 放映；歡迎會外學人共同聽講，不需出示身分證件。

美國洛杉磯正覺講堂　☆已遷移新址☆

825 S. Lemon Ave Diamond Bar, CA 91789 U.S.A.

Tel. (909) 595-5222（請於週六 9:00~18:00 之間聯繫）

Cell. (626) 454-0607

禪淨班：每逢週末 16：00~18：00 上課。

進階班：每逢週末上午 10：00~12：00 上課。

解深密經詳解：平實導師講解。每週六下午 13：30~15：30 以台北所錄 DVD 放映。歡迎各界人士共享第一義諦無上法益，不需報名。

二、招生公告

本會台北講堂及全省各講堂、香港講堂，每逢四月、十月下旬開新班，每週共修一次（每次二小時。開課日起三個月內仍可插班）；**但美國洛杉磯共修處之禪淨班得隨時插班共修。各班共修期間皆爲二年半，全程免費，欲參加者請向本會函索報名表**（各共修處皆於共修時間方有人執事，非共修時間請勿電詢或前來洽詢、請書），**或直接從本會官方網站(http://www.enlighten.org.tw/newsflash/class)或成佛之道網站下載報名表**。共修期滿時，若經報名禪三審核通過者，可參加四天三夜之禪三精進共修，有機會明心、取證如來藏，發起般若實相智慧，成爲實義菩薩，脫離凡夫菩薩位。

三、新春禮佛祈福 農曆年假期間停止共修：自農曆新年前七天起停止共修與弘法，正月 8 日起回復共修、弘法事務。新春期間正月初一～初七 9.00～17.00 開放台北講堂、正月初一~初三開放新竹、台中、嘉義、台南、高雄講堂，以及大溪禪三道場（正覺祖師堂），方便會員供佛、祈福及會外人士請書。美國洛杉磯共修處之休假時間，請逕詢該共修處。

密宗四大派修雙身法，是外道性力派的邪法；又以生滅的識陰作為常住法，是常見外道，是假的藏傳佛教。

西藏覺囊巴以他空見弘揚第八識如來藏勝法，才是真藏傳佛教

佛教正覺同修會　弘法行事表

2019/02/18

1、**禪淨班**　以無相念佛及拜佛方式修習動中定力，實證一心不亂功夫。傳授解脫道正理及第一義諦佛法，以及參禪知見。共修期間：二年六個月。每逢四月、十月開新班，詳見招生公告表。

2、**進階班**　禪淨班畢業後得轉入此班，進修更深入的佛法，期能證悟明心。各地講堂各有多班，繼續深入佛法、增長定力，悟後得轉入增上班修學道種智，期能證得無生法忍。

3、**增上班　瑜伽師地論**詳解　詳解論中所言凡夫地至佛地等 17 師之修證境界與理論，從凡夫地、聲聞地……宣演到諸地所證無生法忍、一切種智之眞實正理。由平實導師開講，每逢一、三、五週之週末晚上開示，僅限已明心之會員參加。2003 年二月開講至今，預定 2019 年講畢。

4、**不退轉法輪經**詳解　本經所說妙法極爲甚深難解，時至末法，已然無有知者；而其甚深絕妙之法，流傳至今依舊多人可證，顯示佛法眞是義學而非玄談，其中甚深極妙令人拍案稱絕之第一義諦妙義。已於 2019 年元月底開講，由平實導師詳解。不限制聽講資格。

5、**精進禪三**　主三和尚：平實導師。於四天三夜中，以克勤圓悟大師及大慧宗杲之禪風，施設機鋒與小參、公案密意之開示，幫助會員剋期取證，親證不生不滅之眞實心——人人本有之如來藏。每年四月、十月各舉辦三個梯次；平實導師主持。僅限本會會員參加禪淨班共修期滿，報名審核通過者，方可參加。並選擇會中定力、慧力、福德三條件皆已具足之已明心會員，給以指引，令得眼見自己無形無相之佛性遍佈山河大地，眞實而無障礙，得以肉眼現觀世界身心悉皆如幻，具足成就如幻觀，圓滿十住菩薩之證境。

6、**阿含經**詳解　選擇重要之阿含部經典，依無餘涅槃之實際而加以詳解，令大眾得以現觀諸法緣起性空，亦復不墮斷滅見中，顯示經中所隱說之涅槃實際—如來藏—確實已於四阿含中隱說；令大眾得以聞後觀行，確實斷除我見乃至我執，證得**見到**眞現觀，乃至**身證**……等眞現觀；已得大乘或二乘見道者，亦可由此聞熏及聞後之觀行，除斷我所之貪著，成就慧解脫果。由平實導師詳解。不限制聽講資格。

7、**解深密經**詳解　重講本經之目的，在於令諸已悟之人明解大乘法道之成佛次第，以及悟後進修一切種智之內涵，確實證知三種自性性，並得據此證解七眞如、十眞如等正理。每逢週二 18.50~20.50 開示，由平實導師詳解。將於《**不退轉法輪經**》講畢後開講。不限制聽講資格。

8、**成唯識論**詳解　詳解一切種智眞實正理，詳細剖析一切種智之微細深妙廣大正理；並加以舉例說明，使已悟之會員深入體驗所證如來藏之微密行相；及證驗見分相分與所生一切法，皆由如來藏—阿賴耶識—直接或展轉而生，因此證知一切法無我，證知無餘涅槃之本際。將於增上班《瑜伽師地論》講畢後，由平實導師重講。僅限已明心之會員參加。

9、**精選如來藏系經典**詳解　精選如來藏系經典一部，詳細解說，以此完全印證會員所悟如來藏之眞實，得入不退轉住。另行擇期詳細解說之，由平實導師講解。僅限已明心之會員參加。

10、**禪門差別智**　藉禪宗公案之微細淆訛難知難解之處，加以宣說及剖析，以增進明心、見性之功德，啓發差別智，建立擇法眼。每月第一週日全天，由平實導師開示，僅限破參明心後，復又眼見佛性者參加（事冗暫停）。

11、**枯木禪**　先講智者大師的《小止觀》，後說《釋禪波羅蜜》，詳解四禪八定之修證理論與實修方法，細述一般學人修定之邪見與岔路，及對禪定證境之誤會，消除枉用功夫、浪費生命之現象。已悟般若者，可以藉此而實修初禪，進入大乘通教及聲聞教的三果心解脫境界，配合應有的大福德及後得無分別智、十無盡願，即可進入初地心中。親教師：平實導師。未來緣熟時將於正覺寺開講。不限制聽講資格。

註：本會例行年假，自 2004 年起，改爲每年農曆新年前七天開始停息弘法事務及共修課程，農曆正月 8 日回復所有共修及弘法事務。新春期間（每日 9.00~17.00）開放台北講堂，方便會員禮佛祈福及會外人士請書。大溪區的正覺祖師堂，開放參訪時間，詳見〈正覺電子報〉或成佛之道網站。本表得因時節因緣需要而隨時修改之，不另作通知。

佛教正覺同修會　贈閱書籍 目錄　　2018/10/20

1.**無相念佛**　平實導師著　回郵 36 元
2.**念佛三昧修學次第**　平實導師述著　回郵 52 元
3.**正法眼藏—護法集**　平實導師述著　回郵 76 元
4.**真假開悟簡易辨正法＆佛子之省思**　平實導師著　回郵 26 元
5.**生命實相之辨正**　平實導師著　回郵 31 元
6.**如何契入念佛法門**（附：印順法師否定極樂世界）平實導師著　回郵 26 元
7.**平實書箋**—答元覽居士書　平實導師著　回郵 52 元
8.**三乘唯識**—如來藏系經律彙編　平實導師編　回郵 80 元
（精裝本　長 27 ㎝　寬 21 ㎝　高 7.5 ㎝　重 2.8 公斤）
9.**三時繫念全集**—修正本　回郵掛號 52 元（長 26.5 ㎝×寬 19 ㎝）
10.**明心與初地**　平實導師述　回郵 31 元
11.**邪見與佛法**　平實導師述著　回郵 36 元
12.**甘露法雨**　平實導師述　回郵 36 元
13.**我與無我**　平實導師述　回郵 36 元
14.**學佛之心態**—修正錯誤之學佛心態始能與正法相應 孫正德老師著 回郵52元
附錄：平實導師著**《略說八、九識並存…等之過失》**
15.**大乘無我觀**—《悟前與悟後》別說　平實導師述著　回郵 36 元
16.**佛教之危機**—中國台灣地區現代佛教之真相（附錄：公案拈提六則）
平實導師著　回郵 52 元
17.**燈 影**—燈下黑（覆「求教後學」來函等）　平實導師著　回郵 76 元
18.**護法與毀法**—覆上平居士與徐恒志居士網站毀法二文
張正圜老師著　回郵 76 元
19.**淨土聖道**—兼評**選擇本願念佛**　正德老師著　**由正覺同修會購贈** 回郵 52 元
20.**辨唯識性相**—對「紫蓮心海《辯唯識性相》書中否定阿賴耶識」之回應
正覺同修會 台南共修處法義組 著　回郵 52 元
21.**假如來藏**—對法蓮法師《如來藏與阿賴耶識》書中否定阿賴耶識之回應
正覺同修會 台南共修處法義組 著　回郵 76 元
22.**入不二門**—公案拈提集錦 第一輯（於平實導師公案拈提諸書中選錄約二十則，
合輯爲一冊流通之）平實導師著　回郵 52 元
23.**真假邪說**—西藏密宗索達吉喇嘛《破除邪說論》真是邪說
釋正安法師著　上、下冊回郵各 52 元
24.**真假開悟**—真如、如來藏、阿賴耶識間之關係　平實導師述著　回郵 76 元
25.**真假禪和**—辨正釋傳聖之謗法謬說　孫正德老師著　回郵 76 元
26.**眼見佛性**—駁慧廣法師**眼見佛性的含義**文中謬說
游正光老師著　回郵 52 元

27.**普門自在**—公案拈提集錦 第二輯（於平實導師公案拈提諸書中選錄約二十則，合輯爲一冊流通之）平實導師著　回郵 52 元

28.**印順法師的悲哀**—以現代禪的質疑為線索　恒毓博士著　回郵 52 元

29.**識蘊真義**—現觀識蘊內涵、取證初果、親斷三縛結之具體行門。—依《成唯識論》及《惟識述記》正義，略顯安慧《大乘廣五蘊論》之邪謬　平實導師著　回郵 76 元

30.**正覺電子報** 各期紙版本　免附回郵　每次最多函索三期或三本。（已無存書之較早各期，不另增印贈閱）

31.**現代人應有的宗教觀**　蔡正禮老師 著　回郵 31 元

32.**遠惑趣道**—正覺電子報般若信箱問答錄　第一輯　回郵 52 元

33.**遠惑趣道**—正覺電子報般若信箱問答錄　第二輯　回郵 52 元

34.**確保您的權益**—器官捐贈應注意自我保護　游正光老師 著　回郵 31 元

35.**正覺教團電視弘法三乘菩提 DVD 光碟（一）**

由正覺教團多位親教師共同講述錄製 DVD 8 片，MP3 一片，共 9 片。有二大講題：一爲「三乘菩提之意涵」，二爲「學佛的正知見」。內容精闢，深入淺出，精彩絕倫，幫助大眾快速建立三乘法道的正知見，免被外道邪見所誤導。有志修學三乘佛法之學人不可不看。（製作工本費 100 元，回郵 52 元）

36.**正覺教團電視弘法 DVD 專輯（二）**

總有二大講題：一爲「三乘菩提之念佛法門」，一爲「學佛正知見（第二篇）」，由正覺教團多位親教師輪番講述，內容詳細闡述如何修學念佛法門、實證念佛三昧，以及學佛應具有的正確知見，可以幫助發願往生西方極樂淨土之學人，得以把握往生，更可令學人快速建立三乘法道的正知見，免於被外道邪見所誤導。有志修學三乘佛法之學人不可不看。（一套 17 片，工本費 160 元。回郵 76 元）

37.**喇嘛性世界**—揭開假藏傳佛教譚崔瑜伽的面紗　張善思 等人合著　由正覺同修會購贈　回郵 52 元

38.**假藏傳佛教的神話**—性、謊言、喇嘛教　張正玄教授編著　由正覺同修會購贈　回郵 52 元

39.**隨 緣**—理隨緣與事隨緣　平實導師述　回郵 52 元。

40.**學佛的覺醒**　正枝居士 著　回郵 52 元

41.**導師之真實義**　蔡正禮老師 著　回郵 31 元

42.**淺談達賴喇嘛之雙身法**—兼論解讀「密續」之達文西密碼　吳明芷居士 著　回郵 31 元

43.**魔界轉世**　張正玄居士 著　回郵 31 元

44.**一貫道與開悟**　蔡正禮老師 著　回郵 31 元

45.**博愛**—愛盡天下女人　正覺教育基金會 編印　回郵 36 元

46.**意識虛妄經教彙編**—實證解脫道的關鍵經文　正覺同修會編印　回郵 36 元

47.**邪箭囈語**—破斥藏密外道多識仁波切《破魔金剛箭雨論》之邪說
陸正元老師著　上、下冊回郵各 52 元
48.**真假沙門**—依 佛聖教闡釋佛教僧寶之定義
蔡正禮老師著　俟正覺電子報連載後結集出版
49.**真假禪宗**—藉評論釋性廣《印順導師對變質禪法之批判
及對禪宗之肯定》以顯示真假禪宗
附論一：凡夫知見 無助於佛法之信解行證
附論二：世間與出世間一切法皆從如來藏實際而生而顯
余正偉老師著　俟正覺電子報連載後結集出版　回郵未定

★ 上列贈書之郵資，係台灣本島地區郵資，大陸、港、澳地區及外國地區，請另計酌增（大陸、港、澳、國外地區之郵票不許通用）。尚未出版之書，請勿先寄來郵資，以免增加作業煩擾。

★ 本目錄若有變動，唯於後印之書籍及「成佛之道」網站上修正公佈之，不另行個別通知。

函索書籍請寄：佛教正覺同修會　103 台北市承德路 3 段 277 號 9 樓
台灣地區函索書籍者請附寄郵票，無時間購買郵票者可以等值現金抵用，但不接受郵政劃撥、支票、匯票。大陸地區得以人民幣計算，國外地區請以美元計算（請勿寄來當地郵票，在台灣地區不能使用）。欲以掛號寄遞者，請另附掛號郵資。

親自索閱：正覺同修會各共修處。　★請於共修時間前往取書，餘時無人在道場，請勿前往索取；共修時間與地點，詳見書末正覺同修會共修現況表（以近期之共修現況表爲準）。

註：正智出版社發售之局版書，請向各大書局購閱。若書局之書架上已經售出而無陳列者，請向書局櫃台指定洽購；若書局不便代購者，請於正覺同修會共修時間前往各共修處請購，正智出版社已派人於共修時間送書前往各共修處流通。 郵政劃撥購書及 大陸地區 購書，請詳別頁正智出版社發售書籍目錄最後頁之說明。

成佛之道 網站：http://www.a202.idv.tw　正覺同修會已出版之結緣書籍，多已登載於 成佛之道 網站，若住外國、或住處遙遠，不便取得正覺同修會贈閱書籍者，可以從本網站閱讀及下載。　書局版之《宗通與說通》亦已上網，台灣讀者可向書局洽購，售價 300 元。《狂密與眞密》第一輯~第四輯，亦於 2003.5.1.全部於本網站登載完畢；台灣地區讀者請向書局洽購，每輯約 400 頁，售價 300 元（網站下載紙張費用較貴，容易散失，難以保存，亦較不精美）。

＊＊假藏傳佛教修雙身法，非佛教＊＊

正智出版社 籌募弘法基金發售書籍目錄 2020/11/14

1.**宗門正眼**—公案拈提 第一輯 重拈　平實導師著　500 元
因重寫內容大幅度增加故，字體必須改小，並增爲 576 頁 主文 546 頁。比初版更精彩、更有內容。初版《禪門摩尼寶聚》之讀者，可寄回本公司免費調換新版書。免附回郵，亦無截止期限。（2007 年起，每冊附贈本公司精製公案拈提〈超意境〉CD 一片。市售價格 280 元，多購多贈。）

2.**禪淨圓融**　平實導師著　200 元（第一版舊書可換新版書。）

3.**真實如來藏**　平實導師著　400 元

4.**禪—悟前與悟後**　平實導師著　上、下冊，每冊 250 元

5.**宗門法眼**—公案拈提 第二輯　平實導師著　500 元
（2007 年起，每冊附贈本公司精製公案拈提〈超意境〉CD 一片）

6.**楞伽經詳解**　平實導師著　全套共 10 輯　每輯 250 元

7.**宗門道眼**—公案拈提 第三輯　平實導師著　500 元
（2007 年起，每冊附贈本公司精製公案拈提〈超意境〉CD 一片）

8.**宗門血脈**—公案拈提 第四輯　平實導師著　500 元
（2007 年起，每冊附贈本公司精製公案拈提〈超意境〉CD 一片）

9.**宗通與說通**—成佛之道 平實導師著 主文 381 頁 全書 400 頁售價 300 元

10.**宗門正道**—公案拈提 第五輯　平實導師著　500 元
（2007 年起，每冊附贈本公司精製公案拈提〈超意境〉CD 一片）

11.**狂密與真密 一～四輯**　平實導師著　西藏密宗是人間最邪淫的宗教，本質不是佛教，只是披著佛教外衣的印度教性力派流毒的喇嘛教。此書中將西藏密宗密傳之男女雙身合修樂空雙運所有祕密與修法，毫無保留完全公開，並將全部喇嘛們所不知道的部分也一併公開。內容比大辣出版社喧騰一時的《西藏慾經》更詳細。並且函蓋藏密的所有祕密及其錯誤的中觀見、如來藏見……等，藏密的所有法義都在書中詳述、分析、辨正。每輯主文三百餘頁　每輯全書約 400 頁　售價每輯 300 元

12.**宗門正義**—公案拈提 第六輯　平實導師著　500 元
（2007 年起，每冊附贈本公司精製公案拈提〈超意境〉CD 一片）

13.**心經密意**—心經與解脫道、佛菩提道、祖師公案之關係與密意　平實導師述　300 元

14.**宗門密意**—公案拈提 第七輯　平實導師著　500 元
（2007 年起，每冊附贈本公司精製公案拈提〈超意境〉CD 一片）

15.**淨土聖道**—兼評「選擇本願念佛」　正德老師著　200 元

16.**起信論講記**　平實導師述著　共六輯　每輯三百餘頁　售價各 250 元

17.**優婆塞戒經講記**　平實導師述著 共八輯 每輯三百餘頁 售價各 250 元

18.**真假活佛**—略論附佛外道盧勝彥之邪說（對前岳靈犀網站主張「盧勝彥是證悟者」之修正）　正犀居士（岳靈犀）著　流通價 140 元

19.**阿含正義**—唯識學探源　平實導師著　共七輯　每輯 300 元

20.**超意境** CD 以平實導師公案拈提書中超越意境之頌詞，加上曲風優美的旋律，錄成令人嚮往的超意境歌曲，其中包括正覺發願文及平實導師親自譜成的黃梅調歌曲一首。詞曲雋永，殊堪翫味，可供學禪者吟詠，有助於見道。內附設計精美的彩色小冊，解說每一首詞的背景本事。每片 280 元。【每購買公案拈提書籍一冊，即贈送一片。】

21.**菩薩底憂鬱** CD 將菩薩情懷及禪宗公案寫成新詞，並製作成超越意境的優美歌曲。 1.主題曲〈菩薩底憂鬱〉，描述地後菩薩能離三界生死而迴向繼續生在人間，但因尚未斷盡習氣種子而有極深沈之憂鬱，非三賢位菩薩及二乘聖者所知，此憂鬱在七地滿心位方才斷盡；本曲之詞中所說義理極深，昔來所未曾見；此曲係以優美的情歌風格寫詞及作曲，聞者得以激發嚮往諸地菩薩境界之大心，詞、曲都非常優美，難得一見；其中勝妙義理之解說，已印在附贈之彩色小冊中。 2.以各輯公案拈提中直示禪門入處之頌文，作成各種不同曲風之超意境歌曲，值得玩味、參究；聆聽公案拈提之優美歌曲時，請同時閱讀內附之印刷精美說明小冊，可以領會超越三界的證悟境界；未悟者可以因此引發求悟之意向及疑情，眞發菩提心而邁向求悟之途，乃至因此眞實悟入般若，成眞菩薩。 3.正覺總持咒新曲，總持佛法大意；總持咒之義理，已加以解說並印在隨附之小冊中。本 CD 共有十首歌曲，長達 63 分鐘。每盒各附贈二張購書優惠券。每片 280 元。

22.**禪意無限** CD 平實導師以公案拈提書中偈頌寫成不同風格曲子，與他人所寫不同風格曲子共同錄製出版，幫助參禪人進入禪門超越意識之境界。盒中附贈彩色印製的精美解說小冊，以供聆聽時閱讀，令參禪人得以發起參禪之疑情，即有機會證悟本來面目而發起實相智慧，實證大乘菩提般若，能如實證知般若經中的眞實意。本 CD 共有十首歌曲，長達 69 分鐘，每盒各附贈二張購書優惠券。每片 280 元。

23.**我的菩提路**第一輯　釋悟圓、釋善藏等人合著　售價 300 元

24.**我的菩提路**第二輯　郭正益等人合著　售價 300 元（停售，俟改版後另行發售）

25.**我的菩提路**第三輯　王美伶等人合著　售價 300 元

26.**我的菩提路**第四輯　陳晏平等人合著　售價 300 元

27.**我的菩提路**第五輯　林慈慧等人合著　售價 300 元

28.**我的菩提路**第六輯　劉惠莉等人合著　售價 300 元

29.**我的菩提路**第七輯　余正偉等人合著　售價 300 元　預定 2021/6/30 出版

30.**鈍鳥與靈龜**—考證後代凡夫對大慧宗杲禪師的無根誹謗。

平實導師著 共 458 頁 售價 350 元

31.**維摩詰經講記** 平實導師述 共六輯 每輯三百餘頁 售價各 250 元

32.**真假外道**—破劉東亮、杜大威、釋證嚴常見外道見　正光老師著　200 元

33.**勝鬘經講記**—兼論印順《勝鬘經講記》對於《勝鬘經》之誤解。

平實導師述　共六輯　每輯三百餘頁　售價250 元

34.**楞嚴經講記** 平實導師述 共**15**輯，每輯三百餘頁 售價300元

35.**明心與眼見佛性**—駁慧廣〈蕭氏「眼見佛性」與「明心」之非〉文中謬說

正光老師著 共448頁 售價300元

36.**見性與看話頭** 黃正倖老師 著，本書是禪宗參禪的方法論。

內文375頁，全書416頁，售價300元。

37.**達賴真面目**—玩盡天下女人 白正偉老師 等著 中英對照彩色精裝大本800元

38.**喇嘛性世界**—揭開假藏傳佛教譚崔瑜伽的面紗 張善思 等人著 200元

39.**假藏傳佛教的神話**—性、謊言、喇嘛教 正玄教授編著 200元

40.**金剛經宗通** 平實導師述 共九輯 每輯售價250元。

41.**空行母**—性別、身分定位，以及藏傳佛教。

珍妮·坎貝爾著 呂艾倫 中譯 售價250元

42.**末代達賴**—性交教主的悲歌 張善思、呂艾倫、辛燕編著 售價250元

43.**霧峰無霧**—給哥哥的信 辨正釋印順對佛法的無量誤解

游宗明 老師著 售價250元

44.**霧峰無霧**—第二輯—救護佛子向正道 細說釋印順對佛法的各類誤解

游宗明 老師著 售價250元

45.**第七意識與第八意識？**—穿越時空「超意識」

平實導師述 每冊300元

46.**黯淡的達賴**—失去光彩的諾貝爾和平獎

正覺教育基金會編著 每冊250元

47.**童女迦葉考**—論呂凱文〈佛教輪迴思想的論述分析〉之謬。

平實導師 著 定價180元

48.**人間佛教**—實證者必定不悖三乘菩提

平實導師 述，定價400元

49.**實相經宗通** 平實導師述 共八輯 每輯250元

50.**真心告訴您(一)**—達賴喇嘛在幹什麼？

正覺教育基金會編著 售價250元

51.**中觀金鑑**—詳述應成派中觀的起源與其破法本質

孫正德老師著 分爲上、中、下三冊，每冊250元

52.**藏傳佛教要義**—《狂密與真密》之簡體字版 平實導師 著 上、下冊

僅在大陸流通 每冊300元

53.**法華經講義** 平實導師述 共二十五輯 每輯300元

已於2015/05/31起開始出版，每二個月出版一輯

54.**西藏「活佛轉世」制度**—附佛、造神、世俗法

許正豐、張正玄老師合著 定價150元

55.**廣論三部曲** 郭正益老師著 定價150元

56.**真心告訴您(二)**—達賴喇嘛是佛教僧侶嗎？

—補祝達賴喇嘛八十大壽

正覺教育基金會編著 售價300元

57.**次法**—實證佛法前應有的條件

張善思居士著　分爲上、下二冊，每冊 250 元

58.**涅槃**—解說四種涅槃之實證及內涵　平實導師著 上、下冊 各 350 元

59.**山法**—西藏關於他空與佛藏之根本論

篤補巴．喜饒堅贊著　　傑弗里．霍普金斯英譯

張火慶教授、張志成、呂艾倫等中譯　精裝大本 1200 元

60.**佛藏經講義**　平實導師述　2019 年 7 月 31 日開始出版　共 21 輯

每二個月出版一輯，每輯 300 元。

61.**假鋒虛焰金剛乘**—揭示顯密正理，兼破索達吉師徒《般若鋒兮金剛焰》

釋正安法師著 簡體字版 即將出版 售價未定

62.**廣論之平議**—宗喀巴《菩提道次第廣論》之平議　正雄居士著

約二或三輯　俟正覺電子報連載後結集出版　書價未定

63.**大法鼓經講義**　平實導師講述《佛藏經講義》出版後發行，每輯 300 元

64.**不退轉法輪經講義** 平實導師講述《大法鼓經講義》出版後發行

65.**八識規矩頌**詳解　○○居士 註解　出版日期另訂　書價未定。

66.**中觀正義**—註解平實導師《中論正義頌》。

○○法師（居士）著　出版日期未定　書價未定

67.**中論正義**—釋龍樹菩薩《中論》頌正理。

孫正德老師著　出版日期未定　書價未定

68.**中國佛教史**—依中國佛教正法史實而論。○○老師 著　書價未定。

69.**印度佛教史**—法義與考證。依法義史實評論印順《印度佛教思想史、佛教史地考論》之謬說　正偉老師著　出版日期未定　書價未定

70.**阿含經講記**—將選錄四阿含中數部重要經典全經講解之，講後整理出版。

平實導師述　約二輯　每輯 300 元　出版日期未定

71.**實積經講記** 平實導師述　每輯三百餘頁 優惠價 300 元 出版日期未定

72.**解深密經講義**　平實導師述 約四輯　將於重講後整理出版

73.**成唯識論略解**　平實導師著　五～六輯　每輯300 元　出版日期未定

74.**修習止觀坐禪法要講記**　平實導師述　每輯三百餘頁

將於正覺寺建成後重講、以講記逐輯出版　出版日期未定

75.**無門關**—《無門關》公案拈提　平實導師著　出版日期未定

76.**中觀再論**—兼述印順《中觀今論》謬誤之平議。正光老師著 出版日期未定

77.**輪迴與超度**—佛教超度法會之真義。

○○法師（居士）著　出版日期未定　書價未定

78.**《釋摩訶衍論》平議**—對偽稱龍樹所造《釋摩訶衍論》之平議

○○法師（居士）著　出版日期未定　書價未定

79.**正覺發願文**註解—以真實大願為因 得證菩提

正德老師著　出版日期未定　書價未定

80.**正覺總持咒**—佛法之總持　正圜老師著　出版日期未定　書價未定

81.**三自性**—依四食、五蘊、十二因緣、十八界法，說三性三無性。

作者未定　出版日期未定

82.**道品**—從三自性說大小乘三十七道品　　作者未定　出版日期未定
83.**大乘緣起觀**—依四聖諦七真如現觀十二緣起 作者未定　出版日期未定
84.**三德**—論解脫德、法身德、般若德。　　作者未定　出版日期未定
85.**真假如來藏**—對印順《如來藏之研究》謬說之平議　作者未定 出版日期未定
86.**大乘道次第**　　作者未定　出版日期未定　書價未定
87.**四緣**—依如來藏故有四緣。　作者未定　出版日期未定
88.**空之探究**—印順《空之探究》謬誤之平議　作者未定 出版日期未定
89.**十法義**—論阿含經中十法之正義　　作者未定　出版日期未定
90.**外道見**—論述外道六十二見　　作者未定　　出版日期未定

正智出版社有限公司　書籍介紹

禪淨圓融：言淨土諸祖所未曾言，示諸宗祖師所未曾示；禪淨圓融，另闢成佛捷徑，兼顧自力他力，闡釋淨土門之速行易行道，亦同時揭櫫聖教門之速行易行道；令廣大淨土行者得免緩行難證之苦，亦令聖道門行者得以藉著淨土速行道而加快成佛之時劫。乃前無古人之超勝見地，非一般弘揚禪淨法門典籍也，先讀為快。平實導師著 200元。

宗門正眼—公案拈提第一輯：繼承克勤圜悟大師碧巖錄宗旨之禪門鉅作。先則舉示當代大法師之邪說，消弭當代禪門大師鄉愿之心態，摧破當今禪門「世俗禪」之妄談；次則旁通教法，表顯宗門正理；繼以道之次第，消弭古今狂禪；後藉言語及文字機鋒，直示宗門入處。悲智雙運，禪味十足，數百年來難得一睹之禪門鉅著也。平實導師著　500元（原初版書《禪門摩尼寶聚》，改版後補充為五百餘頁新書，總計多達二十四萬字，內容更精彩，並改名為《宗門正眼》，讀者原購初版《禪門摩尼寶聚》皆可寄回本公司免費換新，免附回郵，亦無截止期限）（2007年起，凡購買公案拈提第一輯至第七輯，每購一輯皆贈送本公司精製公案拈提〈超意境〉CD一片，市售價格280元，多購多贈）。

禪—悟前與悟後：本書能建立學人悟道之信心與正確知見，圓滿具足而有次第地詳述禪悟之功夫與禪悟之內容，指陳參禪中細微淆訛之處，能使學人明自真心、見自本性。若未能悟入，亦能以正確知見辨別古今中外一切大師究係真悟？或屬錯悟？便有能力揀擇，捨名師而選明師，後時必有悟道之緣。一旦悟道，遲者七次人天往返，便出三界，速者一生取辦。學人欲求開悟者，不可不讀。　平實導師著。上、下冊共500元，單冊250元。

真實如來藏：如來藏眞實存在，乃宇宙萬有之本體，並非印順法師、達賴喇嘛等人所說之「唯有名相、無此心體」。如來藏是涅槃之本際，是一切有智之人竭盡心智、不斷探索而不能得之生命實相；是古今中外許多大師自以爲悟而當面錯過之生命實相。如來藏即是阿賴耶識，乃是一切有情本自具足、不生不滅之眞實心。當代中外大師於此書出版之前所未能言者，作者於本書中盡情流露、詳細闡釋。眞悟者讀之，必能增益悟境、智慧增上；錯悟者讀之，必能檢討自己之錯誤，免犯大妄語業；未悟者讀之，能知參禪之理路，亦能以之檢查一切名師是否眞悟。此書是一切哲學家、宗教家、學佛者及欲昇華心智之人必讀之鉅著。　平實導師著　售價400元。

宗門法眼—公案拈提第二輯：列舉實例，闡釋土城廣欽老和尚之悟處；並直示這位不識字的老和尚妙智橫生之根由，繼而剖析禪宗歷代大德之開悟公案，解析當代密宗高僧卡盧仁波切之錯悟證據，並例舉當代顯宗高僧、大居士之錯悟證據（凡健在者，爲免影響其名聞利養，皆隱其名）。藉辨正當代名師之邪見，向廣大佛子指陳禪悟之正道，彰顯宗門法眼。悲勇兼出，強捋虎鬚；慈智雙運，巧探驪龍；摩尼寶珠在手，直示宗門入處，禪味十足；若非大悟徹底，不能爲之。禪門精奇人物，允宜人手一冊，供作參究及悟後印證之圭臬。本書於2008年4月改版，增寫爲大約500頁篇幅，以利學人研讀參究時更易悟入宗門正法，以前所購初版首刷及初版二刷舊書，皆可免費換取新書。平實導師著　500元（2007年起，凡購買公案拈提第一輯至第七輯，每購一輯皆贈送本公司精製公案拈提〈超意境〉CD一片，市售價格280元，多購多贈）。

宗門道眼—公案拈提第三輯：繼宗門法眼之後，再以金剛之作略、慈悲之胸懷、犀利之筆觸，舉示寒山、拾得、布袋三大士之悟處，消弭當代錯悟者對於寒山大士……等之誤會及誹謗。　亦舉出民初以來與虛雲和尚齊名之蜀郡鹽亭袁煥仙夫子——南懷瑾老師之師，其「悟處」何在？並蒐羅許多眞悟祖師之證悟公案，顯示禪宗歷代祖師之睿智，指陳部分祖師、奧修及當代顯密大師之謬悟，作爲殷鑑，幫助禪子建立及修正參禪之方向及知見。假使讀者閱此書已，一時尚未能悟，亦可一面加功用行，一面以此宗門道眼辨別眞假善知識，避開錯誤之印證及歧路，可免大妄語業之長劫慘痛果報。欲修禪宗之禪者，務請細讀。平實導師著　售價500元（2007年起，凡購買公案拈提第一輯至第七輯，每購一輯皆贈送本公司精製公案拈提〈超意境〉CD一片，市售價格280元，多購多贈）。

楞伽經詳解：本經是禪宗見道者印證所悟眞僞之根本經典，亦是禪宗見道者悟後起修之依據經典；故達摩祖師於印證二祖慧可大師之後，將此經典連同佛缽祖衣一併交付二祖，令其依此經典佛示金言、進入修道位，修學一切種智。由此可知此經對於眞悟之人修學佛道，是非常重要之一部經典。此經能破外道邪說，亦破佛門中錯悟名師之謬說，亦破禪宗部分祖師之狂禪：不讀經典、一向主張「一悟即成究竟佛」之謬執。並開示愚夫所行禪、觀察義禪、攀緣如禪、如來禪等差別，令行者對於三乘禪法差異有所分辨；亦糾正禪宗祖師古來對於如來禪之誤解，嗣後可免以訛傳訛之弊。此經亦是法相唯識宗之根本經典，禪者悟後欲修一切種智而入初地者，必須詳讀。平實導師著，全套共十輯，已全部出版完畢，每輯主文約320頁，每冊約352頁，定價250元。

宗門血脈—公案拈提第四輯：末法怪象—許多修行人自以爲悟，每將無念靈知認作眞實；崇尚二乘法諸師及其徒衆，則將外於如來藏之緣起性空—無因論之無常空、斷滅空、一切法空—錯認爲 佛所說之般若空性。這兩種現象已於當今海峽兩岸及美加地區顯密大師之中普遍存在；人人自以爲悟，心高氣壯，便敢寫書解釋祖師證悟之公案，大多出於意識思惟所得，言不及義，錯誤百出，因此誤導廣大佛子同陷大妄語之地獄業中而不能自知。彼等書中所說之悟處，其實處處違背第一義經典之聖言量。彼等諸人不論是否身披袈裟，都非佛法宗門血脈，或雖有禪宗法脈之傳承，亦只徒具形式；猶如螟蛉，非眞血脈，未悟得根本眞實故。禪子欲知佛、祖之眞血脈者，請讀此書，便知分曉。平實導師著，主文452頁，全書464頁，定價500元（2007年起，凡購買公案拈提第一輯至第七輯，每購一輯皆贈送本公司精製公案拈提〈超意境〉CD一片，市售價格280元，多購多贈）。

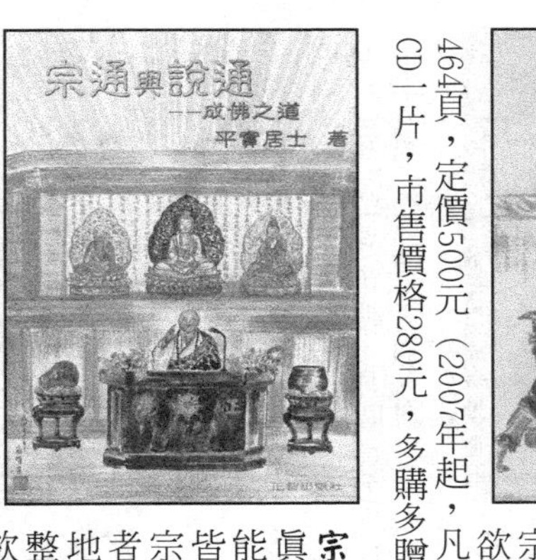

宗通與說通：古今中外，錯誤之人如麻似粟，每以常見外道所說之靈知心，認作眞心；或妄想虛空之勝性能量爲眞如，或錯認物質四大元素藉冥性（靈知心本體）能成就吾人色身及知覺，或認初禪至四禪中之了知心爲不生不滅之涅槃心。此等皆非通宗者之見地。復有錯悟之人一向主張「宗門與教門不相干」，此即尚未通達宗門之人也。其實宗門與教門互通不二，宗門所證者乃是眞如與佛性，故教門與宗門不二。本書作者以宗教二門互通之見地，細說「宗通與說通」，從初見道至悟後起修之道、細說分明；並將諸宗諸派在整體佛教中之地位與次第，加以明確之教判，學人讀之即可了知佛法之梗概也。欲擇明師學法之前，允宜先讀。平實導師著，主文共381頁，全書392頁，只售成本價300元。

宗門正道—公案拈提第五輯：修學大乘佛法有二果須證—解脫果及大菩提果。二乘人不證大菩提果，唯證解脫果；此果之智慧，名爲聲聞菩提、緣覺菩提。大乘佛子所證二果之菩提果爲佛菩提，故名大菩提果，其慧名爲一切種智—函蓋二乘解脫果。然此大乘二果修證，須經由禪宗之宗門證悟方能相應。而宗門證悟極難，自古已然；其所以難者，咎在古今佛教界普遍存在三種邪見：1.以修定認作佛法， 2.以無因論之緣起性空—否定涅槃本際如來藏以後之一切法空作爲佛法，3.以常見外道邪見（離語言妄念之靈知性）作爲佛法。 如是邪見，或因自身正見未立所致，或因邪師之邪教導所致，或因無始劫來虛妄熏習所致。若不破除此三種邪見，永劫不悟宗門眞義、不入大乘正道，唯能外門廣修菩薩行。 平實導師於此書中，有極爲詳細之說明，有志佛子欲摧邪見、入於內門修菩薩行者，當閱此書。主文共496頁，全書512頁。售價500元（2007年起，凡購買公案拈提第一輯至第七輯，每購一輯皆贈送本公司精製公案拈提〈超意境〉CD一片，市售價格280元，多購多贈）。

狂密與眞密：密教之修學，皆由有相之觀行法門而入，其最終目標仍不離顯教經典所說第一義諦之修證；若離顯教第一義經典、或違背顯教第一義經典，即非佛教。西藏密教之觀行法，如灌頂、觀想、遷識法、寶瓶氣、大聖歡喜雙身修法、喜金剛、無上瑜伽、大樂光明、樂空雙運等，皆是印度教兩性生生不息思想之轉化，自始至終皆以如何能運用交合淫樂之法達到全身受樂爲其中心思想，純屬欲界五欲的貪愛，不能令人超出欲界輪迴，更不能令人斷除我見；何況大乘之明心與見性，更無論矣！故密宗之法絕非佛法也。而其明光大手印、大圓滿法教，又皆同以常見外道所說離語言妄念之無念靈知心錯認爲佛地之眞如，不能直指不生不滅之眞如。西藏密宗所有法王與徒衆，都尚未開頂門眼，不能辨別眞僞，以依人不依法、依密續不依經典故，不肯將其上師喇嘛所說對照第一義經典，純依密續之藏密祖師所說爲準，因此而誇大其證德與證量，動輒謂彼祖師上師爲究竟佛、爲地上菩薩；如今台海兩岸亦有自謂其師證量高於 釋迦文佛者，然觀其師所述，猶未見道，仍在觀行即佛階段，尚未到禪宗相似即佛、分證即佛階位，竟敢標榜爲究竟佛及地上法王，誑惑初機學人。凡此怪象皆是狂密，不同於眞密之修行者。近年狂密盛行，密宗行者被誤導者極衆，動輒自謂已證佛地眞如，自視爲究竟佛，陷於大妄語業中而不知自省，反謗顯宗眞修實證者之證量粗淺；或如義雲高與釋性圓…等人，於報紙上公然誹謗眞實證道者爲「騙子、無道人、人妖、癩蛤蟆…」等，造下誹謗大乘勝義僧之大惡業；或以外道法中有爲有作之甘露、魔術……等法，誑騙初機學人，狂言彼外道法爲眞佛法。如是怪象，在西藏密宗及附藏密之外道中，不一而足，舉之不盡，學人宜應愼思明辨，以免上當後又犯毀破菩薩戒之重罪。密宗學人若欲遠離邪知邪見者，請閱此書，即能了知密宗之邪謬，從此遠離邪見與邪修，轉入眞正之佛道。 平實導師著 共四輯 每輯約400頁（主文約340頁） 每輯售價300元。

宗門正義—公案拈提第六輯：佛教有六大危機，乃是藏密化、世俗化、膚淺化、學術化、宗門密意失傳、悟後進修諸地之次第混淆；其中尤以宗門密意之失傳，爲當代佛教最大之危機。由宗門密意失傳故，易令 世尊本懷普被錯解，易令 世尊正法被轉易爲外道法，以及加以淺化、世俗化，是故宗門密意之廣泛弘傳與具緣佛弟子，極爲重要。然而欲令宗門密意之廣泛弘傳予具緣之佛弟子者，必須同時配合錯誤知見之解析、普令佛弟子知之，然後輔以公案解析之直示入處，方能令具緣之佛弟子悟入。而此二者，皆須以公案拈提之方式爲之，方易成其功、竟其業，是故平實導師續作宗門正義一書，以利學人。 全書500餘頁，售價500元（2007年起，凡購買公案拈提第一輯至第七輯，每購一輯皆贈送本公司精製公案拈提〈超意境〉CD一片，市售價格280元，多購多贈）。

心經密意—心經與解脫道、佛菩提道、祖師公案之關係與密意。二乘菩提所證之解脫道，實依第八識心之斷除煩惱障現行而立解脫之名；大乘菩提所證之佛菩提道，實依親證第八識如來藏之涅槃性、清淨自性、及其中道性而立般若之名；禪宗祖師公案所證之眞心，即是此第八識如來藏；是故三乘佛法所修所證之三乘菩提，皆依此如來藏心而立名也。此第八識心，即是《心經》所說之心也。證得此如來藏已，即能漸入大乘佛菩提道，亦可因證知此心而了知二乘無學所不能知之無餘涅槃本際，是故《心經》之密意，與三乘佛菩提之關係極爲密切、不可分割，三乘佛法皆依此心而立名故。今者平實導師以其所證解脫道之無生智及佛菩提之般若種智，將《心經》與解脫道、佛菩提道、祖師公案之關係與密意，以演講之方式，用淺顯之語句和盤托出，發前人所未言，呈三乘菩提之眞義，令人藉此《心經密意》一舉而窺三乘菩提之堂奧，迥異諸方言不及義之說；欲求眞實佛智者、不可不讀！主文317頁，連同跋文及序文…等共384頁，售價300元。

宗門密意—公案拈提第七輯：佛教之世俗化，將導致學人以信仰作爲學佛，則將以感應及世間法之庇祐，作爲學佛之主要目標，不能了知學佛之主要目標爲親證三乘菩提。大乘菩提則以般若實相智慧爲主要修習目標，以二乘菩提解脫道爲附帶修習之標的；是故學習大乘法者，應以禪宗之證悟爲要務，能親入大乘菩提之實相般若智慧中故，般若實相智慧非二乘聖人所能知故。此書則以台灣世俗化佛教之三大法師，說法似是而非之實例，配合眞悟祖師之公案解析，提示證悟般若之關節，令學人易得悟入。平實導師著，全書五百餘頁，售價500元（2007年起，凡購買公案拈提第一輯至第七輯，每購一輯皆贈送本公司精製公案拈提〈超意境〉CD一片，市售價格280元，多購多贈）。

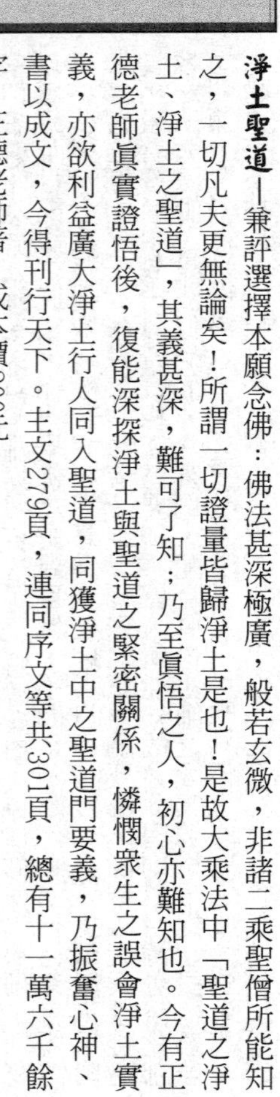

淨土聖道—兼評選擇本願念佛：佛法甚深極廣，般若玄微，非諸二乘聖僧所能知之，一切凡夫更無論矣！所謂一切證量皆歸淨土是也！是故大乘法中「聖道之淨土、淨土之聖道」，其義甚深，難可了知；乃至眞悟之人，初心亦難知也。今有正德老師眞實證悟後，復能深探淨土與聖道之緊密關係，憐憫衆生之誤會淨土實義，亦欲利益廣大淨土行人同入聖道，同獲淨土中之聖道門要義，乃振奮心神、書以成文，今得刊行天下。主文279頁，連同序文等共301頁，總有十一萬六千餘字，正德老師著，成本價200元。

起信論講記：詳解大乘起信論心生滅門與心眞如門之眞實意旨，消除以往大師與學人對起信論所說心生滅門之誤解，由是而得了知眞心如來藏之非常非斷中道正理；亦因此一講解，令此論以往隱晦而被誤解之眞實義，得以如實顯示，令大乘佛菩提道之正理得以顯揚光大；初機學者亦可藉此正論所顯示之法義，對大乘法理生起正信，從此得以眞發菩提心，眞入大乘法中修學，世世常修菩薩正行。平實導師演述，共六輯，都已出版，每輯三百餘頁，售價各250元。

優婆塞戒經講記：本經詳述在家菩薩修學大乘佛法，應如何受持菩薩戒？對人間善行應如何看待？對三寶應如何護持？應如何正確地修集此世後世證法之福德？應如何修集後世「行菩薩道之資糧」？並詳述第一義諦之正義：五蘊非我非異我、自作自受、異作異受、不作不受……等深妙法義，乃是修學大乘佛法、行菩薩行之在家菩薩所應當了知者。出家菩薩今世或未來世登地已，捨報之後多數將如華嚴經中諸大菩薩，以在家菩薩身而修行菩薩行，故亦應以此經所述正理而修之，配合《楞伽經、解深密經、楞嚴經、華嚴經》等道次第正理，方得漸次成就佛道；故此經是一切大乘行者皆應證知之正法。平實導師講述，每輯三百餘頁，售價各250元；共八輯，已全部出版。

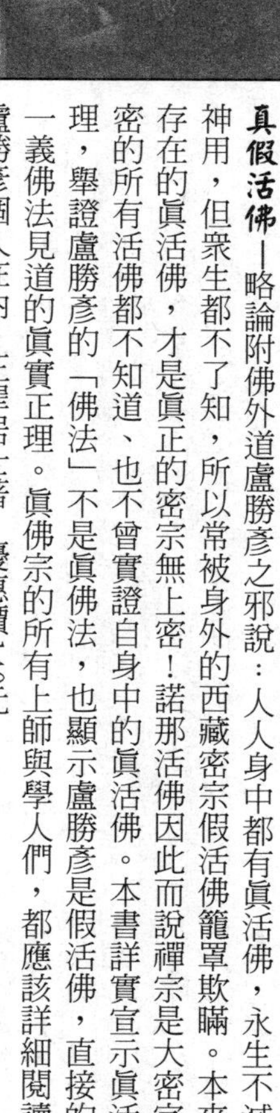

真假活佛—略論附佛外道盧勝彥之邪說：人人身中都有眞活佛，永生不滅而有大神用，但衆生都不了知，所以常被身外的西藏密宗假活佛籠罩欺瞞。本來就眞實存在的眞活佛，才是眞正的密宗無上密！諾那活佛因此而說禪宗是大密宗，但藏密的所有活佛都不知道、也不曾實證自身中的眞活佛。本書詳實宣示眞活佛的道理，舉證盧勝彥的「佛法」不是眞佛法，也顯示盧勝彥是假活佛，直接的闡釋第一義佛法見道的眞實正理。眞佛宗的所有上師與學人們，都應該詳細閱讀，包括盧勝彥個人在內。正犀居士著，優惠價140元。

阿含正義—唯識學探源：廣說四大部《阿含經》諸經中隱說之眞正義理，一一舉示佛陀本懷，令阿含時期初轉法輪根本經典之眞義，如實顯現於佛子眼前。並提示末法大師對於阿含眞義誤解之實例，一一比對之，證實唯識增上慧學確於原始佛法之阿含諸經中已隱覆密意而略說之，證實 世尊確於原始佛法中已曾密意而說第八識如來藏之總相；亦證實 世尊在四阿含中已說此藏識是名色十八界之因、之本—證明如來藏是能生萬法之根本心。佛子可據此修正以往受諸大師（譬如西藏密宗應成派中觀師：印順、昭慧、性廣、大願、達賴、宗喀巴、寂天、月稱、……等人）誤導之邪見，建立正見，轉入正道乃至親證初果而無困難；書中並詳說三果所證的心解脫，以及四果慧解脫的親證，都是如實可行的具體知見與行門。全書共七輯，已出版完畢。平實導師著，每輯三百餘頁，售價300元。

超意境CD：以平實導師公案拈提書中超越意境之頌詞，加上曲風優美的旋律，錄成令人嚮往的超意境歌曲，其中包括正覺發願文及平實導師親自譜成的黃梅調歌曲一首。詞曲雋永，殊堪翫味，可供學禪者吟詠，有助於見道。內附設計精美的彩色小冊，解說每一首詞的背景本事。每片280元。【每購買公案拈提書籍一冊，即贈送一片。】

我的菩提路第一輯：凡夫及二乘聖人不能實證的佛菩提證悟，末法時代的今天仍然有人能得實證，由正覺同修會釋悟圓、釋善藏法師等二十餘位實證如來藏者所寫的見道報告，已爲當代學人見證宗門正法之絲縷不絕，證明大乘義學的法脈仍然存在，爲末法時代求悟般若之學人照耀出光明的坦途。由二十餘位大乘見道者所繕，敘述各種不同的學法、見道因緣與過程，參禪求悟者必讀。全書三百餘頁，售價300元。

我的菩提路第二輯：由郭正益老師等人合著，書中詳述彼等諸人歷經各處道場學法，一一修學而加以檢擇之不同過程以後，因閱讀正覺同修會、正智出版社書籍而發起抉擇分，轉入正覺同修會中修學；乃至學法及見道之過程，都一一詳述之。（本書暫停發售，俟改版重新發售流通。）

我的菩提路第三輯：由王美伶老師等人合著。自從正覺同修會成立以來，每年夏初、冬初都舉辦精進禪三共修，藉以助益會中同修們得以證悟明心發起般若實相智慧；凡已實證而被平實導師印證者，皆書具見道報告用以證明佛法之眞實可證而非玄學，證明佛法並非純屬思想、理論而無實質，是故每年都能有人證明正覺同修會的「實證佛教」主張並非虛語。特別是眼見佛性一法，自古以來中國禪宗祖師實證者極寡，較之明心開悟的證境更難令人信受；至2017年初，正覺同修會中的證悟明心者已近五百人，然而其中眼見佛性者至今唯十餘人爾，可謂難能可貴，是故明心後欲冀眼見佛性者實屬不易。黃正倖老師是懸絕七年無人見性後的第一人，她於2009年的見性報告刊於本書的第二輯中，爲大眾證明佛性確實可以眼見；其後七年之中求見性者都屬解悟佛性而無人眼見，幸而又經七年後的2016冬初，以及2017夏初的禪三，復有三人眼見佛性，希冀鼓舞四眾佛子求見佛性之大心，今則具載一則於書末，顯示求見佛性之事實經歷，供養現代佛教界欲得見性之四眾弟子。全書四百頁，售價300元，已於2017年6月30日發行。

我的菩提路第四輯：由陳晏平等人著。中國禪宗祖師往往有所謂「見性」之言，所言多屬看見如來藏具有能令人發起成佛之自性，並非《大般涅槃經》中 如來所說之眼見佛性。眼見佛性者，於親見佛性之時，即能於山河大地眼見自己佛性，亦能於他人身上眼見自己佛性及對方之佛性，如是境界無法爲尚未實證者解釋；勉強說之，縱使眞實明心證悟之人聞之，亦只能以自身明心之境界想像之，但不論如何想像多屬非量，能有正確之比量者亦是稀有，故說眼見佛性極爲困難。眼見佛性之人若所見極分明時，在所見佛性之境界下所眼見之山河大地、自己五蘊身心皆是虛幻，自有異於明心者之解脫功德受用，此後永不思證二乘涅槃，必定邁向成佛之道而進入第十住位中，已超第一阿僧祇劫三分有一，可謂之爲超劫精進也。今又有明心之後眼見佛性之人出於人間，將其明心及後來見性之報告，連同其餘證悟明心者之精彩報告一同收錄於此書中，供養眞求佛法實證之四衆佛子。全書380頁，售價300元，已於2018年6月30日發行。

我的菩提路第五輯：林慈慧老師等人著，本輯中所舉學人從相似正法中來到正覺同修會的過程，各人都有不同，發生的因緣亦是各有差別，然而都會指向同一個目標——證實生命實相的源底，確證自己生從何來、死往何去的事實，所以最後都證明佛法眞實而可親證，絕非玄學；本書將彼等諸人的始修及末後證悟之實例，羅列出來以供學人參考。本期亦有一位會裡的老師，是從1995年即開始追隨 平實導師修學，1997年明心後持續進修不斷，直到2017年眼見佛性之實例，足可證明《大般涅槃經》中世尊開示眼見佛性之法正眞無訛，第十住位的實證在末法時代的今天仍有可能，如今一併具載於書中以供學人參考，並供養現代佛教界欲得見性之四衆弟子。全書四百頁，售價300元，已於2019年12月31日發行。

我的菩提路第六輯：劉惠莉老師等人著，本輯中舉示劉老師明心多年以後的眼見佛性實錄，供末法時代學人了知明心之異於見性本質，足可證明《大般涅槃經》中世尊開示眼見佛性之法正眞無訛。亦列舉多篇學人從各道場來到正覺學法之不同過程，以及如何發覺邪見之異於正法的所在，最後終能在正覺禪三中悟入的實況，以證明佛教正法仍在末法時代的人間繼續弘揚的事實，鼓舞一切眞實學法的菩薩大衆思之：我等諸人亦可有因緣證悟，絕非空想白思。約四百頁，售價300元，已於2020年6月30日發行。

鈍鳥與靈龜：鈍鳥及靈龜二物，被宗門證悟者說爲二種人：前者是精修禪定而無智慧者，也是以定爲禪的愚癡禪人；後者是或有禪定、或無禪定的宗門證悟者，凡已證悟者皆是靈龜。但後者被人虛造事實，用以嘲笑大慧宗杲禪師，說他雖是靈龜，卻不免被天童禪師預記「患背」痛苦而亡：「鈍鳥離巢易，靈龜脫殼難。」藉以貶低大慧宗杲的證量。同時將天童禪師實證如來藏的證量，曲解爲意識境界的離念靈知。自從大慧禪師入滅以後，錯悟凡夫對他的不實毀謗就一直存在著，不曾止息，並且捏造的假事實也隨著年月的增加而越來越多，終至編成「鈍鳥與靈龜」的假公案、假故事。本書是考證大慧與天童之間的不朽情誼，顯現這件假公案的虛妄不實；更見大慧宗杲面對惡勢力時的正直不阿，亦顯示大慧對天童禪師的至情深義，將使後人對大慧宗杲的誣謗至此而止，不再有人誤犯毀謗賢聖的惡業。書中亦舉證宗門的所悟確以第八識如來藏爲標的，詳讀之後必可改正以前被錯悟大師誤導的參禪知見，日後必定有助於實證禪宗的開悟境界，得階大乘眞見道位中，即是實證般若之賢聖。全書459頁，售價350元。

維摩詰經講記：本經係　世尊在世時，由等覺菩薩維摩詰居士藉疾病而演說之大乘菩提無上妙義，所說函蓋甚廣，然極簡略，是故今時諸方大師與學人讀之悉皆錯解，何況能知其中隱含之深妙正義，是故普遍無法爲人解說；若強爲人說，則成依文解義而有諸多過失。今由平實導師公開宣講之後，詳實解釋其中密意，令維摩詰菩薩所說大乘不可思議解脫之深妙正法得以正確宣流於人間，利益當代學人及與諸方大師。書中詳實演述大乘佛法深妙不共二乘之智慧境界，顯示諸法之中絕待之實相境界，建立大乘菩薩妙道於永遠不敗不壞之地，以此成就護法偉功，欲冀永利娑婆人天。已經宣講圓滿整理成書流通，以利諸方大師及諸學人。全書共六輯，每輯三百餘頁，售價各250元。

真假外道：本書具體舉證佛門中的常見外道知見實例，並加以教證及理證上的辨正，幫助讀者輕鬆而快速的了知常見外道的錯誤知見，進而遠離佛門內外的常見外道知見，因此即能改正修學方向而快速實證佛法。游正光老師著　。成本價200元。

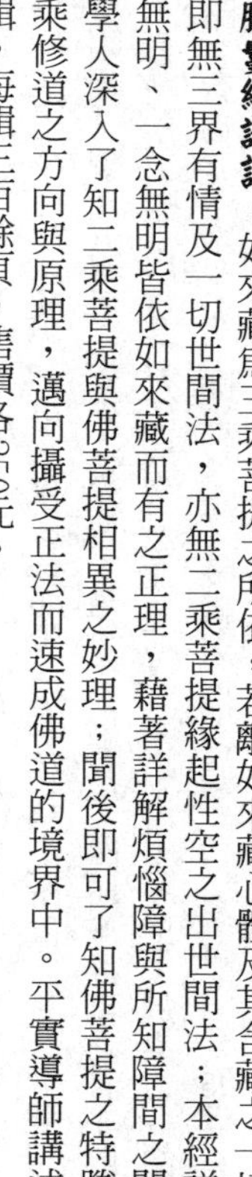

勝鬘經講記：如來藏爲三乘菩提之所依，若離如來藏心體及其含藏之一切種子，即無三界有情及一切世間法，亦無二乘菩提緣起性空之出世間法；本經詳說無始無明、一念無明皆依如來藏而有之正理，藉著詳解煩惱障與所知障間之關係，令學人深入了知二乘菩提與佛菩提相異之妙理；聞後即可了知佛菩提之特勝處及三乘修道之方向與原理，邁向攝受正法而速成佛道的境界中。平實導師講述，共六輯，每輯三百餘頁，售價各250元。

楞嚴經講記：楞嚴經係密教部之重要經典，亦是顯教中普受重視之經典；經中宣說明心與見性之內涵極爲詳細，將一切法都會歸如來藏及佛性—妙眞如性；亦闡釋佛菩提道修學過程中之種種魔境，以及外道誤會涅槃之狀況，旁及三界世間之起源。然因言句深澀難解，法義亦復深妙寬廣，學人讀之普難通達，是故讀者大多誤會，不能如實理解佛所說之明心與見性內涵，亦因是故多有悟錯之人引爲開悟之證言，成就大妄語罪。今由平實導師詳細講解之後，整理成文，以易讀易懂之語體文刊行天下，以利學人。全書十五輯，全部出版完畢。每輯三百餘頁，售價每輯300元。

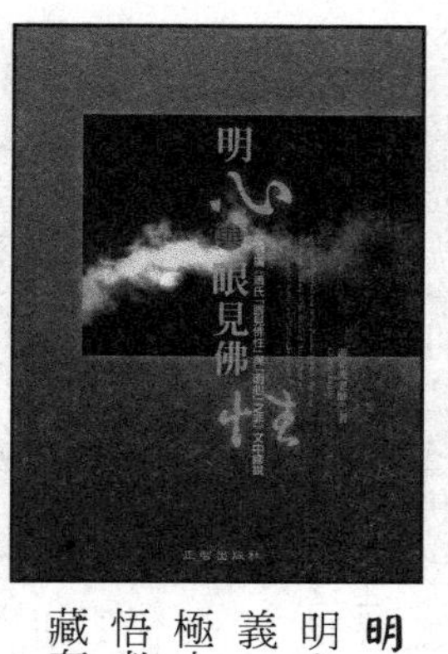

明心與眼見佛性：本書細述明心與眼見佛性之異同，同時顯示了中國禪宗破初參明心與重關眼見佛性二關之間的關聯；書中又藉法義辨正而旁述其他許多勝妙法義，讀後必能遠離佛門長久以來積非成是的錯誤知見，令讀者在佛法的實證上有極大助益。也藉慧廣法師的謬論來教導佛門學人回歸正知正見，遠離古今禪門錯悟者所墮的意識境界，非唯有助於斷我見，也對未來的開悟明心實證第八識如來藏有所助益，是故學禪者都應細讀之。游正光老師著　共448頁　售價300元。

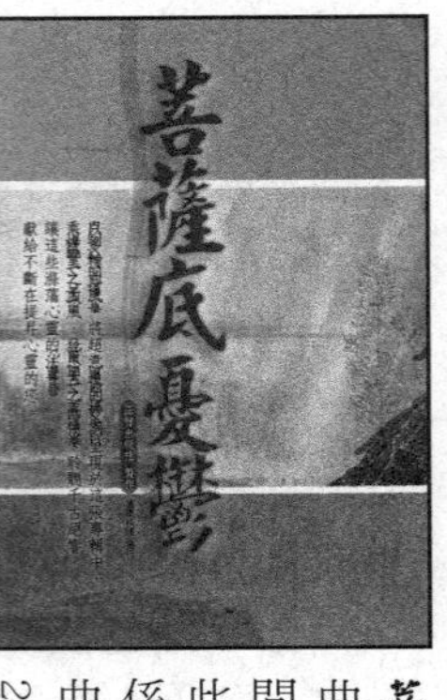

菩薩底憂鬱CD：將菩薩情懷及禪宗公案寫成新詞，並製作成超越意境的優美歌曲。1.主題曲〈菩薩底憂鬱〉，描述地後菩薩能離三界生死而迴向繼續生在人間，但因尚未斷盡習氣種子而有極深沈之憂鬱，非三賢位菩薩及二乘聖者所知，此憂鬱在七地滿心位方才斷盡；本曲之詞中所說義理極深，昔來所未曾見；此曲係以優美的情歌風格寫詞及作曲，聞者得以激發嚮往諸地菩薩境界之大心，詞、曲都非常優美，難得一見；其中勝妙義理之解說，已印在附贈之彩色小冊中。2.以各輯公案拈提中直示禪門入處之頌文，作成各種不同曲風之超意境歌曲，値得玩味、參究；聆聽公案拈提之優美歌曲時，請同時閱讀內附之印刷精美說明小冊，可以領會超越三界的證悟境界；未悟者可以因此引發求悟之意向及疑情，眞發菩提心而邁向求悟之途，乃至因此眞實悟入般若，成眞菩薩。3.正覺總持咒新曲，總持佛法大意；總持咒之義理，已加以解說並印在隨附之小冊中。本CD共有十首歌曲，長達63分鐘，附贈二張購書優惠券。每片280元。

金剛經宗通：三界唯心，萬法唯識，是成佛之修證內容，是諸地菩薩之所修；般若則是成佛之道（實證三界唯心、萬法唯識）的入門，若未證悟實相般若，即無成佛之可能，必將永在外門廣行菩薩六度，永在凡夫位中。然而實相般若的發起，全賴實證萬法的實相；若欲證知萬法的眞相，則必須探究萬法之所從來，則須實證自心如來—金剛心如來藏，然後現觀這個金剛心的金剛性、眞實性、如如性、清淨性、涅槃性、能生萬法的自性性、本住性，名爲證眞如；進而現觀三界六道唯是此金剛心所成，人間萬法須藉八識心王和合運作方能現起。如是實證《華嚴經》的「三界唯心、萬法唯識」以後，由此等現觀而發起實相般若智慧，繼續進修第十住位的如幻觀、第十行位的陽焰觀、第十迴向位的如夢觀，再生起增上意樂而勇發十無盡願，方能滿足三賢位的實證，轉入初地；自知成佛之道而無偏倚，從此按部就班、次第進修乃至成佛。第八識自心如來是般若智慧之所依，般若智慧的修證則要從實證金剛心自心如來開始；《金剛經》則是解說自心如來之經典，是一切三賢位菩薩所應進修之實相般若經典。這一套書，是將平實導師宣講的《金剛經宗通》內容，整理成文字而流通之；書中所說義理，迥異古今諸家依文解義之說，指出大乘見道方向與理路，有益於禪宗學人求開悟見道，及轉入內門廣修六度萬行。已於2013年9月出版完畢，總共9輯，每輯約三百餘頁，售價各250元。

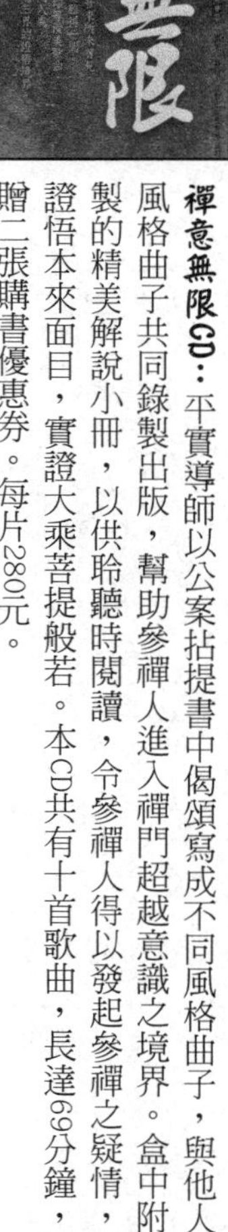

禪意無限CD：平實導師以公案拈提書中偈頌寫成不同風格曲子，與他人所寫不同風格曲子共同錄製出版，幫助參禪人進入禪門超越意識之境界。盒中附贈彩色印製的精美解說小冊，以供聆聽時閱讀，令參禪人得以發起參禪之疑情，即有機會證悟本來面目，實證大乘菩提般若。本CD共有十首歌曲，長達69分鐘，每盒各附贈二張購書優惠券。每片280元。

空行母—性別、身分定位，以及藏傳佛教：本書作者為蘇格蘭哲學家，因為嚮往佛教深妙的哲學內涵，於是進入當年盛行於歐美的假藏傳佛教密宗，擔任卡盧仁波切的翻譯工作多年以後，被邀請成為卡盧的空行母（又名佛母、明妃），開始了她在密宗裡的實修過程；後來發覺在密宗雙身法中的修行，其實無法使自己成佛，也發覺密宗對女性岐視而處處貶抑，並剝奪女性在雙身法中擔任一半角色時應有的身分定位。當她發覺自己只是雙身法中被喇嘛利用的工具，沒有獲得絲毫應有的尊重與基本定位時，發現了密宗的父權社會控制女性的本質；於是作者傷心地離開了卡盧仁波切與密宗，但是卻被恐嚇不許講出她在密宗裡的經歷，也不許她說出自己對密宗的教義與教制下對女性剝削的本質，否則將被咒殺死亡。後來她去加拿大定居，十餘年後方才擺脫這個恐嚇陰影，下定決心將親身經歷的實情及觀察到的事實寫下來並且出版，公諸於世。出版之後，她被流亡的達賴集團人士大力攻訐，誣指她為精神狀態失常、說謊……等。但有智之士並未被達賴集團的政治操作及各國政府政治運作吹捧達賴的表相所欺，使她的書銷售無阻而又再版。正智出版社鑑於作者此書是親身經歷的事實，所說具有針對「藏傳佛教」而作學術研究的價值，也有使人認清假藏傳佛教剝削佛母、明妃的男性本位實質，因此洽請作者同意中譯而出版於華人地區。珍妮·坎貝爾女士著，呂艾倫 中譯，每冊250元。

霧峰無霧—給哥哥的信　本書作者藉兄弟之間信件往來論義，略述佛法大義；並以多篇短文辨義，舉出釋印順對佛法的無量誤解證據，並一一給予簡單而清晰的辨正，令人一讀即知。久讀、多讀之後即能認清楚釋印順的六識論見解，與眞實佛法之牴觸是多麼嚴重；於是在久讀、多讀之後，於不知不覺之間提升了對佛法的極深入理解，正知正見就在不知不覺間建立起來了。當三乘佛法的正知見建立起來之後，對於三乘菩提的見道條件便將隨之具足，於是聲聞解脫道的見道也就水到渠成；接著大乘見道的因緣也將次第成熟，未來自然也會有親見大乘菩提之道的因緣，悟入大乘實相般若也將自然成功，自能通達般若系列諸經而成實義菩薩。作者居住於南投縣霧峰鄉，自喻見道之後不復再見霧峰之霧，故鄉原野美景一一明見，於是立此書名爲《霧峰無霧》；讀者若欲撥霧見月，可以此書爲緣。游宗明　老師著　已於2015年出版　售價250元。

霧峰無霧—第二輯—救護佛子向正道　本書作者藉釋印順著作中之各種錯謬法義提出辨正，以詳實的文義一一提出理論上及實證上之解析，列舉釋印順對佛法的無量誤解證據，藉此教導佛門大師與學人釐清佛法義理，遠離岐途轉入正道，然後知所進修，久之便能見道明心而入大乘勝義僧數。被釋印順誤導的大師與學人極多，很難救轉，是故作者大發悲心深入解說其錯謬之所在，佐以各種義理辨正而令讀者在不知不覺之間轉歸正道。如是久讀之後欲得斷身見、證初果，即不爲難事；乃至久之亦得大乘見道而得證眞如，脫離空有二邊而住中道，實相般若智慧生起，於佛法不再茫然，漸漸亦知悟後進修之道。屆此之時，對於大乘般若等深妙法之迷雲暗霧亦將一掃而空，生命及宇宙萬物之故鄉原野美景一一明見，是故本書仍名《霧峰無霧》，爲第二輯；讀者若欲撥雲見日、離霧見月，可以此書爲緣。游宗明　老師著　已於2019年出版　售價250元。

假藏傳佛教的神話—性、謊言、喇嘛教：本書編著者是由一首名爲「阿姊鼓」的歌曲爲緣起，展開了序幕，揭開假藏傳佛教—喇嘛教—的神秘面紗。其重點是蒐集、摘錄網路上質疑「喇嘛教」的帖子，以揭穿「假藏傳佛教的神話」爲主題，串聯成書，並附加彩色插圖以及說明，讓讀者們瞭解西藏密宗及相關人事如何被操作爲「神話」的過程，以及神話背後的眞相。作者：張正玄教授。售價200元。

達賴真面目—玩盡天下女人：假使您不想戴綠帽子，請記得詳細閱讀此書；假使您不想讓好朋友戴綠帽子，請您將此書介紹給您的好朋友。假使您想保護家中的女性，也想要保護好朋友的女眷，請記得將此書送給家中的女性和好友的女眷都來閱讀。本書爲印刷精美的大本彩色中英對照精裝本，爲您揭開達賴喇嘛的眞面目，內容精彩不容錯過，爲利益社會大眾，特別以優惠價格嘉惠所有讀者。編著者：白志偉等。大開版雪銅紙彩色精裝本。售價800元。

童女迦葉考—論呂凱文〈佛教輪迴思想的論述分析〉之謬：童女迦葉是佛世率領五百大比丘遊行於人間的歷史事實，是以童貞行而依止菩薩戒弘化於人間的大菩薩，不依別解脫戒（聲聞戒）來弘化於人間。這是大乘佛教與聲聞佛教同時存在於佛世的歷史明證，證明大乘佛教不是從聲聞法中分裂出來的部派佛教的產物，卻是聲聞佛教分裂出來的部派佛教聲聞凡夫僧所不樂見的史實；於是古今聲聞法中的凡夫都欲加以扭曲而作詭說，更是末法時代高聲大呼「大乘非佛說」的六識論聲聞凡夫極力想要扭曲的佛教史實之一，於是想方設法扭曲迦葉菩薩爲聲聞僧，以及扭曲迦葉童女爲比丘僧等荒謬不實之論著便陸續出現，古時聲聞僧寫作的《分別功德論》是最具體之事例，現代之代表作則是呂凱文先生的〈佛教輪迴思想的論述分析〉論文。鑑於如是假藉學術考證以籠罩大眾之不實謬論，未來仍將繼續造作及流竄於佛教界，繼續扼殺大乘佛教學人法身慧命，必須舉證辨正之，遂成此書。平實導師 著，每冊180元。

末代達賴—性交教主的悲歌：簡介從藏傳僞佛教（喇嘛教）的修行核心—性力派男女雙修，探討達賴喇嘛及藏傳僞佛教的修行內涵。書中引用外國知名學者著作、世界各地新聞報導，包含：歷代達賴喇嘛的祕史、達賴六世修雙身法的事蹟，以及《時輪續》中的性交灌頂儀式……等；達賴喇嘛書中開示的雙修法、達賴喇嘛的黑暗政治手段；達賴喇嘛所領導的寺院爆發喇嘛性侵兒童；新聞報導《西藏生死書》作者索甲仁波切性侵女信徒、澳洲喇嘛秋達公開道歉、美國最大假藏傳佛教組織領導人邱陽創巴仁波切的性氾濫，等等事件背後眞相的揭露。作者：張善思、呂艾倫、辛燕。售價250元。

黯淡的達賴—失去光彩的諾貝爾和平獎：本書舉出很多證據與論述，詳述達賴喇嘛不爲世人所知的一面，顯示達賴喇嘛並不是眞正的和平使者，而是假借諾貝爾和平獎的光環來欺騙世人；透過本書的說明與舉證，讀者可以更清楚的瞭解，達賴喇嘛是結合暴力、黑暗、淫欲於喇嘛教裡的集團首領，其政治行爲與宗教主張，早已讓諾貝爾和平獎的光環染污了。 本書由財團法人正覺教育基金會寫作、編輯，由正覺出版社印行，每冊250元。

第七意識與第八意識？—穿越時空「超意識」：「三界唯心，萬法唯識」是佛教中應該實證的聖教，也是《華嚴經》中明載而可以實證的法界實相。唯心者，三界一切境界、一切諸法唯是一心所成就，即是每一個有情的第八識如來藏，不是意識心。唯識者，即是人類各各都具足的八識心王——眼識、耳鼻舌身意識、意根、阿賴耶識，第八阿賴耶識又名如來藏，人類五陰相應的萬法，莫不由八識心王共同運作而成就，故說萬法唯識。依聖教量及現量、比量，都可以證明意識是二法因緣生，是由第八識藉意根與法塵二法爲因緣而出生，又是夜夜斷滅不存之生滅心，即無可能反過來出生第七識意根、第八識如來藏，當知不可能從生滅性的意識心中，細分出恆審思量的第七識意根，更無可能細分出恆而不審的第八識如來藏。本書是將演講內容整理成文字，細說如是內容，並已在《正覺電子報》連載完畢，今彙集成書以廣流通，欲幫助佛門有緣人斷除意識我見，跳脫於識陰之外而取證聲聞初果；嗣後修學禪宗時即得不墮外道神我之中，得以求證第八識金剛心而發起般若實智。平實導師 述，每冊300元。

中觀金鑑—詳述應成派中觀的起源與其破法本質：學佛人往往迷於中觀學派之不同學說，被應成派與自續派所迷惑；修學般若中觀二十年後自以為實證般若中觀了，卻仍不曾入門，甫聞實證般若中觀者之所說，則茫無所知，迷惑不解；隨後信心盡失，不知如何實證佛法；凡此，皆因惑於這二派中觀學說所致。自續派中觀所說同於常見，以意識境界立為第八識如來藏之境界，應成派所說則同於斷見，但又同立意識為常住法，故亦具足斷常二見。今者孫正德老師有鑑於此，乃將起源於密宗的應成派中觀學說，追本溯源，詳考其來源之外，亦一一舉證其立論內容，詳加辨正，令密宗雙身法祖師以識陰境界而造之應成派中觀學說本質，詳細呈現於學人眼前，令其維護雙身法之目的無所遁形。若欲遠離密宗此二大派中觀謬說，欲於三乘菩提有所進道者，允宜具足閱讀並細加思惟，反覆讀之以後將可捨棄邪道返歸正道，則於般若之實證即有可能，證後自能現觀如來藏之中道境界而成就中觀。本書分上、中、下三冊，每冊250元，全部出版完畢。

人間佛教—實證者必定不悖三乘菩提：「大乘非佛說」的講法似乎流傳已久，卻只是日本人企圖擺脫中國正統佛教的影響，而在明治維新時期才開始提出來的說法；台灣佛教、大陸佛教的淺學無智之人，由於未曾實證佛法而迷信日本人錯誤的學術考證，錯認為這些別有用心的日本佛學考證的講法為天竺佛教的眞實歷史；甚至還有更激進的反對佛教者提出「釋迦牟尼佛並非眞實存在，只是後人捏造的假歷史人物」，竟然也有少數佛教徒願意跟著「學術」的假光環而信受不疑，亦導致部分台灣佛教界人士，造作了反對中國大乘佛教而推崇南洋小乘佛教的行為，使台灣佛教的信仰者難以檢擇，亦導致一般大陸人士開始轉入基督教的盲目迷信中。在這些佛教及外教人士之中，也就有一分人根據此邪說而大聲主張「大乘非佛說」的謬論，這些人以「人間佛教」的名義來抵制中國正統佛教，公然宣稱中國的大乘佛教是由聲聞部派佛教的凡夫僧所創造出來的。這樣的說法流傳於台灣及大陸佛教界凡夫僧之中已久，卻非眞正的佛教歷史中曾經發生過的事，只是繼承六識論的聲聞法中凡夫僧，以及別有居心的日本佛教界，依自己的意識境界立場，純憑臆想而編造出來的妄想說法，卻已經影響許多無智之凡夫僧俗信受不移。本書則是從佛教的經藏法義實質及實證的現量內涵本質立論，證明大乘佛法本是佛說，是從《阿含正義》尚未說過的不同面向來討論「人間佛教」的議題，證明「大乘眞佛說」。閱讀本書可以斷除六識論邪見，迴入三乘菩提正道發起實證的因緣；也能斷除禪宗學人學禪時普遍存在之錯誤知見，對於建立參禪時的正知見有很深的著墨。平實導師 述，內文488頁，全書528頁，定價400元。

喇嘛性世界—揭開假藏傳佛教譚崔瑜伽的面紗：這個世界中的喇嘛，號稱來自世外桃源的香格里拉，穿著或紅或黃的喇嘛長袍，散布於我們的身邊傳教灌頂，吸引了無數的人嚮往學習；這些喇嘛虔誠地爲大衆祈福，手中拿著寶杵（金剛）與寶鈴（蓮花），口中唸著咒語：「唵．嘛呢．叭咪．吽……」，咒語的意思是說：「我至誠歸命金剛杵上的寶珠伸向蓮花寶穴之中」！「喇嘛性世界」是什麼樣的「世界」呢？本書將爲您呈現喇嘛世界的面貌。當您發現眞相以後，您將會唸：「噢！喇嘛．性．世界，譚崔性交嘛！」作者：張善思、呂艾倫。售價200元。

見性與看話頭：黃正倖老師的《見性與看話頭》於《正覺電子報》連載完畢，今結集出版。書中詳說禪宗看話頭的詳細方法，並細說看話頭與眼見佛性的關係，以及眼見佛性者求見佛性前必須具備的條件。本書是禪宗實修者追求明心開悟時參禪的方法書，也是求見佛性者作功夫時必讀的方法書，內容兼顧眼見佛性的理論與實修之方法，是依實修之體驗配合理論而詳述，條理分明而且極爲詳實、周全、深入。本書內文375頁，全書416頁，售價300元。

實相經宗通：學佛之目的在於實證一切法界背後之實相，禪宗稱之爲本來面目或本地風光，佛菩提道中稱之爲實相法界；此實相法界即是金剛藏，又名佛法之祕密藏，即是能生有情五陰、十八界及宇宙萬有（山河大地、諸天、三惡道世間）的第八識如來藏，又名阿賴耶識心，即是禪宗祖師所說的眞如心，此心即是三界萬有背後的實相。證得此第八識心時，自能瞭解般若諸經中隱說的種種密意，即得發起實相般若——實相智慧。每見學佛人修學佛法二十年後仍對實相般若茫然無知，亦不知如何入門，茫無所趣；更因不知三乘菩提的互異互同，是故越是久學者對佛法越覺茫然，都肇因於尚未瞭解佛法的全貌，亦未瞭解佛法的修證內容即是第八識心所致。本書對於修學佛法者所應實證的實相境界提出明確解析，並提示趣入佛菩提道的入手處，有心親證實相般若的佛法實修者，宜詳讀之，於佛菩提道之實證即有下手處。平實導師述著，共八輯，已於2016年出版完畢，每輯成本價250元。

真心告訴您(一)—達賴喇嘛在幹什麼？這是一本報導篇章的選集，更是「破邪顯正」的暮鼓晨鐘。「破邪」是戳破假象，說明達賴喇嘛及其所率領的密宗四大派法王、喇嘛們，弘傳的佛法是仿冒的佛法；他們是假藏傳佛教，是坦特羅(譚崔性交)外道法和藏地崇奉鬼神的苯教混合成的「喇嘛教」，推廣的是以所謂「無上瑜伽」的男女雙身法冒充佛法的假佛教，詐財騙色誤導眾生，常常造成信徒家庭破碎、家中兒少失怙的嚴重後果。「顯正」是揭櫫眞相，指出眞正的藏傳佛教只有一個，就是覺囊巴，傳的是 釋迦牟尼佛演繹的第八識如來藏妙法，稱爲他空見大中觀。正覺教育基金會即以此古今輝映的如來藏正法正知見，在眞心新聞網中逐次報導出來，將箇中原委「眞心告訴您」，如今結集成書，與想要知道密宗眞相的您分享。售價250元。

法華經講義：此書爲平實導師始從2009/7/21演述至2014/1/14之講經錄音整理所成。世尊一代時教，總分五時三教，即是華嚴時、聲聞緣覺教、般若教、種智唯識教、法華時；依此五時三教區分爲藏、通、別、圓四教。本經是最後一時的圓教經典，圓滿收攝一切法教於本經中，是故最後的圓教聖訓中，特地指出無有三乘菩提，其實唯有一佛乘；皆因眾生愚迷故，方便區分爲三乘菩提以助眾生證道。世尊於此經中特地說明如來示現於人間的唯一大事因緣，便是爲有緣眾生「開、示、悟、入」諸佛的所知所見——第八識如來藏妙眞如心，並於諸品中隱說「妙法蓮花」如來藏心的密意。然因此經所說甚深難解，眞義隱晦，古來難得有人能窺堂奧；平實導師以知如是密意故，特爲末法佛門四眾演述《妙法蓮華經》中各品蘊含之密意，使古來未曾被古德註解出來的「此經」密意，如實顯示於當代學人眼前。乃至〈藥王菩薩本事品〉、〈妙音菩薩品〉、〈觀世音菩薩普門品〉、〈普賢菩薩勸發品〉中的微細密意，亦皆一併詳述之，可謂開前人所未曾言之密意，示前人所未見之妙法。最後乃至以〈法華大義〉而總其成，全經妙旨貫通始終，而依佛旨圓攝於一心如來藏妙心，厥爲曠古未有之大說也。平實導師述，共有25輯，已於2019/05/31出版完畢。每輯300元。

西藏「活佛轉世」制度—附佛、造神、世俗法：歷來關於喇嘛教活佛轉世的研究，多針對歷史及文化兩部分，於其所以成立的理論基礎，較少系統化的探討。尤其是此制度是否依據「佛法」而施設？是否合乎佛法眞實義？現有的文獻大多含糊其詞，或人云亦云，不曾有明確的闡釋與如實的見解。因此本文先從活佛轉世的由來，探索此制度的起源、背景與功能，並進而從活佛的尋訪與認證之過程，發掘活佛轉世的特徵，以確認「活佛轉世」在佛法中應具足何種果德。定價150元。

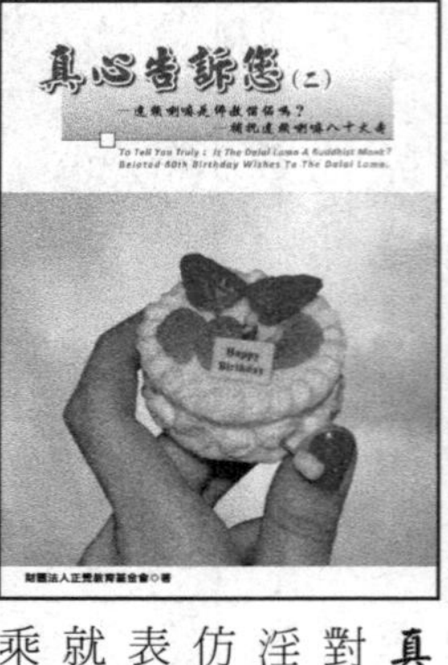

真心告訴您(二)—達賴喇嘛是佛教僧侶嗎？補祝達賴喇嘛八十大壽：這是一本針對當今達賴喇嘛所領導的喇嘛教，冒用佛教名相，於師徒間或師兄姊間，實修男女邪淫，而從佛法三乘菩提的現量與聖教量，揭發其謊言與邪術，證明達賴及其喇嘛教是仿冒佛教的外道，是「假藏傳佛教」。藏密四大派教義雖有「八識論」與「六識論」的表面差異，然其實修之內容，皆共許「無上瑜伽」四部灌頂爲究竟「成佛」之法門，也就是共以男女雙修之邪淫法爲「即身成佛」之密要，雖美其名曰「欲貪爲道」之「金剛乘」，並誇稱其成就超越於（應身佛）釋迦牟尼佛所傳之顯教般若乘之上；然詳考其理論，則或以意識離念時之粗細心爲第八識如來藏，或以中脈裡的明點爲第八識如來藏，或如宗喀巴與達賴堅決主張第六意識爲常恆不變之眞心者，分別墮於外道之常見與斷見中；全然違背 佛說能生五蘊之如來藏的實質。售價300元。

涅槃—解說四種涅槃之實證及內涵：眞正學佛之人，首要即是見道，由見道故方有涅槃之實證，證涅槃者方能出生死，但涅槃有四種：二乘聖者的有餘涅槃、無餘涅槃，以及大乘聖者的本來自性清淨涅槃、佛地的無住處涅槃。大乘聖者實證本來自性清淨涅槃，入地前再取證二乘涅槃，然後起惑潤生捨離二乘涅槃，繼續進修而在七地心前斷盡三界愛之習氣種子，依七地無生法忍之具足而證得念念入滅盡定；八地後進斷異熟生死，直至妙覺地下生人間成佛，具足四種涅槃，方是眞正成佛。此理古來少人言，以致誤會涅槃正理者比比皆是，今於此書中廣說四種涅槃、如何實證之理、實證前應有之條件，實屬本世紀佛教界極重要之著作，令人對涅槃有正確無訛之認識，然後可以依之實行而得實證。本書共有上下二冊，每冊各四百餘頁，對涅槃詳加解說，每冊各350元。

佛藏經講義：本經說明爲何佛菩提難以實證之原因，都因往昔無數阿僧祇劫前的邪見，引生此世求證時之業障而難以實證。即以諸法實相詳細解說，繼之以念佛品、念法品、念僧品，說明諸佛與法之實質；然後以淨戒品之說明，期待佛弟子四眾堅持清淨戒而轉化心性，並以往古品的實例說明，教導四眾務必滅除邪見轉入正見中，然後以了戒品的說明和囑累品的付囑，期望末法時代的佛門四眾弟子皆能清淨知見而得以實證。平實導師於此經中有極深入的解說，總共21輯，每輯300元，於2019/07/31開始發行。

我的菩提路第七輯：余正偉老師等人著，本輯中舉示余老師明心二十餘年以後的眼見佛性實錄，供末法時代學人了知明心異於見性之本質，並且舉示其見性後與平實導師互相討論眼見佛性之諸多疑訛處；除了證明《大般涅槃經》中 世尊開示眼見佛性之法正眞無訛以外，亦得一解明心後尚未見性者之所未知處，甚爲精彩。此外亦列舉多篇學人從各不同宗教進入正覺學法之不同過程，以及發覺諸方道場邪見之內容與過程，最終得於正覺精進禪三中悟入的實況，足供末法精進學人借鑑，以彼鑑己而生信心，得以投入了義正法中修學及實證。凡此，皆足以證明不唯明心所證之第七住位般若智慧及解脫功德仍可實證，乃至第十住位的實證與當場發起如幻觀之實證，於末法時代的今天皆仍有可能。本書約四百頁，售價300元，將於2021年6月30日發行。

大法鼓經講義：本經解說佛法的總成：法、非法。由開解法、非法二義，說明了義佛法與世間戲論法的差異，指出佛法實證之標的即是法——第八識如來藏；並顯示實證後的智慧，如實擊大法鼓、演深妙法，演說如來祕密教法，非二乘定性及諸凡夫所能得聞，唯有具足菩薩性者方能得聞。正聞之後即得依於 世尊大願而拔除邪見，入於正法而得實證；深解不了義經之方便說，亦能實解了義經所說之眞實義，得以證法——如來藏，而得發起根本無分別智，乃至進修而發起後得無分別智；並堅持布施及受持清淨戒而轉化心性，得以現觀眞我如來藏之各種層面。此爲第一義諦聖教，於末法最後餘四十年時，一切世間樂見離車童子將繼續護持此經所說正法。平實導師於此經中有極深入的解說，總共約六輯，每輯300元，於《佛藏經講義》出版完畢後開始發行，每二個月發行一輯。

解深密經講義：本經係 世尊晚年第三轉法輪，宣說地上菩薩所應熏修之唯識正義經典，經中所說義理乃是大乘一切種智增上慧學，以阿陀那識—如來藏—阿賴耶識爲主體。禪宗之證悟者，若欲修證初地無生法忍乃至八地無生法忍者，必須修學《楞伽經、解深密經》所說之八識心王一切種智；此二經所說正法，方是眞正成佛之道；印順法師否定第八識如來藏之後所說萬法緣起性空之法，是以誤會後之二乘解脫道取代大乘眞正成佛之道，尚且不符二乘解脫道正理，亦已墮於斷滅見中，不可謂爲成佛之道也。平實導師曾於本會郭故理事長往生時，於喪宅中從首七開始宣講，於每一七各宣講三小時，至第十七而快速略講圓滿，作爲郭老之往生佛事功德，迴向郭老早證八地、速返娑婆住持正法。茲爲今時後世學人故，將擇期重講《解深密經》，以淺顯之語句講畢後，將會整理成文，用供證悟者進道；亦令諸方未悟者，據此經中佛語正義，修正邪見，依之速能入道。平實導師述著，全書輯數未定，每輯三百餘頁，將於未來重講完畢後逐輯出版。

修習止觀坐禪法要講記：修學四禪八定之人，往往錯會禪定之修學知見，欲以無止盡之坐禪而證禪定境界，卻不知修除性障之行門才是修證四禪八定不可或缺之要素，故智者大師云「性障初禪」；性障不除，初禪永不現前，云何修證二禪等？又：行者學定，若唯知數息，而不解六妙門之方便善巧者，欲求一心入定，未到地定極難可得，智者大師名之爲「事障未來」：障礙未到地定之修證。又禪定之修證，不可違背二乘菩提及第一義法，否則縱使具足四禪八定，亦不能實證涅槃而出三界。此諸知見，智者大師於《修習止觀坐禪法要》中皆有闡釋。作者平實導師以其第一義之見地及禪定之實證證量，曾加以詳細解析。將俟正覺寺竣工啓用後重講，不限制聽講者資格：講後將以語體文整理出版。欲修習世間定及增上定之學者，宜細讀之。平實導師述著。

阿含經講記—小乘解脫道之修證：數百年來，南傳佛法所說證果之不實，所說解脫道之虛妄，所弘解脫道法義之世俗化，皆已少人知之；從南洋傳入台灣與大陸之後，所說法義虛謬之事，亦復少人知之；今時台灣全島印順系統之法師居士，多不知南傳佛法數百年來所說解脫道之義理已然偏斜、已然世俗化、已非眞正之二乘解脫正道，猶極力推崇與弘揚。彼等南傳佛法近代所謂之證果者皆非眞實證果者，譬如阿迦曼、葛印卡、帕奧禪師、一行禪師……等人，悉皆未斷我見故。近年更有台灣南部大願法師，高抬南傳佛法之二乘修證行門爲「捷徑究竟解脫之道」者，然而南傳佛法縱使眞修實證，得成阿羅漢，至高唯是二乘菩提解脫之道，絕非究竟解脫，無餘涅槃中之實際尙未得證故，法界之實相尙未了知故，習氣種子待除故，一切種智未實證故，焉得謂爲「究竟解脫」？即使南傳佛法近代眞有實證之阿羅漢，尙且不及三賢位中之七住明心菩薩本來自性清淨涅槃智慧境界，則不能知此賢位菩薩所證之無餘涅槃實際，仍非大乘佛法中之見道者，何況普未實證聲聞果乃至未斷我見之人？謬充證果已屬逾越，更何況是誤會二乘菩提之後，以未斷我見之凡夫知見所說之二乘菩提解脫偏斜法道，焉可高抬爲「究竟解脫」？而且自稱「捷徑之道」？又妄言解脫之道即是成佛之道，完全否定般若實智、否定三乘菩提所依之如來藏心體，此理大大不通也！平實導師爲令修學二乘菩提欲證解脫果者，普得迴入二乘菩提正見、正道中，是故選錄四阿含諸經中，對於二乘解脫道法義有具足圓滿說明之經典，預定未來十年內將會加以詳細講解，令學佛人得以了知二乘解脫道之修證理路與行門，庶免被人誤導之後，未證言證，梵行未立，干犯道禁自稱阿羅漢或成佛，成大妄語，欲升反墮。本書首重斷除我見，以助行者斷除我見而實證初果爲著眼之目標，若能根據此書內容，配合平實導師所著《識蘊眞義》《阿含正義》內涵而作實地觀行，實證初果非爲難事，行者可以藉此三書自行確認聲聞初果爲實際可得現觀成就之事。此書中除依二乘經典所說加以宣示外，亦依斷除我見等之證量，及大乘法中道種智之證量，對於意識心之體性加以細述，令諸二乘學人必定得斷我見、常見，免除三縛結之繫縛。次則宣示斷除我執之理，欲令升進而得薄貪瞋痴，乃至斷五下分結…等。平實導師將擇期講述，然後整理成書。共二冊，每冊三百餘頁。每輯300元。

＊喇嘛教修外道雙身法，墮識陰境界，非佛教＊

＊弘揚如來藏他空見的覺囊派才是真正藏傳佛教＊

總經銷： 聯合發行股份有限公司

231 新北市新店區寶橋路 235 巷 6 弄 6 號 4F

Tel.02－2917-8022（代表號） Fax.02－2915-6275（代表號）

零售：1.**全台連鎖經銷書局：**

三民書局、誠品書局、何嘉仁書店

敦煌書店、紀伊國屋、金石堂書局、建宏書局

諾貝爾圖書城、墊腳石圖書文化廣場

2.**台北市：**佛化人生 **大安區**羅斯福路 3 段 325 號 6 樓之 4　台電大樓對面

3.**新北市：**春大地書店 **蘆洲區**中正路 117 號

4.**桃園市：**御書堂 **龍潭區**中正路 123 號

5.**新竹市：**大學書局 **東區**建功路 10 號

6.**台中市：**瑞成書局 **東區**雙十路 1 段 4 之 33 號

佛教詠春書局 **南屯區**永春東路 884 號

文春書店 **霧峰區**中正路 1087 號

7.**彰化市：**心泉佛教文化中心 南瑤路 286 號

8.**高雄市：**政大書城 **前鎮區**中華五路 789 號 2 樓（高雄夢時代店）

明儀書局 **三民區**明福街 2 號

青年書局 **苓雅區**青年一路 141 號

9.**台東市：**東普佛教文物流通處 博愛路 282 號

10.**其餘鄉鎮市經銷書局：**請電詢總經銷**聯合**公司。

11.**大陸地區請洽：**

香港：樂文書店

旺角店 :香港九龍旺角西洋菜街 62 號 3 樓

電話 :(852) 2390 3723 email: luckwinbooks@gmail.com

銅鑼灣店 :香港銅鑼灣駱克道 506 號 2 樓

電話 :(852) 2881 1150 email: luckwinbs@gmail.com

廈門：廈門外圖臺灣書店有限公司

地址:廈門市思明區湖濱南路809 號 廈門外圖書城3 樓 郵編:361004

電話：0592-5061658（臺灣地區請撥打 86-592-5061658）

E-mail：JKB118＠188.COM

12.**美國：世界日報圖書部：**紐約圖書部　電話 7187468889#6262

洛杉磯圖書部　電話 3232616972#202

13.**國內外地區網路購書：**

正智出版社 書香園地　http://books.enlighten.org.tw/

（書籍簡介、經銷書局可直接聯結下列網路書局購書）

三民 網路書局　http://www.sanmin.com.tw

誠品 網路書局　http://www.eslitebooks.com

博客來 網路書局　http://www.books.com.tw

金石堂 網路書局　http://www.kingstone.com.tw

聯合 網路書局　http:// www.nh.com.tw

附註：1.請儘量向各經銷書局購買：郵政劃撥需要八天才能寄到（本公司在您劃撥後第四天才能接到劃撥單，次日寄出後第二天您才能收到書籍，此六天中可能會遇到週休二日，是故共需八天才能收到書籍）若想要早日收到書籍者，請劃撥完畢後，將劃撥收據貼在紙上，旁邊寫上您的姓名、住址、郵區、電話、買書詳細內容，直接傳真到本公司 02-28344822，並來電 02-28316727、28327495 確認是否已收到您的傳真，即可提前收到書籍。 2.因台灣每月皆有五十餘種宗教類書籍上架，書局書架空間有限，故唯有新書方有機會上架，通常每次只能有一本新書上架；本公司出版新書，大多上架不久便已售出，若書局未再叫貨補充者，書架上即無新書陳列，則請直接向書局櫃台訂購。 3.若書局不便代購時，可於晚上共修時間向正覺同修會各共修處請購（共修時間及地點，詳閱**共修現況表**。每年例行年假期間請勿前往請書，年假期間請見共修現況表）。 4.郵購：郵政劃撥帳號 19068241。 5.正覺同修會會員購書都以八折計價（戶籍台北市者為一般會員，外縣市為護持會員）都可獲得優待，欲一次購買全部書籍者，可以考慮入會，節省書費。入會費一千元（第一年初加入時才需要繳），年費二千元。**6.尚未出版之書籍，請勿預先郵寄書款與本公司，謝謝您！** 7.若欲一次購齊本公司書籍，或同時取得正覺同修會贈閱之全部書籍者，請於正覺同修會共修時間，親到各共修處請購及索取；**台北市讀者**請洽：103 台北市承德路三段 267 號 10 樓（捷運淡水線 圓山站旁）請書時間：週一至週五為 18.00~21.00，第一、三、五週週六為 10.00~21.00，雙週之週六為 10.00~18.00 請購處專線電話：25957295-分機 14（於請書時間方有人接聽）。

敬告大陸讀者：

大陸讀者購書、索書捷徑（尚未在大陸出版的書籍，以下二個途徑都可以購得，電子書另包括結緣書籍）：

1.**廈門外國圖書公司**：廈門市思明區湖濱南路 809 號 廈門外圖書城 3F
郵編：361004　電話：0592-5061658　網址：http://www.xibc.com.cn/

2.**電子書**：正智出版社有限公司及正覺同修會在台灣印行的各種局版書、結緣書，已有『**正覺電子書**』陸續上線中，提供讀者於手機、平板電腦上購書、下載、閱讀正智出版社、正覺同修會及正覺教育基金會所出版之電子書，詳細訊息敬請參閱『正覺電子書』專頁：http://books.enlighten.org.tw/ebook

關於平實導師的書訊，請上網查閱：

成佛之道　http://www.a202.idv.tw
正智出版社 書香園地　http://books.enlighten.org.tw/

★ 正智出版社有限公司售書之稅後盈餘，全部捐助財團法人正覺寺籌備處、佛教正覺同修會、正覺教育基金會，供作弘法及購建道場之用；懇請諸方大德支持，功德無量。

★ 聲　明 ★

本社於 2015/01/01 開始調整本目錄中部分書籍之售價，以因應各項成本的持續增加。

＊ 喇嘛教修外道雙身法、墮識陰境界，非佛教 ＊

＊ 弘揚如來藏他空見的覺囊派才是真正藏傳佛教 ＊

售後服務—換書啓事（免附回郵） 2017/12/05

《楞伽經詳解》第三輯初版免費調換新書啓事：茲因 平實導師弘法早期尚未回復往世全部證量，有些法義接受他人的說法，寫書當時並未察覺而有二處（同一種法義）跟著誤說，如今發現已將之修正。茲爲顧及讀者權益，已開始免費調換新書；敬請所有讀者將以前所購第三輯（不論第幾刷），攜回或寄回本公司免費換新；郵寄者之回郵由本公司負擔，不需寄來郵票。因此而造成讀者閱讀、以及換書的不便，在此向所有讀者致上萬分的歉意，祈請讀者大眾見諒！

《楞嚴經講記》第 14 輯初版首刷本免費調換新書啓事：本講記第 14 輯出版前因 平實導師諸事繁忙，未將之重新閱讀而只改正校對時發現的錯別字，故未能發覺十年前所說法義有部分錯誤，於第 15 輯付印前重閱時才發覺第 14 輯中有部分錯誤尚未改正。今已重新審閱修改並已重印完成，煩請所有讀者將以前所購第 14 輯初版首刷本，寄回本公司免費換新（初版二刷本無錯誤），本公司將於寄回新書時同時附上您寄書來換新時的郵資，並在此向所有讀者致上最誠懇的歉意。

《心經密意》初版書免費調換二版新書啓事：本書係演講錄音整理成書，講時因時間所限，省略部分段落未講。後於再版時補寫增加 13 頁，維持原價流通之。茲爲顧及初版讀者權益，自 2003/9/30 開始免費調換新書，原有初版一刷、二刷書籍，皆可寄來本公司換書。

《宗門法眼》已經增寫改版爲 464 頁新書，2008 年 6 月中旬出版。讀者原有初版之第一刷、第二刷書本，都可以寄回本公司免費調換改版新書。改版後之公案及錯悟事例維持不變，但將內容加以增說，較改版前更具有廣度與深度，將更能助益讀者參究實相。

換書者**免附回郵**，亦無截止期限；舊書請寄：111 台北郵政 73-151 號信箱 或 103 台北市承德路三段 267 號 10 樓 正智出版社有限公司。舊書若有塗鴨、殘缺、破損者，仍可換取新書；但缺頁之舊書至少應仍有五分之三頁數，方可換書。所有讀者不必顧念本公司是否有盈餘之問題，都請踴躍寄來換書；本公司成立之目的不是營利，只要能眞實利益學人，即已達到成立及運作之目的。若以郵寄方式換書者，免附回郵；並於寄回新書時，由本公司附上您寄來書籍時耗用的郵資。造成您不便之處，再次致上萬分的歉意。

正智出版社有限公司 啓

國家圖書館出版品預行編目(CIP)資料

佛藏經講義 / 平實導師述著. -- 初版.
-- 臺北市 : 正智, 2019.07 面 ; 公分
ISBN 978-986-97233-8-1(第一輯;平裝)
ISBN 978-986-98038-1-6(第二輯;平裝)
ISBN 978-986-98038-5-4(第三輯;平裝)
ISBN 978-986-98038-8-5(第四輯;平裝)
ISBN 978-986-98038-9-2(第五輯;平裝)
ISBN 978-986-98891-3-1(第六輯;平裝)
ISBN 978-986-98891-5-5(第七輯;平裝)
ISBN 978-986-98891-9-3(第八輯;平裝)
ISBN 978-986-99558-0-5(第九輯;平裝)
ISBN 978-986-99558-3-6(第十輯;平裝)
ISBN 978-986-99558-5-0(第十一輯;平裝)
1. 經集部
221.733 108011014

佛藏經講義——第十一輯

著　述　者：平實導師
音文轉換：蔡正利　黃昇金
校　　對：章乃鈞　陳介源　孫淑貞　傅素嫻　王美伶
出　版　者：正智出版社有限公司
電話：○二 28327495　28316727（白天）
傳眞：○二 28344822
111 台北郵政 73-151 號信箱
郵政劃撥帳號：一九○六八二四一
正覺講堂：總機○二 25957295（夜間）
總　經　銷：聯合發行股份有限公司
231 新北市新店區寶橋路 235 巷 6 弄 6 號 4 樓
電話：○二 29178022（代表號）
傳眞：○二 29156275
初版首刷：二○二一年三月三十一日　二千冊
初版二刷：二○二一年四月一日　二千冊
定　　價：三○○元